Kirche im Wandel

Hans Urs von Balthasar
Klarstellungen
Band 393 · 190 Seiten 2. Auflage

Hans Küng
Was ist Kirche?
Band 376 · 208 Seiten

Wahrhaftigkeit
Band 390 · · 240 Seiten

Karl Rahner
Glaube, der die Erde liebt
Band 266 174 Seiten 5. Auflage

Gnade als Freiheit
Band 322 · · 282 Seiten

Kritisches Wort
Band 363 · · 252 Seiten

Chancen des Glaubens
Band 389 · · 252 Seiten

in der Herderbücherei

Herderbücherei

Band 400

„Als Johannes' XXIII. ‚Geistliches Tagebuch' veröffentlicht wurde, gab es da und dort Enttäuschung: Man fand nicht jenen Johannes, den man als Papst erst entdeckt hatte, der tatsächlich als Papst erst ganz über sich hinausgewachsen war. War er wirklich nicht zu erfahren in diesen Aufzeichnungen? Aber was konnte man sich doch erkaufen, wenn man durch das äußere Bild hindurchsah, hindurchlas! Ähnliches gilt für das ‚Weltliche Tagebuch' Johannes' XXIII., das jetzt vorgelegt wird: Brief, die der Theologiestudent, der junge Priester und bischöfliche Sekretär, der Erzbischof und päpstliche Diplomat, der Kardinal und der Papst Roncalli an seine Familie geschrieben hat. Auch sie steuern wieder vor allem Ergänzungen zur Biographie, zum Lebensweg und Lebenswandel, zur Erkenntnis der Wurzeln und des Wesens dieser Gläubigkeit und Frömmigkeit, Bescheidenheit und Zukunftsbejahung bei. Man wird Wegmarken und Merkmalen, Beispielen und Entscheidungen begegnen, die zeichenhaften Charakter annehmen und Brücken schlagen über die Etappen eines langen reichen Lebens.
Da die Briefe für die Brüder und Schwestern bestimmt waren, dominieren familiäre Dinge, ist der Ton vertraulich einfach gehalten. Aber gerade diese Vertraulichkeit läßt Angelo Roncalli manche Bemerkung tun, manches Erlebnis berichten, manches offenherzige Urteil aussprechen, die in unbekannte oder sonst verschwiegene Hintergründe und Zustände hineinleuchten."
Das vorliegende Taschenbuch bringt die interessantesten und aufschlußreichsten Briefe aus einer Dokumentarausgabe mit 727 Briefen, zu deren Erscheinen die Neuen Zürcher Nachrichten die obenstehende Besprechung schrieben. Der Verlag entspricht mit dieser Taschenbuchausgabe dem Wunsch vieler Leser nach einer überschaubaren Auswahl dieser Lebenszeugnisse Johannes' XXIII., die von der Presse als „ein unentbehrliches Gegenstück" zum „Geistlichen Tagebuch" begrüßt wurde.

Johannes XXIII.

Briefe an die Familie

1901–1962

Herausgegeben von
Loris Francesco Capovilla

Herderbücherei

Veröffentlicht als Herder-Taschenbuch
Vom Herausgeber der Gesamtausgabe,
Erzbischof Loris F. Capovilla, autorisierte Auswahl von
Franz Johna
Die italienische Originalausgabe erschien unter dem Titel:
Lettere ai Familiari, vol. I (1901–1944); vol. II (1945–1962)
bei Edizioni di Storia e Letteratura (Roma 1968).
Deutsche Gesamtausgabe: Briefe an die Familie, 2 Bände
(Verlag Herder, Freiburg im Breisgau 1969/70).
Übersetzt von
E. Ellinger, P. Pagendarm, F. Schmal, E. Wagener.
Redaktion: F. Johna

Foto auf dem Umschlag: Foto-Agentur Hecht, München

1. Auflage August 1971
2. Auflage März 1972

Herder Freiburg · Basel · Wien
Imprimatur. — Freiburg im Breisgau, den 3. Juni 1971
Der Generalvikar: Dr. Schlund
Herder Druck Freiburg im Breisgau 1972
ISBN 3-451-01900-0

Inhalt

Vorwort

1. Vor reichlich vier Jahren erschien das „Geistliche Tagebuch" Johannes' XXIII., das bald in zahlreichen Auflagen und Übersetzungen[1] in der ganzen Welt Verbreitung fand. Alle, die es lasen, konnten hier auf einfache, unmittelbare Weise das tiefste Geheimnis Papst Johannes' XXIII. erfahren, die Leuchtkraft seines inneren Lebens, den Quellgrund, aus dem so viel Licht der Wahrheit und der Liebe auf die Kirche und die ganze Menschheit strömte.

Diese anspruchslosen Seiten des „Tagebuchs" — in ihrer Art wohl ein einmaliges und einzigartiges Zeugnis der Weltliteratur — fanden Eingang in unzählige Familien und wurden zur geistlichen Nahrung für Tausende von Ordensleuten, Priestern und Laien aller Schichten, aller Frömmigkeitsrichtungen und Bildungsstufen: vom Intellektuellen bis zur einfältigen Greisin, vom Gebildeten bis zum einfachen Arbeiter, vom Lehrer bis zur Hausfrau, vom Seminaristen bis zum gelehrten Theologieprofessor, von der Klausurschwester bis zum Bettelbruder, vom Land- oder Vorstadtpfarrer bis zum Bischof oder Kardinal. Alle konnten aus diesem Weg zur Heiligkeit und Vollkommenheit, den der vierzehnjährige Seminarist aufzuzeichnen begann, Kraft und Trost schöpfen.

Nur wer absichtlich — oder vielleicht auch aufgrund einer allzu flüchtigen Lektüre — in diesen Aufzeichnungen etwas suchte, was sie nicht enthalten konnten, verfehlte ihren eigentlichen Sinn. Das „Geistliche Tagebuch" ist naturgemäß und von der Absicht her, in der sein Autor die gelegentlichen Eintragungen vornahm, keine systematische Darstellung einer aszetischen Methode und noch viel weniger eine Wiedergabe persönlicher Erinnerungen wie sonst in einem Tagebuch. Beides wollte es nicht sein. Vielmehr handelt es sich um die echte Spur des innersten, unmittelbaren

Zwiegesprächs eines Christen mit seinem Gott. Dieses Zwiegespräch auf dem Wege der persönlichen Heiligung und der gemeinsamen Bezeugung des Glaubens wurde in keiner anderen Absicht geführt, als — Tag für Tag und Jahr für Jahr — die wirklichen Pläne des himmlischen Vaters zu entdecken und unablässig seinem Willen im persönlichen Leben — als Priester, Bischof und Papst — zu entsprechen, wobei sich die Exerzitien mit ihren Betrachtungen und Vorsätzen gleichsam als Meilensteine seines inneren Wegs erwiesen.

2. Nach dem „Geistlichen Tagebuch“ legen wir nun hier die Briefsammlung vor, ein neuer Beitrag zu einer immer umfassenderen Sicht des Lebens Johannes' XXIII., zu einer erschöpfenden Dokumentation seines Erbes, das unübersehbare geschichtliche Bedeutung sowie unerschöpflichen religiösen und menschlichen Reichtum besitzt.

Diese beiden Bände, die alle Briefe an die Familienangehörigen enthalten, liegen in ihrem Ursprung weit zurück; Erinnerungen an eine gewiß unwiederbringliche Zeit werden wach und erscheinen im Licht der Einfachheit des Evangeliums, in der Ausstrahlung einer lauteren Seele, die für den Anbruch einer neuen Epoche in der Geschichte der Kirche bestimmend werden sollte, die aber darüber hinaus noch in verborgener Weise zur Hoffnung und zum Segen für viele Jünger geworden ist.

Diese Briefe an die Familienangehörigen sollten ursprünglich 1961 zum 80. Geburtstag Johannes' XXIII. in einer begrenzten, fast ausschließlich für die Familie Roncalli bestimmten Auflage erscheinen. Der Papst hatte sich bereit erklärt, von den Bischöfen eine Kirche für Rom und von den Gläubigen ein Priesterseminar für Studenten aus der „Dritten Welt“ als Geschenk anzunehmen; er stimmte auch dem Plan einer Veröffentlichung der Briefe an die Familie zu diesem Geburtstag zu, um so lieber, als hierdurch seine Dankbarkeit gegenüber seiner Familie Ausdruck finden, als hierdurch ein verdientes Licht auf sie fallen konnte.

Die Feier des 80. Geburtstages Papst Johannes' XXIII. wurde vom 25. November auf den 4. November 1961 vorverlegt, um ihn mit dem dritten Jahrestag seiner Papstkrönung zu verbinden. In seiner Ansprache machte sich der Papst den Wunsch seines Vorgängers Leo des Großen zu eigen, den dieser bei einem ähnlichen Anlaß ausgesprochen hatte: „Es möge zur Heiligung gereichen, was an Lebensjahren dazugegeben worden ist.“[2]

Zu Recht und nicht ohne einen Anflug liebenswürdigen Humors fügte Papst Johannes in diese Festhomilie dankbar und ergriffen die Erinnerung an seine alten Vorfahren ein, als wollte er sie — wie Denkmäler — ehrfürchtig in die Nischen der vatikanischen Basilika stellen: „Beim Rückblick in die Jahre der Unschuld war es meine Freude, Menschen dieses ehrwürdigen Alters zu begegnen, ihren Zärtlichkeiten in meinem bescheidenen Geburtshaus nachzusinnen, meiner Eltern und Großeltern zu gedenken. Verzeiht die Offenheit, mit der ich von ganz Persönlichem zu Euch spreche. Meine Eltern wurden beide — bei guter Gesundheit — über achtzig. Der Großvater väterlicherseits starb — ich stand ihm bei seinem Heimgang bei — mit 89 Jahren. Seine vier Brüder folgten seiner Spur; sie wurden 88, 87, 86 und 85 Jahre alt. ‚Alle lebten in lange währendem Frieden und wurden in hohem Alter begraben' (vgl. Gen. 15, 15). Was sich auf das religiöse Leben, auf das Innerste unserer bescheidenen, arbeitsamen, gottesfürchtigen und frohen Familien bezog, entsprang diesen Erinnerungen und schöpfte daraus Nahrung und Würde."[3]

Schon diese feinsinnigen und einfachen wenigen Sätze würden genügen, um die innersten und kostbarsten Geheimnisse einer Herkunft und Familienverbundenheit aufzuzeigen, deren Merkmale — über alle äußere Lebensbewältigung hinaus — immer die Liebes- und Glaubensgemeinschaft, die unentwegte Berufung zum Dienen und zur verborgenen, aber fortwährenden Heiligung waren.

3. Der größte Teil der Briefe dieser Sammlung wurde bis 1958 in Camaitino, einem alten Haus eines Adligen in Sotto il Monte, wo die Familie Roncalli seit Jahrhunderten wohnte, aufbewahrt. Das Haus war für die Zeit gemietet worden, da „Angelino", inzwischen Erzbischof und Apostolischer Nuntius, im Alter an den Ort seiner Kindheit und Jugend zurückkehren würde, um dann für immer vor dem Altar der von ihm 1929 geweihten San-Giovanni-Kirche auszuruhen, die neben dem Friedhof auf einem Hügel lag, ihr zu Füßen das ganze Dorf[4].

Als das Paket mit den Briefen im Vatikan eingetroffen war, wollte der Papst es rasch durchsehen. Liebevoll betrachtete er die alten vergilbten und zerknitterten, zum Teil aufgelösten Blätter, und aus der Fülle der Empfindungen schien in seinen Augen — die im Laufe der Jahre im Osten wie im Westen so viel Glanz und so viel Elend gesehen hatten — immer wieder das ergreifende Bild des abgelegenen Bergdorfes aufzutauchen; dazu die lieben und ernsten Gesichter vieler einfacher Menschen, die in harter Arbeit das Land bebaut und unermüdlich die schlichtesten und verborgenen Tugenden, wie sie den Armen und Verlassenen eigen sind, zu Ehren gebracht hatten.

Ohne irgendwelche Änderungen grundlegender Art vorzunehmen, begnügte sich der Papst, durch gelegentliche, für ihn typische Anmerkungen zu zeigen, daß er in diesen Briefen wieder gelesen hatte. Wo der bloße Vorname eines Verwandten angegeben war und im Hinblick auf die weitläufige Sippe die Gefahr einer Verwechslung bestand, fügte der Papst eigenhändig die Verwandtschaftsbezeichnung hinzu, zum Beispiel: Saverio „mein Neffe“ oder „mein Bruder“. Wenn der Ort, von dem aus ein Brief geschrieben war, fehlte, setzte er ihn ein. Da und dort strich er auch eine sprachliche Wiederholung, alles andere aber wollte er keinesfalls antasten, nicht einmal die Rechtschreibung.

Es war nicht seine Art, einmal Geschriebenes oder Gesagtes zu widerrufen. Immer folgte er unbeirrbar seinem Gewissen, und immer betrachtete er das paulinische Gebot: „Veritatem facientes in caritate — die Wahrheit in Liebe tun“ (Eph. 4, 15) als den wichtigsten Grundsatz in den Beziehungen zu den Menschen und gerade zu den Familienangehörigen. Auch in diesem Zusammenhang konnte Papst Johannes die Worte des Apostels ruhig wiederholen: „Ihr werdet kein Wort finden, das gegen irgend jemand ehrfurchtslos wäre oder das ich bereuen müßte . . .“

Wie viele Namen und Ereignisse vergangener Zeit traten beim raschen Nachlesen des einen oder anderen Briefes wieder in sein Bewußtsein und weckten aufs neue Gefühle des Verstehens, der Liebe, der Ehrfurcht, des Glaubens, des Mitgefühls und der Sorge wegen der Not der einen und Freude wegen des Glücks der anderen.

4. Beim ersten, flüchtigen Durchsehen schienen mir die Briefe nichts übermäßig Interessantes zu enthalten noch eine zeitgeschichtliche Fundgrube zu sein. Der Papst hatte meist an Leute geschrieben, die bestenfalls ein paar Jahre eine mehrklassige Volksschule besucht hatten, die sicher nicht gebildet waren, auch wenn sie lesen und schreiben konnten, mit den Psalmen und den biblischen „Geschichten“ etwas vertraut waren und einige Lebensbe-

schreibungen der volkstümlichsten Heiligen oder andere Erbauungsbücher kannten.

Die lange Reihe der Briefe erstreckt sich über einen Zeitraum von 60 Jahren. In ihn fallen Kriege, Revolutionen, Regierungswechsel von Päpsten und Herrschern, Naturkatastrophen, politische Umwälzungen in vielen Ländern und manch andere Ereignisse, deren nationale und internationale Tragweite so dramatisch und nachhaltig unsere neueste Geschichte beeinflußt haben. All diese Geschehnisse wurden gewiß nicht übergangen, doch genügte oft eine Andeutung, eine Bemerkung, ein Urteil; und jeder mehr oder weniger direkte Bezug auf solche Ereignisse läßt gleichsam das Wissen durchblicken, daß es für diese einfachen Menschen kaum zu verstehen sein würde, wie irgendeines der großen Ereignisse wirklich so einschneidende und grundlegende Änderungen zur Folge haben könnte, daß man ausführlicher und eingehender darüber sprechen müßte.

Je mehr ich mich jedoch in die Lektüre vertiefte und mit dem auf diesen Blättern aufgezeichneten Gespräch vertraut wurde, desto deutlicher zeigte sich mir das tiefe Geheimnis und der eigentliche Wert dieser Briefe. Wie sich beim Hören köstlicher Musik aus dem Strom der Töne die Gestalt des Klanges erhebt, so schien es mir, als würde sich nach und nach, zunächst verhalten, dann immer deutlicher und schärfer, die verborgene Geschichte einer erstaunlichen, leuchtenden menschlichen Beziehung abzeichnen; sie verdient es, in ihrem zeitlichen Verlauf wiederhergestellt und gemeinsames kostbares Erbe zu werden, nicht nur der unmittelbaren Empfänger der Briefe, sondern zumindest auch ihrer Kinder und Angehörigen und der künftigen Roncalli-Generationen. Immer klarer wurde in mir die Überzeugung, daß eine so einzigartige Sammlung nicht in Vergessenheit geraten dürfe, die im Leben eines Papstes, und welch eines Papstes!, einen ganz besonderen Platz einnimmt und die etwa „Gespräche mit meinen Verwandten“ oder geradezu „Christliches Handbuch einer armen Familie“ überschrieben werden könnte; dann ließe sich die wunderbare Fügung der Vorsehung erahnen, die jetzt ungehindert auszustrahlen vermag zur geistlichen Stärkung und Führung einer ganzen Familie, durch die verschiedenen Generationen hindurch.

5. Andere dringende Verpflichtungen als Privatsekretär des Papstes ließen mir keine Zeit für die langwierige Arbeit, das um-

fangreiche Material zu ordnen, es mit Briefen, die in den einzelnen Roncalli-Familien noch vorhanden waren, zu vergleichen und zu vervollständigen. So blieb der Plan, zur Feier des 80. Geburtstages die Sammlung der über sechzig Jahre sich erstreckenden brieflichen Gespräche zu veröffentlichen und seinen Verwandten zu überreichen, zunächst und aus verschiedenen Gründen auch noch in der Zeit nach dem Tod Johannes' XXIII. unerfüllt. Es war eine Schuld, deren Einlösung ich mich nicht entziehen konnte. Ihre Dringlichkeit wurde mir immer deutlicher, sooft mir jene herzliche und besorgte Bitte in den Sinn kam, die der Papst auf seinem Sterbebett an mich gerichtet hatte, als wollte er sichergestellt haben, in seinem Auftrag den Faden eines Gesprächs — den er liebevoll gesponnen hatte — und die Verbindung zu einer menschlichen und geistlichen Gemeinschaft — der er sein Leben lang treu geblieben war — nicht abreißen zu lassen: „Wenn ich nicht mehr da sein werde, nicht wahr, dann wirst Du nach Sotto il Monte gehen, um die Meinen zu besuchen? Sie sind einfach und bescheiden, aber zuverlässig und treu in der Freundschaft . . . Ich danke Dir, daß Du an sie gedacht hast, daß Du Dich um die Alten gekümmert hast . . ."

Nach mehr als fünf Jahren seit seinem Tode und nach Erscheinen des „Geistlichen Tagebuchs" schien es mir sinnvoll und fruchtbar, die vollständige Sammlung der Briefe zu veröffentlichen[5], und zwar nicht mehr allein — wie ursprünglich beabsichtigt — zur Erbauung und zum Trost der weitläufigen Familie Roncalli, sondern auch für die vielen in aller Welt, die sich weiterhin vertrauensvoll an den „unverhofften Lehrmeister"[6] wenden, seine Lehre und sein Zeugnis der Liebe, der Wahrheit und des Friedens auf sich wirken lassen, seinen Worten lauschen und wie Söhne und Schüler alles über ihn zu erfahren suchen, um geistlich und menschlich zu immer größerer Tiefe und Fruchtbarkeit zu wachsen.

6. Die vorliegende Sammlung umfaßt 727 Briefe. Sie ist insofern vollständig, als sie alle in Frage kommenden Schriftstücke enthält — vom ersten Brief des Seminaristen Angelo Roncalli aus dem Jahre 1901 aus Rom an die elterliche Familie bis zum letzten, ebenfalls aus Rom, einem Brief des Papstes Johannes XXIII. an die Nichte Maria Letizia —, die für uns erreichbar waren und die in den meisten Fällen vom Verfasser selbst in Abschrift aufbewahrt wurden. Bei der Zusammenstellung dieser Ausgabe konnte ich zu meiner

Freude feststellen, daß auch die Familienangehörigen zu einem guten Teil die Briefe ihres Verwandten eifersüchtig gehütet, ja sie mitunter buchstäblich vor den Händen der Kinder, die die Blätter zerreißen wollten, gerettet haben.

Wie schon eine kurze Lektüre zeigt, handelt es sich um Briefe, die meistens ganz spontan, ohne irgendeinen stilistischen und literarischen Anspruch, niedergeschrieben wurden. Dem Verfasser ging es einzig und allein um das unmittelbare Gespräch, das schlichte Wort, eine echte Empfindung, einen passenden Zuspruch. Immer blieb er sich — vor aller, auch der berechtigten, verwandtschaftlichen Bindung und Zuneigung — der Anforderungen bewußt, die sich aus der Berufung und Zeugnisaufgabe eines jeden ergeben, insbesondere seiner eigenen, der des verwandten Seminaristen, Priesters, Bischofs oder Papstes.

Immer wieder finden sich in den Briefen Dialektausdrücke und Redewendungen seiner lombardischen Heimat. Der Verfasser gibt mitunter selbst zu verstehen, daß er müde sei, wenn er oft noch nach Mitternacht an seiner Schreibmaschine sitze. So unterliefen dem Schreiber mancher nicht zu Ende geführte Satz, manche Unstimmigkeit in der Grammatik, manche nicht gerade vollkommene Formulierung. Aber auch das ist kennzeichnend für die Natürlichkeit und den vertraulichen Ton des Gesprächs, für seine Unmittelbarkeit, die auch keine Barrieren der Bildung duldet, für die völlige Durchsichtigkeit seines Wesens, die überall zu spüren ist und die kraftvoll ausstrahlt, um je nach den gemeinsamen Nöten der Familie oder den besonderen Bedürfnissen des einen oder anderen zu trösten, zu helfen, zu beraten.

7. So stellt dieses Werk die Geschichte einer einfachen Landarbeiterfamilie dar mit ihren Lebensbedingungen und Schwierigkeiten, mit ihrer alles durchdringenden Armut; es zeigt sie in den Augenblicken der Freude und in den immer wiederkehrenden Zeiten der Sorge und des Leids, mit ihren verschiedenen Schwächen, aber auch und vor allem mit ihren großartigen, wahrhaft christlichen Tugenden: der einzige Reichtum der Familie, der von allen eifersüchtig gehütet und gepflegt wurde. Zugleich aber beschreibt diese Briefsammlung auch die Geschichte, den geheimnisvollen Weg eines Priesterberufs von den Hörsälen des Römischen Seminars — durch vielerlei Ereignisse hindurch, treu dem Wahlspruch: Oboedientia et pax — Gehorsam und Friede — bis zur Schwelle des Zweiten

Vatikanischen Konzils, bis zur Ausstrahlung eines ökumenischen Lehramts, einer weltweiten Vaterschaft.

In dieser zweifachen Geschichte — deren Verflechtung mit den Fügungen der Vorsehung, vom Schein eines immer leuchtenden Lichtes der Heiligkeit und Liebe erhellt, sich auf jeder Seite, in jedem Wort, ohne Schatten oder Trübung verfolgen läßt — stoßen wir immer wieder — meistens in bloßen Andeutungen — auf die Betrachtung und die einfache, unmittelbare Schilderung der wichtigsten Ereignisse der ersten 60 Jahre dieses Jahrhunderts. Jedes Eingehen auf ein Ereignis soll lehren, jenseits aller zuweilen dramatischen Veränderungen und Umwälzungen, den tieferen, von Gott gewollten Sinn des menschlichen Geschehens zu erfassen durch aufmerksames Erforschen und Lesen jener „Zeichen der Zeit", die den einzuschlagenden Weg weisen, zu einem mutigeren Zeugnis ermuntern und bei der schwierigen, mitunter scheinbar nicht zu bewältigenden Deutung des letzten Sinnes der Geschichte Orientierung bieten[7].

8. Um die bezeichnendsten Merkmale dieser ganzen Briefsammlung herauszustellen, müßte man all die vielen Stellen hervorheben, die Anlaß zu geistlicher Erbauung, menschlichem Trost, religiöser Belehrung sind: Geduld, Demut, Sanftmut, Gehorsam, Mut, Liebe, Vorsorge, Frömmigkeit, Gerechtigkeit, Eintracht, Selbstlosigkeit, Dienstbereitschaft, Selbstverleugnung, Barmherzigkeit, Einfachheit, Gastfreundschaft, Friedfertigkeit.

Die Briefsammlung ist gewiß kein Handbuch, um die Armen zu lehren, sich fatalistisch in jede Lebenssituation zu ergeben. Sie ist ein fortwährendes Loblied auf die Heiligkeit des armen Volkes, ein beständiger Akt des Glaubens an die Gegenwart Gottes in der Geschichte, ein unablässiger — nie rhetorischer und nichtssagender — Lobpreis der Kraft der Armen: des unerschöpflichen inneren Reichtums all derer, die in der Treue zur eigenen Berufung und zur Bezeugung einer im Geiste des Evangeliums erlösten Armut leben, in der unbedingten Gewißheit einer Berufung zur Vollkommenheit und Heiligkeit; diese Gewißheit trägt dazu bei, am Nahen des Reiches Gottes in der Geschichte mitzuwirken und zuversichtlich und freudig — unabhängig von allen Lebensverhältnissen — dessen endgültige Vollendung zu erwarten, ohne in Demut die Fruchtbarkeit des persönlichen täglichen Wirkens außer acht zu lassen.

Aus jeder Seite spricht eine starke und innige Liebe, die jedweder konventionellen Sentimentalität fern ist, jedoch immer fein empfindend und überaus wachsam hinsichtlich der Vorzüge und Mängel, der Nöte und Bedürfnisse aller und jedes einzelnen — eine Liebe und Ehrfurcht, die in der Treue zum göttlichen Gebot „Du sollst Vater und Mutter ehren" gipfelt und von ihm geprägt ist; eine Liebe und Ehrfurcht, die sich bewußt sind, welch entscheidenden Einfluß — zumindest im Rahmen der Erziehung im Elternhaus — die starken Charaktereigenschaften, die guten Gewohnheiten und die ehrbaren Familientraditionen bei der Persönlichkeitsbildung Angelo Giuseppe Roncallis ausgeübt haben, bei der Ausstrahlung seiner unerschöpflichen Geduld, seiner leuchtenden Hoffnung, seiner bedingungslosen Liebe, seiner vollkommenen und zuversichtlichen Hingabe an den Willen Gottes.

Um klar zu zeigen, daß die Liebe Papst Johannes' zu seinen Verwandten seine pastorale Verantwortung auch und besonders gegenüber seinen Angehörigen sein ganzes Leben hindurch nicht beeinträchtigte, sei nur die ergreifende Stelle aus einem Brief angeführt, den er als Priester im September 1908 an seinen Vater richtete: „Verzeiht, wenn ich Euch immer Predigten halte! Die Liebe, die ich für Euch empfinde, gibt mir die Worte ein. Andererseits bin ich gerade deshalb Priester: nicht um Euch materiell reich und glücklich zu machen, sondern geistlich zufrieden in diesem Leben und selig im anderen."

Um so bedeutsamer ist der Geist, in dem die Familienangehörigen die wiederkehrenden Äußerungen dieser starken, nie ermüdenden und nie teilnahmslosen Liebe aufnahmen. Als Beispiel dafür genüge die vielsagende Antwort des Neffen Johannes' XXIII., Monsignore Battista Roncalli, auf meine Frage, ob er vielleicht die eine oder andere briefliche Bemerkung des Onkels über sich gestrichen haben möchte: „Mit größter Ehrfurcht habe ich die Briefe — vielleicht nicht alle — wieder in die Hand genommen, die Papst Johannes XXIII. mir während seines langen Lebens geschrieben hat. Eigentlich meine ich nicht, daß sie etwas enthalten, das zu verbergen wäre oder nicht veröffentlicht werden könnte. Ich habe den Satz gefunden, wo er von seinem Kummer hinsichtlich meiner Studien spricht ... Mir scheint es gut und erbaulich, daß alle erfahren, wie aufrichtig, offen und echt die Liebe eines so großen Onkels zu seinem Neffen im Seminar, also einem Studenten war. Ich kann tatsächlich sagen, daß es bei ihm in seiner großen Güte auch nicht einen Augenblick des Zweifels mir gegenüber gab, weder als er Papst war noch sonst. Wenn es nötig war, wies er mich zurecht, ermahnte und ermutigte er mich. Veröffentlichen Sie also ohne Zögern! Wer hier Beachtung verdient, bin nicht ich, sondern Papst Johannes" (7. Oktober 1968). Daraus erhellt, wie das Familiengespräch zum Zeugnis der Liebe, der Seelsorge und der Gnadenvermittlung wurde.

9. Eine Art Grundton durchzieht und beherrscht die ganze Briefsammlung: die *Armut*. Die Familie Roncalli war sehr arm; ja für lange Zeit — während des ganzen Lebens Papst Johannes' — fehlte ihr immer etwas am Lebensnotwendigsten, wie aus seinen Briefen selbst hervorgeht: „... es sind große Anstrengungen für mich. Doch ich nehme sie gern auf mich, damit für alle der Winter kommen kann, ohne die Last der Kaufmannsrechnungen für das Brot und das Öl" (an die Familie, 6. November 1937). Kurz vorher schrieb er an die Schwestern: „Auch ich spüre, daß mein Leben notwendig ist für die Unterstützung unserer Familie, die sich in so eingeschränkten Verhältnissen befindet. Der einzige Gedanke, der mich tröstet, wenn ich an die Opfer denke, die ich auf mich nehme, ist, daß dies wirkliche Nächstenliebe ist. Denn ich gebe im Grunde nur Brot, Öl, Käse, Zucker usw., das unbedingt Lebensnotwendige" (20. November 1937). Ein anderes Mal schrieb er an seinen Bruder Giuseppino: „Ich bin sicher, daß es für mich keine schönere Caritas gibt, als Euch zu helfen, die Ihr die ersten Armen seid. Ihr seid die Armen, die der Herr liebt und segnet, damit Ihr darauf bedacht seid, ihm treu zu sein" (1. Februar 1939).

Als Angelo Roncalli geboren wurde, bearbeitete die zahlreiche Familie vier Hektar Land in Pacht und hielt — ebenfalls in Pacht — vier Kühe im Stall. Es dauerte 40 Jahre, bis Battista Roncalli durch die günstige Entwicklung der Seidenraupenzucht und die strenge Arbeit der erwachsenen Söhne — drei von ihnen waren aus dem Krieg 1915–18 heimgekehrt — es wagen konnte, vier Hektar Land und das Anwesen der Colombera zum Preis von 58 000 Lire zu kaufen. An dieser Schuldenlast aber — die etwas erleichtert wurde durch einen besonders guten Jahresertrag der Seidenraupenzucht — hatte man 20 Jahre lang zu tragen, noch lange über den Tod der beiden Eltern hinaus, bis an die Schwelle des Pontifikats Papst Johannes'. Es läßt sich schnell aufzählen: zwei hochbetagte Eltern, zwei heiratsfähige Schwestern, zwei verheiratete Brüder, jeder mit einer Schar von Kindern, zwei verheiratete Schwestern mit ebenfalls vielen Kindern, ein lediger, halbblinder Bruder; die schlechten Jahre der Unwetter, der Krankheiten, der widrigen Umstände — dies alles lastete ständig auf dem Herzen des Erwählten Gottes. Stellen wir uns vor: Don Angelo war 38 Jahre alt und durchaus nicht bewandert in wirtschaftlichen Dingen — er war es nie —, als er sich entschloß, seine Unterschrift neben die ganze Litanei der Seinen zu setzen, um von der Sparkasse „Piccolo Credito" von Bergamo Kredit für die an den Grafen Morlani zu entrichtende Anzahlung zu erhalten. War man jetzt auch Eigentümer und nicht mehr Pächter, so war man dennoch so mittellos wie zuvor, ja mehr als zuvor.

Trotzdem schrieb der inzwischen zum Erzbischof und päpstlichen Diplomat ernannte Angelo Roncalli an seine Schwestern: „Die Armut hat mich von meiner Kindheit an in die Arme geschlossen und entläßt mich auch jetzt nicht, da ich Bischof bin. Beklagen wir uns nicht darüber! Denn die mit Geduld getragene Armut macht uns Jesus Christus ähnlich und sichert uns besser das Paradies. Und dann wird das Notwendige, wenn auch mit einiger Mühe, uns nie fehlen. Der Reichtum übrigens, Ihr seht es, macht weder die Menschen noch die Familien glücklich" (26. Juni 1926).

Und in dieser Armut fand er immer — ganz im Geiste des Evangeliums — Anlaß zu Trost und Erbauung, erkannte er doch in ihr die Grundlage der Heiligung und den eigentlichen Ursprung seiner vertrauensvollen und unerschütterlichen Hingabe an den Willen des Herrn: „Ich verdanke zum Teil diese Ruhe meines Geistes in den Armen der Vorsehung und des heiligen Gehorsams dem Umstand, daß ich auf dem Land geboren bin und aus einer Familie stamme, die arm an Glücksgütern, aber reich an Glauben und Gottesfurcht ist, gewohnt an die einfachen Dinge der Natur eines jeden Tages und Jahres" (an die Familie, 10. April 1930). „Ihr wißt, daß eine der größten Tröstungen meines Lebens die Familie ist, deren ich mich immer mit allen rühme: arm, einfach, bescheiden, aber gut und gottesfürchtig" (an die Mutter und die Brüder zum Tode des Vaters, 28. Juli 1935).

Diese Briefsammlung ist also in der Tat ein außerordentliches Zeugnis des geheimnisvollen Weges der Vorsehung, die den demütigen Sohn des Bergamaskerlandes — in der beständigen und klaren

Heiligung durch Armut und Leiden — auf den Stuhl Petri geführt hat, um der ganzen Welt das prophetische und erlösende Bild der „Kirche der Armen" vorzustellen, das staunenerweckende Bekenntnis zu dem Dienst, den die Kirche in der Gegenwart zu leisten berufen ist angesichts einer unermeßlichen, von Hunger und Krieg gequälten, nach Gerechtigkeit und Frieden dürstenden Menschheit — bereits Ankündigung und Vorbild „neuer Himmel und neuer Erden".

Chieti, 25. November 1968
Geburtstag des Papstes Johannes *† Loris Francesco Capovilla*

Zur Taschenbuchausgabe

Dem „Geistlichen Tagebuch" Johannes' XXIII., dessen Veröffentlichung auch in der Herder-Bücherei ein überaus starkes Interesse fand, folgt hier als „weltliches" Gegenstück eine Sammlung von Briefen, die der Seminarist, Priester, Päpstliche Diplomat, Kardinalerzbischof und Papst Roncalli im Lauf von über 60 Jahren an seine weitverzweigte lombardische Familie schrieb. Die insgesamt 727 Briefe liegen seit Herbst 1969 bzw. Frühjahr 1970 auch in deutscher Übersetzung vor und umfassen zwei Bände von über tausend Druckseiten. Wo sich breitesten Kreisen, die den Spuren Johannes' XXIII. in dieser einmaligen Dokumentation nachgehen wollten, gleichsam die Barriere des ausgedehnten Umfangs entgegenstellte, mag die hier vorliegende, vielfach angeregte Auswahl einen gerafften Einblick in die menschlich-familiären Beziehungen des Papstes ermöglichen.

Der Band enthält soweit wie möglich die Briefe, die u. E. für die einzelnen Lebensabschnitte besonders informativ und kennzeichnend sind. Die beibehaltene Briefnumerierung der Originalausgabe zeigt das Ausmaß der getroffenen Auswahl an. Das für die ganze Briefsammlung aufschlußreiche Vorwort des Herausgebers und früheren Privatsekretärs Johannes' XXIII., Erzbischof F. L. Capovilla, wurde vollständig übernommen.

Verlag Herder

I

Kleriker und Priester (1901–1925)

1. *An die Familie*

† J. M. J. Rom, [12. Januar] 1901[1]

Liebe Familie,
vielleicht wartet Ihr schon eine Zeitlang auf Nachricht von mir.

Der Herr konnte mich wirklich nicht mehr segnen, als er es getan hat, und ich hätte mir nicht vorgestellt, soviel Glück zu haben. Was die Gesundheit betrifft, geht es mir sehr gut; wißt Ihr, das ganze Leben hier ist anders als in Sotto il Monte oder in Bergamo. Wir leben hier wie Herren. Man sagt mir sogar, ich hätte mich schon im Aussehen verändert und werde alle Tage dicker. In dieser Beziehung also könnt Ihr Euch freuen, daß nichts zu fürchten ist. Der Empfang, der mir nach der Ankunft in Rom bereitet wurde, und die Liebe und das Gute, das mir die H. H. Oberen erweisen, stehen wirklich über allem Lob. Ich habe ausgezeichnete Kameraden gefunden, an die ich mich schon gewöhnt habe, so daß ich mich beinahe als alten Insassen des Seminars betrachten kann. Man hat mir ein schönes kleines Einzelzimmer zugeteilt, mit einem guten, tatsächlich etwas harten Bett, das mir aber um so mehr guttun wird, und mit allen Bequemlichkeiten: Kommode, kleinem Tisch, Stuhl, Büchergestell, Wasserspender usw. Die Schule und das Studium machen mir wirklich keine Mühe, ich finde darin sogar ein angenehmes Vergnügen. Auch nach der Seite der Frömmigkeit kann man seinen eigenen Dingen sehr gut nachkommen; in unserer Kapelle wird eine sehr schöne Madonna — Muttergottes der Zuversicht genannt — verehrt, der ich Euch jeden Morgen und jeden Abend empfehle, damit sie Euch segne, Euch Frieden und Trost in all Eurem Verdruß und Eurer Trübsal gebe. Jeden Tag gehe ich spazieren, und so kann ich viele heilige Stätten besuchen und für mich und für Euch beten. Ich habe schon zweimal St. Peter, Il Gesù, die Gräber des heiligen Aloisius und des heiligen Johannes Berchmans besucht, heute das Grab des heiligen Philipp Neri in seiner wunderschönen Valicella-Kirche. Ich kann Euch nicht all die Sehenswürdigkeiten schildern, denen man hier begegnet. Vorgestern abend zum Beispiel wohnte ich einer Akademie bei, die im Propaganda-Fide-Kolleg stattfand und bei der ich 40 Kleriker, die dort studieren, um als Missionare in ihre Länder zurückzukehren, ihre Aufsätze in 40 verschiedenen Sprachen vortragen hörte. Wenn Ihr das gesehen hättet! Da waren alle Farben vertreten, weiße, gelbe, rote. Einige hatten das Gesicht, die Hände schwarz wie Kohle. Und der Papst[2]? Ich konnte ihn am Sonntag abend in St. Peter inmitten von Tausenden von Lichtern sehen. Ich konnte nahe bei ihm sein; ihn gut sehen und seinen Segen empfangen. In diesem so feierlichen und ergreifenden Augenblick habe ich an Euch alle, an alle Verwandten, Wohltäter und Freunde gedacht. Und er, dieser gute alte Mann, hat auch Euch alle miteinander gesegnet.

Seid also nochmals getrost, und statt Euch zu beklagen, dankt immer dem Herrn und habt ihn lieb, indem Ihr Euch immer und in allem als gute, als heilige Christen erweist.

Wie aber geht es Euch? Barba, Großvater, Vater, Mutter, Brüder, Schwestern, besonders Maria, geht es Euch allen gut? Ich hoffe es. Jedenfalls schreibt mir, und ich sage ein letztes Mal: Bleibt bei all Eurem Kummer froh, ergeben! Schaut nach oben und laßt keinen Zorn aufkommen!

Addio allen! Ich werde Euch bald wieder schreiben. Vergeßt nicht den „Engel des Herrn“! Grüßt mir alle Verwandten, Teresa[3], die Tanten, die Nachbarn, Pino usw.
Addio! Der Herr segne Euch!

Euer
Kleriker Angelo.

N.B.: Meine Anschrift lautet: An den ehrwürdigen Kleriker Angelo Roncalli. Seminario Pontificio S. Apollinare. Piazza S. Apollinare. Rom.

† J. M. J. Rom, 27. Januar 1901

Liebe Eltern,
Euer Brief brachte mir wegen der guten Nachrichten großen Trost. Ich erfreue mich weiterhin bester Gesundheit, denn das Essen bekommt mir sehr gut, und andererseits ist es hier in Rom fast nicht mehr kalt. Im übrigen fehlt es nicht an Gründen, zufrieden zu sein. Morgen abend werde ich noch einmal das Oratorium „Weihnachten" von Don Lorenzo Perosi hören dürfen, das hier in Rom in der Kirche der heiligen Apostel aufgeführt wird[4].

Schon sind es zwei Wochen, seit ich das Theologengewand des Seminars trage, und in Kürze werde ich Euch die gewünschte Fotografie schicken. Die Krankheit Biroldas tut mir sehr leid. Grüßt mir die arme alte Frau und sagt ihr, daß ich immer zum Herrn und zur Madonna bete, daß sie ergeben sei und alles zu ihrem Besten gereiche.

Und Ihr zu Hause, seid Ihr alle gesund? Ich hoffe es. Ja, ich bin dessen sogar ganz sicher.

Erhält „Barba"[5] Zaverio die Zeitung „La Vera Roma"[6], die ich ihm jede Woche schicken lasse? Lest sie, denn sie ist sehr schön, und verliert keine einzige Nummer! Und der Großvater? Ja, lieber Großvater, wie oft denke ich an Euch! Und Ihr, meine liebe Mutter, erinnert Ihr Euch an jenen letzten Morgen, als wir nicht den Mut hatten, uns ein paar Worte zu sagen? Hier in Rom vergesse ich gar nichts. Ach, habt Geduld, arbeitet, ohne besorgt zu sein, und denkt an den Himmel, der uns erwartet; tut alles, um Euch bei Christus Verdienste zu erwerben! Ist Ancilla noch so fröhlich oder so wild? Ja, ja, sei jetzt fröhlich, wenn Du kannst, aber sei artig und geduldig, liebe die Bescheidenheit, das Gebet, die heiligen Sakramente! Dasselbe gilt für Maria und Assunta. Severo fängt viele Vögel, aber ich empfehle Dir die Gebete, den Rosenkranz, die heilige Messe, die Predigt, die Christenlehre, die heiligen Sakramente. Und Ihr, Brüderchen Alfredo, Giovanni und Spitzbub Giuseppino, gehorcht! Habt Ihr verstanden? Und vergeßt nie das Vaterunser am Morgen und am Abend! Betet immer ein „Gegrüßet seist du, Maria" für Euren Bruder Angelo, der Euch liebhat, sehr lieb!

Addio, Ihr Lieben, ich umarme Euch alle zusammen. Heute morgen am Fest der heiligen Familie habe ich bei der heiligen Kommunion in besonderer Weise für unsere Familie gebetet. Ich habe sie erneut Jesus, Maria und Joseph geweiht. Habt also Vertrauen auf sie und verlaßt Euch nicht auf menschliche Überlegungen; Ihr werdet dann sehen, daß alles gut und besser geht.

Seht, ich kann Euch nicht alle Wochen schreiben. Habt Nachsicht, ich werde Euch immer alle 14 Tage einen Gruß oder höchstens alle drei Wochen einen Brief schicken. Aber antwortet mir, oder laßt, wenn Ihr meint, die Brüder oder die Schwestern schreiben; es macht nichts, wenn es mit dem Schreiben auch mal hapert. So lernen sie es von Mal zu Mal ein wenig. Wißt Ihr, Eure so einfachen, so kindlichen Briefe bringen mich zum Lächeln und rühren zugleich ans Herz. Schreibt die Adresse so, wie ich es mache. Klebt die Briefmarke an ihren Platz oben! Seht, was für ein Glück! Ihr könnt Schriftsteller werden, ohne in die Schule zu gehen.
Also Addio. Das heiligste Herz Jesu segne Euch

Euer Sohn
Kleriker Angelo

Grüßt mir sehr Herrn Propst und Herrn Pfarrer! Sagt mir, wie es mit der neuen Kirche steht! Grüßt mir die Nachbarn Angelo, Margherita mit der ganzen Familie!

3. An die Eltern[7]

† J. M. J. Rom, 16. Januar 1901

Liebe Eltern, Brüder, Schwestern, Großvater und Onkel,
wenn Ihr diesen meinen Brief lest, seid Ihr schon ganz der Heiligung Eurer Seelen zugewandt, aus Anlaß der heiligen Mission, die Ihr gerade mitmacht und die schon zu Ende geht. Mit Euch empfinde ich Trost und freue mich aus ganzem Herzen über die schöne und beneidenswerte Gelegenheit, die Euch zuteil geworden ist, noch einmal mit allem Ernst an das Heil Eurer Seele und an das ewige Glück im Himmel denken zu können.

Das ist es auch, was mir am meisten am Herzen liegt. Denn niemals habe ich für meine Familie die Güter dieser Welt begehrt oder vom Himmel erfleht: Reichtum, Vergnügen, Wohlstand, sondern vielmehr, daß Ihr alle gute Christen seid, tugendhaft, ergeben in die liebevollen Arme der göttlichen Vorsehung und in Frieden mit allen. Welchen Wert hätte es auch, das Gold der ganzen Welt zu besitzen, wenn man seine Seele verlieren würde? Prägt Euch diese Wahrheit tief ins Herz und vergeßt sie nie!

Wir sollen niemals über die schlechten Verhältnisse, in denen wir uns befinden[8], traurig sein, sondern Geduld haben, nach oben schauen und an den Himmel denken. O Seligkeit des Himmels! Dort werden wir ausruhen, nicht wahr? Dort hat für uns die Trübsal ein Ende, dort werden wir den Lohn für unsere Arbeiten und Mühen empfangen, wenn wir sie mit Ergebung ertragen haben.

Richtet all Eure Werke und Opfer immerfort auf dieses Ziel hin, damit alles dazu beitrage, Euch seliger und zufriedener im Himmel zu machen!

Denkt daran, was Jesus in seiner Güte für uns getan und gelitten hat: daß er unseretwillen ganz arm wurde, vom Morgen bis zum Abend arbeitete, daß er geschmäht und verfolgt und auf jede Weise mißhandelt wurde, daß er von denen ans Kreuz geschlagen wurde, für die er nur das Beste wollte!

Lernen wir von ihm, nicht in Klagen auszubrechen, nicht zornig zu werden, mit niemandem die Geduld zu verlieren, im Herzen keine Abneigung zu hegen gegen jene, von denen wir glauben, daß sie uns Böses angetan haben, vielmehr Nachsicht miteinander zu haben; denn wir alle haben unsere Fehler, wenn nicht den einen, dann einen anderen, und allen sollen wir wohlgesinnt sein, nicht wahr? Allen, auch denen, die uns Böses antun oder angetan haben, ihnen verzeihen und auch für sie beten, da sie vielleicht vor Gott besser sind als wir.

Dies ist die echte Frucht, die Ihr aus dieser heiligen Mission mitnehmen sollt, und dies ist das einzige Mittel, um auch in dieser Welt, selbst inmitten so vieler Nöte, glücklich zu leben. Und dann immer beten, gut beten, oft beichten und kommunizieren, vertrauten Umgang haben mit dem heiligsten Herzen Jesu und unserer lieben Gottesmutter. Täglich der heiligen Messe beiwohnen, die Predigt oder Christenlehre nicht versäumen, nach dem „Engel des Herrn" nicht mehr außer Haus weilen mit all dem übrigen.

Der Herr will mich als Priester haben. Deshalb hat er mich mit so vielen Wohltaten überhäuft und mich sogar hierher nach Rom geschickt, unter die Augen seines Stellvertreters, des Papstes, in die heilige Stadt nahe den Gräbern so vieler ruhmvoller Martyrer, so vieler heiliger Priester. Dies ist ein wahres Glück für mich und für Euch, wofür Ihr dem gütigen Gott immer danken sollt.

Aber ich will nicht Priester werden aus menschlichen Rücksichten, um Geld zu verdienen, um Bequemlichkeit, Ehren und Vergnügungen zu finden. Wehe mir! Sondern vielmehr und allein, um nachher dem armen Volk auf irgendeine Weise Gutes zu tun. Und deswegen möchte ich, daß die ersten, die an diesem geistlichen Gut teilnehmen, Ihr seid, die Ihr so viel für mich getan habt — Ihr, deren geistliches Heil mir so sehr am Herzen liegt — Ihr, für die ich jeden Tag, ja ich darf sagen, jede Stunde bete.

Darf ich das tröstliche Bewußtsein haben, daß Ihr alle einen großen Gewinn aus der heiligen Mission mitgenommen habt und daß Ihr bessere Christen geworden seid als vorher? Ich hoffe es, ja ich bin dessen ganz sicher, kenne ich doch genau Euren guten Seelenzustand.

Bei der Generalkommunion denkt alle auch an mich! Inzwischen empfangt meine besten Wünsche und Grüße und teilt sie auch allen Verwandten und Freunden mit!

Euer
Kleriker Angelo

Meine Gesundheit ist ausgezeichnet. Grüße auch an Herrn Pfarrer und Herrn Kurat.

9. An die Mutter

† J. M. J. Rom, 1. Januar 1905

Liebe Mutter,
ich antworte umgehend auf Euren Zettel, den ich mit dem Brief des Vaters und des Bruders Severo erhalten habe.

Es tut mir überaus leid, daß Ihr — wenn auch nur kurz — an meiner Liebe und an meinem Andenken, das ich für Euch bewahre, habt zweifeln können. Wer ist — nach Gott, nach den himmlischen Dingen — für mich der liebste Mensch auf Erden wenn nicht Ihr? Auch wenn ich verheiratet wäre, würdet Ihr für mich immer die großartigste Frau der Welt sein, das Teuerste für mein liebevolles

Sohnesherz. Nein, um Gottes willen, zweifelt nicht an meiner Liebe und an dem innigen Andenken, das ich stets für Euch bewahre! Die Entfernung — glaubt mir — schwächt nicht die kindliche Zuneigung, sondern macht sie lebendiger, edler und feiner. Ich spüre es an mir selbst. Wenn ich jeden Morgen beim Sanctus der Messe die liebsten Menschen dem Herrn empfehle, seid Ihr immer die erste, die mir in den Sinn kommt, zusammen mit dem Vater. Ich denke immer an Eure Arbeit, an Eure Mühen und begleite Euch mit dem Herzen. Ich möchte alles tun, um Euch zufrieden und glücklich zu sehen. Euch habe ich nie direkt geschrieben. Habt Ihr aber nicht gemerkt, daß ich in meinen Briefen mit Euch beiden zusammen spreche und immer „liebe Eltern" sage? Ich kann nicht glauben, daß der Vater Euch meine Briefe nicht zeigt. Ihr habt das volle Recht, sie zu sehen, da sie auch für Euch geschrieben sind. In Zukunft werde ich jedoch nicht versäumen, ein paar Worte allein für Euch anzufügen. Ihr beklagt Euch, weil ich die Euch gemachten Versprechen nicht gehalten habe. Hört, liebe Mutter, wenn meine Versprechen sich darauf beziehen, Euch ein wenig öfter zu schreiben, scheint es mir, daß ich mich darüber schon zur Genüge geäußert habe. Wenn die Versprechen sich dagegen auf etwas anderes beziehen, dann erinnert mich sofort daran! Ich bin zu allem bereit. Geld habe ich Euch bisher nicht schicken können, weil ich wirklich über keines verfüge. Denkt an meine ganzen Schulden zur Primiz! Denkt daran, daß ich meine Seminarkleidung, die ziemlich viel kostet, neu anschaffen mußte; und ich habe noch nicht alles, weil ich immer nur kleine Schritte machen kann. Und all die anderen Ausgaben für Bücher! Je weiter man nämlich im Studium vorankommt, desto mehr braucht man für Bücher, Schuhe und tausend andere kleine Ausgaben, von denen Ihr natürlich keine Vorstellung haben könnt, die aber für mich genauso dringend notwendig sind. Habt also einen Augenblick Geduld! Laßt mich meine Dinge etwas ordnen, danach werde ich das wenige, das ich tun kann, gern und von Herzen tun. Es ist ja auch meine Pflicht. Wenn Ihr jetzt etwas braucht, sagt es, sagt es sofort! Ich werde irgendein Opfer bringen, um Euch zufriedenzustellen. Ich habe Euch daheim das Bild nicht geschickt, während ich es dem Herrn Pfarrer als erstem sandte. Ihr habt es nämlich schon, und der Herr Pfarrer hatte es nicht. Außerdem habe ich es nicht gern, daß so viele Bilder von mir herumgehen. Ich bin weder Papst noch Kardinal noch Bischof, sondern ein armer kleiner Priester. Es ist nicht nötig und nicht gut und wäre ein Zeichen von Eitelkeit, wenn mein Gesicht überall zu sehen wäre. Vielmehr habe ich daran gedacht, von dem Bild eine Vergrößerung machen zu lassen, die eingerahmt und zu Hause aufgestellt werden könnte, so daß Ihr mich alle immer vor Augen haben könntet, wie auch ich Euch alle und immer im Herzen habe. Ich werde es so rasch wie möglich machen lassen und es Euch schicken.

Signora Angelina Locatelli und allen, die nach mir fragen, überbringt meine herzlichen Grüße und sagt, daß wenn sie kein Erinnerungsbildchen an meine Primiz erhalten haben, es sicher nicht meine Schuld ist. Heute habe ich keine mehr, und ich halte es nicht für angebracht, für neue weitere Ausgaben zu machen. Im übrigen, seid zu allen freundlich; sagt, daß ich immer an alle in Liebe denke, und kümmert Euch um nichts anderes! Seid überzeugt, daß ich gewissenhaft darauf bedacht bin, allen gegenüber meine Pflicht zu erfüllen, denen ich Ehrfurcht, Dank und Liebe schulde! Was die Klagen der anderen betrifft, mache ich mir wirklich keine Sorgen, denn sie sind unberechtigt. Wenn alle wüßten, wie viele Unannehmlichkeiten ich hier im Seminar in den Händen habe, wieviel Lästiges, wieviel zu tun, wie wenig Zeit zum Komplimentemachen, würden sie sicher weniger Ansprüche stellen.

Wirklich Grund zu klagen hat die gute Base Maria aus der Corna[15].

Auch ihr sage ich aber, daß ich an ihren Rosenkranz immer gedacht habe. Doch einen schwarzen mit dieser Medaille und in der gewünschten Form habe ich noch nicht finden können. Überdies möge sie bedenken, daß man ihn ins Ausland, nach Belgien, an die Kamillianer-Patres schicken muß, um ihn mit den gewünschten Ablässen weihen zu lassen, und daß man dazu viel Zeit braucht. Deshalb dachte ich daran, einen sehr schönen Rosenkranz zu kaufen, ihn mit denselben Ablässen der Kamillianer-Patres und mit allen Ablässen, die möglich sind, z. B. der Dominikaner, der heiligen Brigitte usw., zu weihen und ihn dann Maria zu schicken. Ich glaube, daß sie auch zufrieden sein wird.

Schließlich habe ich nach langer Zeit auch von Signor Francesco Rebuzzini einen Gruß erhalten, dem ich sofort mit einem Brief geantwortet habe. Ich habe gewußt, daß in der Spinnerei, in der

Ancilla und Assunta sind, Signor Piero Gallina[16] schmutzige Zeitungen, wie den „Asino“ und den „Avanti“, liest und lesen läßt und religionsfeindliche und umstürzlerische Ideen verbreitet. Um Gottes willen paßt auf; und wenn Euch dort Gefahr droht, geht sofort woanders hin. Ein bißchen Brot wird Euch der Herr nie versagen. Setzt im allgemeinen auf die Leute und die Dinge von Villa d'Adda nicht allzuviel Vertrauen, denn dort ist viel Schlechtigkeit!

Ich schließe meinen Brief, indem ich Euch, liebe Mutter, dem geliebten Vater, dem guten Großvater und dem Onkel sowie allen Brüdern und Schwestern allen Segen des Herrn wünsche. Euch empfehle ich, viel zu beten und der Familie ein Beispiel an Sanftmut und Geduld zu geben. Gewöhnt Euch nach und nach an, nie die Geduld zu verlieren. Euer Schweigen, Euer Sichabfinden mit allem wird dazu dienen, allem Gebrumme zu begegnen. Wir alle haben unsere Fehler und müssen uns gegenseitig ertragen. Glaubt nicht denen außerhalb des Hauses, hört nicht auf sie und schenkt ihnen kein Vertrauen! Vertraut Eure Drangsal, Eure Angelegenheiten nur Jesus im Sakrament, der liebreichsten Gottesmutter, dem hochwürdigen Herrn Pfarrer, Eurem Beichtvater und keinem anderen, wirklich keinem an! Ich schreibe auch sofort einen kleinen Brief an Severo, um ihn zu trösten. Denkt immer daran, daß Ihr eines Tages um so glücklicher sein werdet, je mehr Ihr es versteht, alle Drangsal dieses Lebens mit Ergebung zu tragen.

In inniger Zuneigung Euer Sohn
Priester Angelo

Herzliche Grüße an die Onkel und Tanten von der Zandona, an Caterina von der Corna und an Felice von Carvico[17].

14. An den Vater

Bergamo, 7. September 1908

Mein lieber Vater,
ich habe die 250 Lire beigebracht, die Ihr braucht. Allerdings habe ich mein Sparbuch zum Pfand geben müssen. Sobald ich wieder aus Lourdes zurück bin, werden wir den Betrag zurückzahlen müssen und uns dann des Darlehensscheins der Sparkasse „Piccolo Credito" bedienen, den Ihr mir heute gezeigt habt. Mehr als das glaube ich nicht tun zu können. Heute abend oder morgen früh werdet Ihr die Lire 250 erhalten. Inzwischen seid guten Mutes; ich empfehle es Euch, und empfehlt es allen, beklagt Euch nicht, sondern nehmt die Heimsuchungen gern an; vor allem werdet nicht mutlos, verliert nie die Geduld und seid alle froh! Auf meiner Reise nach Lourdes werden meine Gedanken oft bei Euch, bei Eurer ganzen Familie sein. Empfehlt mich in Euren Gebeten. Ich hoffe, daß die Gottesmutter von Lourdes auch Maria bald gesund werden läßt; sagt ihr inzwischen, daß auch sie Geduld haben und gern leiden soll, da sie leiden muß!

Euer
D. Angelo

16. An den Vater

Bergamo, 8. Oktober 1909

Mein lieber Vater,
die Nachrichten, die ich über den jungen Giuseppe Eugenio Ronchetti empfangen habe, sind sehr gut: es scheint, daß er ein sehr verständiger und christlicher junger Mann ist.

Also ist Euer Gewissen als Eltern entlastet: laßt also Maria gewähren und helft ihr, ihre Dinge gut als gute Christin zu besorgen! Sie steht in einem Lebensabschnitt, in dem sie Eure Wachsamkeit und Eure liebende Fürsorge besonders nötig hat.

Mir geht es gut, und Bruder Severo? Grüßt mir die Mutter und die ganze Familie! Ich werde auch bald Maria schreiben.

Euer Sohn
D. Angelo

18. An den Vater

[Bergamo] 3. März 1910

Mein lieber Vater,

das Ergebnis der Erkundigungen ist, daß jener junge Mann kein Herz mehr hat, weiterzumachen. Gleichwohl ist es ihm unangenehm, hat er doch keine Gründe gehabt, über Maria zu klagen. Ich glaube, daß er jetzt selbst schreiben wird. In diesem Fall wird Maria gut tun, die Dinge auf sich beruhen zu lassen und sich nicht zu beunruhigen. Besser so als die Angelegenheit mehr schlecht als recht oder mit unglücklichem Ausgang zu lösen. Sagt Maria in meinem Auftrag, daß sie einmal mehr lachen und singen soll!

Ich habe auch dem Grafen Ottavio einen verbindlichen und freundlichen, wenngleich deutlichen Brief geschrieben, wobei ich ihm alles genau vor Augen führte. Ich habe auch den Domherrn[23] interessiert und erhoffe davon Gutes. Wenn die Antwort ungünstig ist, werden wir sehen, was zu machen ist. Am Sonntag fahre ich nach San Giovanni di Boschi, wo noch kein Priester ist. Es geht mir gut, aber ich bin ein wenig müde. Herzliche Grüße an die ganze Familie!

D. Angelo

22. An die Eltern

[Bergamo] 5. September 1910

Meine lieben Eltern,

ich muß wieder plötzlich nach Mailand abreisen. Gestern hatte ich nicht die Zeit, Euch zu antworten. Ich habe alles verstanden, was Ihr sagen wolltet. Wie ich schon Severo sagte, sehe ich nicht ungern, daß er in unser altes Haus zieht, in dem wir alle geboren sind[27].

Andererseits ist es vielleicht besser, jetzt die Dinge in Frieden und Eintracht zu erledigen, als zu warten, bis es deswegen in der Familie Ärger gibt. Außerdem geht Severo nicht weit fort; er kann Euch immer helfen und Hilfe finden. Es ist fast so, als bliebe er zu Hause. Hinzu kommt noch, daß der Gutsherr selbst jemanden sucht. Was mich betrifft, kommt es mir nur auf eines an, und das ist, daß Ihr das gute gegenseitige Einvernehmen nicht zerstört und daß ich keine Verpflichtungen finanzieller Art übernehmen kann, jedoch bereit bin, Euch nach Kräften zu helfen. Während dieser Wochen bin ich ständig in Mailand. Herzliche Grüße an die ganze Familie!

D. Ang. Roncalli

26. An den Vater

Bergamo, 28. November 1913

Mein lieber Vater,
ich erhalte in diesem Augenblick einen Brief der Schwester Teresa und schreibe Euch sofort — obwohl ich in diesen zwei oder drei Tagen so viel Arbeit habe, daß sie mir über den Kopf reicht —, weil mich dieser Brief schmerzt.

Was mich am meisten trifft, ist der Kummer Teresas und der eigene stille Vorwurf, daß sie deshalb leide, weil ihr Mann sich fortwährend bei ihr beklagt, ich würde nichts für sie tun. Und das ist falsch, Ihr wißt es, und es wäre gut, daß es auch Michele verstünde. Ich glaube, daß das Vorgehen des Grafen Ottavio niemanden schmerzlicher getroffen hat als mich; es ist aber deshalb nicht meine Schuld, wenn der Graf Ottavio nicht nachgibt.

Ihr versteht, daß Weinen gut tut, und Teresa, die Ärmste, hat dazu allen Grund. Wenn es aber einen Zeitpunkt gibt, wo es notwendig ist, daß ihr Mann Ruhe bewahren soll, dann ist es dieser. Wir müssen mit einem Verrückten verhandeln. Ich will auch nicht durch unkluges Vorgehen Teresas Lage verschlechtern und auch Eure Lage und die unserer ganzen Familie ernstlich gefährden. Ich habe hiermit geschrieben und habe vorgesprochen und habe schreiben und vorsprechen lassen. Wenn ich bisher nichts erreicht habe, so bleibt mir nur ein größerer Kummer, sicher keine Schuld.

Bewahren wir also um Gottes willen Ruhe; was ist denn unser Glaube und unsere Frömmigkeit wert, wenn wir jetzt im Leid nicht ein wenig auf den Herrn vertrauen? Sagt Teresa, Geremia und Carola[32], daß ich besonders in diesen bitteren Tagen bei ihnen bin und daß ich mich zusammen mit dem Herrn Pfarrer lebhaft um sie kümmere: Selbst wenn wir nichts erreichen würden, müßten wir uns niemals vorwerfen, nicht alles getan zu haben, was getan werden konnte.

Vor allem aber möchte ich nochmals Michele empfehlen, ruhig zu sein, keine Torheiten zu begehen, um nicht selbst die Ursache eines größeren Übels zu werden. Teresa wiederhole ich nochmals, jetzt nicht an eine Zukunft zu denken, die schlimmer ist als das, was jetzt ist; es genügt, an das Leben von einem Tag zum anderen zu denken und mit dem Herrn vereinigt zu sein, der niemals im Stich läßt. Unterrichtet den Herrn Pfarrer über diesen meinen Brief, und Ihr werdet sehen, daß wir einig sind. Grüße an die Mutter, den Großvater, Teresa und an alle Brüder und Schwestern!

d. Angelo

28. An den Bruder Saverio[34]

Mein lieber Bruder,
während ich meinen Brief schließe, gelangt eben Deiner vom 30. Juni in meine Hände. Ich antworte Dir sofort. Bis vor einigen Monaten genügte es, daß 16 Zähne fehlten, um zurückgestellt werden zu können. Jetzt dagegen ist die Zahl der Zähne nicht mehr festgesetzt, sondern der Zahnmangel muß von Magenbeschwerden und zunehmenden organischen Schwächen begleitet sein. Nur in diesem Fall kann man, wenn nicht Kriegsuntauglichkeit, so wenigstens Befreiung vom unmittelbaren Kriegsdienst beanspruchen. In Deinem Fall rate ich: Geduld haben und guter Soldat sein, solange Du kannst. Wenn Du siehst, daß die Beschwerden anhalten, suche den Arzt auf und sage ihm, wie es sich gehört, Deine Beschwerden. Wenn er Dich das erstemal nicht anhört, sag sie ihm, immer mit Anstand und Demut, ein zweites und ein drittes Mal! Sich auch nicht über Zurückweisung und schlechte Behandlung aufregen! Opfere alles mit Ruhe dem Herrn auf! Und dann komm wieder und schreib mir immer, wobei Du mich über alles unterrichtet hältst, auch über den genauen Namen des Arztes! Was Dich angeht, unternimm alles, um Dich auf Deinem Posten zu halten, auch wenn es Dich etwas kostet. Doch gib Nachricht, sobald Du merkst, daß die Anstrengungen Deine Gesundheit ruinieren könnten! Mach es so, und lebe von einem Tag zum anderen, ohne an etwas anderes zu denken, und schreibe mir, schreibe mir immer!

d. A. R.

32. An den Bruder Saverio

[Bergamo] 17. September 1916

Mein lieber Bruder,
Deine Frau schreibt mir ganz untröstlich auf Deinen Eilbrief hin, in dem Du ihr sagst, daß man Dich bei der Musterung am 10. dieses Monats kriegstauglich erklärt hat. Ich vertraue jedoch auf Dich und Deinen Mut und bin sicher, daß Du wirklich wegen nichts den Kopf hängen lassen wirst. Wenn man sich immer vor Augen hält, daß das Leben in den Händen Gottes liegt, der es auch zu Hause nehmen kann, versteht man auch, daß es uns keiner im Krieg nehmen kann, wenn der Herr es nicht zuläßt. Also mein lieber Bruder, vorwärts ohne Furcht mit erhobenem Blick und mit einem auf den Herrn vertrauenden Herzen! Du weißt, daß ich immer in meiner heiligen Messe und in meinen anderen Gebeten an Dich denke. Lebe von einem Tag zum anderen und fürchte Dich vor nichts!

Morgen abend reise ich endlich nach Rom ab und werde nach acht oder zehn Tagen zurückkehren. Ich werde dann in Piacenza haltmachen, um Dich zu sehen und um Dir, so Du irgend etwas nötig hast, alles, was Du wünschst, zu geben.

Ich werde nicht vergessen, Deiner Frau und Deiner ganzen Familie eine Freude zu machen.

In inniger Zuneigung Dein Bruder
don Angelo Roncalli

35. An den Bruder Saverio

† Bergamo, 6. Februar 1917

Mein lieber Bruder,
da Dein Aufenthalt in Brindisi ungewiß ist, gebe ich den Gedanken an meine Reise auf, wenngleich es Dir mißfallen wird.

Doch hoffe ich sehr, daß Du nicht nach Albanien aufbrechen mußt; aber immer, wie Gott will . . . Wir werden uns in Piacenza oder hier in Bergamo sehen, wo wir bis gestern Kälte und Schnee hatten, während bei Dir schon Frühling ist.

Gestern bin ich in Sotto il Monte gewesen und habe mich wirklich sehr gefreut, mit unserer ganzen Familie zusammen zu sein. Es fehlte nur Deine Maria. Doch die Mutter und die Schwestern haben mir ein Mittagessen bereitet, das meine Erwartung übertraf. Wir hatten auch den Verwalter zum Essen eingeladen, der mir wirklich ein guter Mensch zu sein scheint.

Ich habe auch bei unseren Verwandten, in der Corna, in den Caneve und in der Zandona die Runde gemacht. Allen geht es gut, Gott sei Dank; zu Hause und außerhalb haben wir viel von Dir gesprochen. In ein paar Tagen erhältst Du weitere Lire 50 für Deine Bedürfnisse. Schreib mir, sobald Du sie empfangen hast, und bleibe weiterhin gut und froh im Herrn!

Heute habe auch ich die ärztliche Untersuchung mitgemacht und bin *kriegstauglich* geschrieben worden. Ob ich auch an die Front muß? Wenn man mich hinausschickt, finde ich mich damit ab, weil ich auch dort ein wenig Gutes tun zu können hoffe. Der Herr helfe uns und segne uns beide mit allen unseren Angehörigen.

Ich bereite jetzt ein Gebetstriduum (Freitag, Samstag und Sonntag) zur Madonna von Lourdes für alle unsere Soldaten vor.

Bitten wir miteinander diese liebe Mutter, daß sie sich unser immer annehme, das Ende dieses Krieges beschleunige und den heißersehnten Frieden herbeiführe!

Dein d. Angelo Roncalli

38. An den Bruder Saverio

Bergamo, 6. Mai 1917

Mein lieber Bruder,
mit viel Verspätung habe ich Deine Karte erhalten, die mich in bezug auf Dich etwas beruhigt hat. Endlich ist es mir auch gelungen, auf meiner schönen Landkarte den Ort zu finden, wohin es Dich jetzt verschlagen hat; sicher eine sehr gute Stellung, wo — glaube ich — das große Nachschublager unserer Artillerie ist.

Mehr als alles andere gefällt mir, wenn Du schreibst, daß „Du Dich in den Willen Gottes in allem, allem fügst". Lebe immer so, mit der Gnade Gottes im Herzen, mit der Gewißheit, ihm sehr, sehr zu gefallen, indem Du Deine Pflicht gegenüber dem Vaterland tust. Wir stellen so viele Überlegungen an und reden so viel Unnützes, wie es viele Nichtstuer machen, ist es nicht wahr? Wir wissen, daß Vaterlandsliebe nichts anderes ist als Nächstenliebe, und diese mündet in die Gottesliebe ein. Das ist alles: und indem wir die Opfer, die der Krieg uns auferlegt, gern auf uns nehmen und immer nach oben schauen, verdienen wir uns unendlichen Segen für uns, für unsere Familien, für das Vaterland. Also tapfer, mein lieber Zaverio, und Mut. Für den, der als guter Christ lebt und denkt, kommt alles, jedes Opfer, auch der Tod an zweiter Stelle.

Ich habe für gewöhnlich viel zu tun, bei den Soldaten, im Krankenhaus und außerhalb. Sie haben mich sehr liebgewonnen: und ich sehe, daß man mit ein wenig Gefälligkeit und Gnade Gottes alles von ihnen haben kann.

Stell Dir vor, allein in einem Monat sind bei mir gut fünf Artilleristen gestorben, und alle an Lungenentzündung. Dir darf ich aber sagen, daß sie wahrscheinlich Engel waren und mich nun vom Himmel aus, wohin ich sie geleitet habe, beschützen.

Addio, lieber Bruder. Die Nachrichten, die ich von zu Hause habe, sind alle gut. Ich selbst werde daran denken, alle unsere Lieben und besonders Deine Frau zu trösten. Schreib mir sofort, und schreibe mir oft, wenn Du irgend etwas brauchst. Jede Zeile von Dir ist mir kostbar. Und denke bei Deinen kleinen Gebeten immer an mich, damit der Herr mir helfe, ein wenig Gutes zu tun, mich selbst zu heiligen und viele andere zum Heil zu führen. In meinen Predigten dieses Maimonats empfehle ich Dich immer den gemeinsamen Gebeten. In inniger Zuneigung

Dein Bruder d. Angelo Roncalli

40. An den Bruder Saverio

Bergamo, 16. Juni 1917

Lieber Bruder,
ich erhielt heute morgen Deinen letzten Brief von 12. und danke Dir für alle Deine liebevollen Sorgen und Gedanken um mich. Ich habe auch eine oder zwei Karten vom 24. Mai und danach erhalten. Wenn ich sie nicht sofort beantwortete, so liegt das daran, daß ich sehr beschäftigt bin. Denk daran, daß ich mich jetzt auch um das neue Krankenhaus „Orfanotrofio Maschile“ kümmern muß, in dem noch kein Kaplan ist und viele Kranke liegen: mit denen von „Banco Sete“ und den neuen sind es fünfhundert. Dazu habe ich viel, viel zu predigen, die Arbeit mit der Schule und tausend andere Dinge, daß ich manchmal meine, es gehe mir der Atem aus. Und wenn ich gegen Mitternacht zu Bett gehe, fühle ich mich todmüde. Doch es geht nur darum, ein wenig auszuruhen; dann ist die Müdigkeit vergangen, und ich beginne wieder mit meiner Arbeit.

Morgen abend beende ich im Dom den Predigtzyklus anläßlich der Novene zum heiligsten Herzen. Bald hören auch die Unterrichtsstunden im Seminar auf. Außerdem hoffe ich, daß nach Bergamo ein zweiter Kaplan kommt, so daß ich es leichter haben werde; freilich nicht, um mir dann einen schönen Tag zu machen, da ich ja mein festgelegtes Arbeitspensum habe und ich Gewissensbisse bekäme, wenn ich auch nur ein Quentchen der Zeit verlöre, die mir der Herr gewährt, um ein wenig Gutes zu tun.

Ich rechne immer damit, daß der Krieg bald zu Ende gehen muß: viel rascher, als man glaubt, und daß die Gebete, die sich jetzt in der ganzen Welt zum heiligsten Herzen Jesu um einen gerechten und baldigen Frieden nach Meinung des Heiligen Vaters verstärken, auf das ersehnte Ereignis Einfluß haben müssen.

Ich brauche gewiß nicht an die Front zu kommen, um zu verstehen, was der italienische Soldat fühlt, was er ersehnt und was er leidet. Doch Krieg ist Krieg. Deshalb, mein lieber Zaverio, immer den Blick nach oben, ein großmütiges und betendes Herz! Dann werden wir den Segen erkennen, den so viele christlich ertragene Opfer über uns, über die Familien und über unser Vaterland uns von Gott erlangt haben.

Was unsere Brüder und unsere Familie betrifft, sagst Du mit Recht, daß wir wirklich glücklich dran sind. Gleichwohl sind wir zu allem bereit, nicht wahr? Giuseppino ist nun ein ganzer Soldat. Ich sehe ihn von Zeit zu Zeit, und wir verbringen einige Augenblicke wahrer Freude miteinander. Es geht ihm sehr gut, und er ist frohen Mutes. Gewiß vergißt er seine Felder und seine Familie nicht. Wenn der Krieg nicht bald endet, denke ich an unseren Giuseppino mit einiger Furcht und Betrübnis. Es reicht . . . Der Herr behüte uns.

Von zu Hause erreichten mich gute Nachrichten. Sie haben viel Arbeit, doch ist dies immer wenig im Vergleich zu dem, was so viele arme junge Männer im Krieg zu ertragen haben.

Du sagst richtig: Vertrauen wir auf Gott und auf das liebevolle Herz Jesu! Eines Tages werden wir sehen und uns trösten, daß keines unserer Opfer umsonst war, nicht für uns noch für unsere Familie, noch für unser Vaterland.

In inniger Zuneigung
d. Angelo

p.s.: Ich schicke Dir Lire 20. In Kürze schicke ich weitere 20.

46. An den Vater

Bergamo, 15. Oktober 1917

Mein lieber Vater,
ich habe heute zu Hause Euer Bild des Malers Gaudenzi[42] gesehen. Es hat mir sehr gut gefallen, und ich bitte die Mutter herzlich, sich gleichfalls malen zu lassen. Sie soll mir nicht nein sagen. Und Ihr empfehlt ihr, mir den Gefallen zu tun. Sie soll sich angemessen kleiden, jedoch mit der gewohnten Einfachheit, und versuchen fertigzubekommen, wie immer zu sein: mit ihrem gütigen, heiteren und zufriedenen Gesicht. Ihren eigenen Verdruß und den der anderen braucht der Maler nicht. Ich habe ihm geschrieben und ihn gebeten, auch dieses Bild in den Tagen zu malen, da er sich noch in Sotto il Monte aufhält. An die Bezahlung werde ich denken.

Heute habe ich wieder Giuseppino gesehen. Es geht ihm nicht viel ab, um den Posten des Präfekten von Bergamo zu übernehmen, und so gefällt er mir. Man muß die Welt zu nehmen wissen.

Der Herr gewähre Euch und der ganzen Familie alles Gute.

Euer Sohn
d. Angelo

47. An den Bruder Saverio

Bergamo, 27. Oktober 1917

Mein lieber Bruder,
ich habe Deine Karten mit den guten Nachrichten erhalten.

Ich freue mich sehr mit Dir. Auf den Herrn vertrauend und mit dem Bewußtsein, immer die eigene Pflicht zu erfüllen, kommt man überall durch und ist für jeden Fall bereit.

Ich glaube, daß wir jetzt an den schwierigsten Punkt unseres Krieges gelangt sind — und wünsche mir, daß unsere Sache sich zum Guten wende, das heißt zum Sieg unserer Waffen und zum gerechten und dauerhaften Frieden.

Sicher ist, daß je dramatischer die militärischen Ereignisse werden, wir um so mehr Einfachheit, Ruhe, Vereinigung mit Gott brauchen. Wir wissen, daß gerade dies zum guten Soldaten gehört. Wenn wir dem Vaterland dienen, erwerben wir Ruhm und Verdienst für jetzt und für die Zukunft. Der Ruhm der Menschen ist sehr wenig wert; der Ruhm, den der Herr uns vorbehält, ist unermeßlich und unaussprechlich.

Das habe ich gestern abend unserem lieben Giuseppino gesagt, der heute oder morgen jedenfalls ins Kriegsgebiet ausrücken muß. Er kommt nach Udine, in eine Stadt, die leider nahe bei dem Punkt liegt, auf den unsere Feinde zielen. Doch auch er ist sehr ruhig. Der Herr wird ihn segnen und vor allem Übel bewahren.

Dagegen wird, wenn die Nachrichten stimmen, die Einberufung der Kriegsuntauglichen auf später verschoben; so bleibt vorerst auch Giovannino zu Hause, um der Familie bei der Feldarbeit zu helfen.

Daran siehst Du, daß die Vorsehung sorgt, und sie wird auch in Zukunft sorgen.

In wenigen Tagen wirst Du eine Anweisong über Lire 30 für Deine Bedürfnisse erhalten. Schreib mir dann immer wegen allem, was Du brauchst! Dasselbe tue ich, und zwar gern, auch für unseren lieben Giuseppino.

Heute ist der 27. des Monats, also ein guter Tag für mich, so daß ich Dir etwas schicken kann.

Addio, mein lieber Bruder. Der Herr sei immer mit Dir und segne Dich.

In inniger Zuneigung Dein
d. Angelo

48. An den Bruder Saverio

[Bergamo, 17. November 1917][43]

Lieber Bruder,
Deine Nachrichten habe ich erhalten. Dank. Auch mir geht es nach wie vor sehr gut. Giuseppino ist, glaube ich, nach Turin abgefahren. Wann Giovanni einrücken wird, weiß ich nicht. Bitten wir den Herrn, daß er unser geliebtes Vaterland segne. Denn es hat es so sehr nötig. Einerseits „temo et tremo — fürchte und zittere ich"; andererseits vertraue ich sehr auf den Herrn, der unsere Waffen zum Siege führt.

Für uns, die wir den Glauben haben, gibt es keine Beunruhigung. Immer zu allem und zu jedem Opfer bereit. Unter uns wird Italien keine Feiglinge finden. Nicht wahr? Erinnere Dich daran, was unser Onkel Zaverio vorausgesagt hat. Das Ende 17 ist nahe: und ich hoffe sehr auf Gott, der barmherziger als gerecht ist. Daheim alle wohlauf. Der Herr wird sorgen. Ich habe vom Maler zwei Ölgemälde von unseren Eltern machen lassen und bin sehr zufrieden damit. Du wirst sie nach Deiner Heimkehr sehen, die ich Dir sehr bald und glücklich wünsche.

In inniger Zuneigung Dein Bruder
d. Angelo

50. An den Bruder Giuseppe

[Bergamo] 5. Dezember 1917[45]

Lieber Giuseppino,
als ich gestern Deine Karte erhielt, war auch der Vater hier bei mir, der wegen seiner Geschäfte nach Bergamo gekommen war. Du kannst Dir vorstellen, wie wir in Gedanken und mit dem Herzen bei Dir sind, besonders jetzt, da Du vielleicht in Gefahr bist. Ich tröste mich, weil ich weiß, daß Du sehr ergeben bist.

Du weißt aber, daß unsere Ergebenheit weder Feigheit noch Schwäche ist, sondern Mut und Stärke. Sie ist auf Gott gegründet, der uns überall sieht, uns hört und uns erhält, uns sogar im Kanonendonner froh und zufrieden erhält und uns vor allem Übel bewahrt. Viele Soldaten zucken die Schultern, lachen oder lästern und fluchen leider, wenn sie vom Vaterland reden hören. Wir nicht. Wir tun unsere Pflicht und schauen nach oben. Die Menschen, die uns regiert haben und uns regieren, verdienen nicht unsere Opfer, doch das Vaterland, das heute in Gefahr ist, verdient sie alle. Die Menschen vergehen und das Vaterland bleibt. Wenn wir uns für das Vaterland opfern, wissen wir, daß wir uns für Gott und für unsere Brüder opfern. Und wenn du — recht bald, wie ich hoffe — heimkehrst, wirst Du sehen, daß nichts, wirklich nichts von dem, was Du ausgestanden hast, umsonst war.

Also, lieber Giuseppino, ich sage Dir nochmals: nur Mut und Geduld! Die Passion dauert drei Tage: das ganze übrige Jahr ist Auferstehung, ist Sieg, ist Leben.

Aus Deinen Karten ersehe ich, daß Du der Kälte ausgesetzt bist und Dich im Freien aufhältst. Wo bist Du also? In einem Schützengraben an der Trienter Front? Laß es mich auf irgendeine Weise wissen, wenn Du es kannst, ohne Deine Pflicht zu verletzen! So sag mir wenigstens, ob Du Geld, Kleider, Lebensmittel brauchst! Ich tue alles sehr gern, damit es Dir gut oder weniger schlecht geht.

Wenn ich die Messe feiere, wenn ich bete, bist Du immer der erste, an den ich denke. Das Herz sagt mir, daß wir Dich wieder haben werden bei uns zu Haus, alle zusammen mit unseren lieben Eltern, die so gut sind und unsere ganze Liebe verdienen.

Laß Dich auch bei Deinem Kaplan sehen! Ich denke, daß er Dich gut aufnehmen wird, wie auch ich es mit allen meinen lieben Soldaten zu machen versuche. Laß mich auch seinen Namen wissen, damit ich ihm schreiben kann; Du könntest auch bei ihm Trost und Ermutigung finden.

Addio, mein lieber Giuseppino. In wenigen Tagen ist das Fest der Unbefleckten Empfängnis, und ich empfehle Dich dem Herzen unserer liebevollen Mutter, damit sie Dich gesund, rein, gut und mutig erhalte bis ans Ende. Ich erwarte Deinen Brief, um Dir alles zu schicken, was Du wünschst.

In inniger Zuneigung Dein Bruder
d. Angelo

Absender: der Priester Professor Angelo Roncalli, Militärkaplan, Bergamo. Zurückgesandt, weil der Empfänger inzwischen in Gefangenschaft geraten war[46].

62. An die Familie

Rom, 3. Mai 1921

Liebe Eltern und Geschwister,
Ihr werdet gewiß auf Nachricht von mir warten. So freut es mich, Euch mitteilen zu können, daß es mir gut geht. Seit einiger Zeit leide ich an einer kleinen Darmstörung, die mir aber weder Schmerzen verursacht noch mich beunruhigt. Etwas muß ja sein. Wie sollten wir uns sonst den Himmel verdienen?

Wie Ihr vielleicht schon wißt, hat mich der Heilige Vater zu seinem Hausprälaten[54] ernannt. Es ist eine sehr ehrenvolle Würde für mich und für Euch. Deshalb werden wir aber nicht hochmütig. Diese Würde ist eine große Verantwortung. Denn wer oben ist, kann leichter fallen als der, der auf dem Boden steht. Seht, deshalb habe ich um so mehr nötig, daß man für mich betet, wie auch für mein neues Amt, das der Heilige Vater mir hat anvertrauen wollen.

Was bedeutet schon die Farbe des Gewandes? Worauf es ankommt, ist der Glanz der für Christus und seine Kirche gewonnenen Seelen.

Ich werde zu Pfingsten wieder nach Bergamo fahren und bis

Anfang Juni bleiben. Am St. Johannestag werde ich auch in Sotto il Monte ankehren, wenn es Herrn Propst recht ist.

Bezüglich der Schwestern kann ich Euch nichts sagen. Der erste Plan mit dem Haus hat sich nämlich zerschlagen. Vielleicht werden sie bis Oktober daheim bleiben können. Laßt es Euch allen gut gehen! Grüße an Teresa und an alle Verwandten, an Herrn Pfarrer und an die H. H. Kurat und Kaplan! In diesen Bittagen bete ich um Segen für Eure Felder und Euer Haus.

In inniger Zuneigung
d. Angelo

64. An die Schwestern Ancilla und Maria

Rom, 3. August 1921

Meine lieben Schwestern,
wie ich schon schrieb, ist es mir jetzt nicht möglich, ein Haus zu finden, was mir für Msgr. Bugarini und Signor Locatelli, vor allem aber für mich und für Euch leid tut. Das letzte gestrige Angebot lautete: sieben Zimmer, Küche, Flur, zwei Klosetts und Speisekammer — 15600 Lire im Jahr.

Sagt selbst, ob es nicht verrückt wäre, es anzunehmen!

Ihr müßt also noch Geduld haben, selbst wenn es so weit kommen sollte, daß Ihr den Winter in Sotto il Monte bleiben müßt. Mit Ruhe und Geduld werden wir schließlich schon etwas Besseres für die Zukunft finden. Für mich ist das Opfer am schwersten, bin ich doch jetzt daran gewöhnt, Euch bei mir zu haben und von Euch umsichtig und gut versorgt zu werden.

Opfern wir alles dem Herrn auf, damit er durch mein und Euer Opfer das „Werk der Glaubensverbreitung“, für das allein ich jetzt da sein muß, gnädig segne. Grüßt mir alle unsere Lieben! Ich rechne damit, am Sonntag, dem 14., nach Bergamo und am 15. nach Sotto il Monte zu kommen. Freilich wäre es mir lieber, wenn ich an Mariä Himmelfahrt beim Pontifikalamt in Santa Maria Maggiore assistieren und nach Sotto il Monte zur Nachmittagsprozession kommen könnte.

Danach möchte ich etwas in die Berge in Sommerfrische gehen, weil es in diesem Jahr hier in Rom wirklich sehr heiß war und noch ist.

Also auf baldiges Wiedersehen, und bleibt guter Dinge!

Wenn Euch dieser Brief in Bergamo erreicht, grüßt mir Isaia[56], der mir ab und zu die Zeitung schickt; grüßt mir auch seine gute Mutter und Mino!

In inniger Zuneigung
d. Angelo

69. An die Familie

Rom, 10. Januar 1922

Liebe Eltern und Geschwister,
Eure Nachrichten habe ich erhalten. Ich habe nicht geglaubt, daß Ihr, Mutter, so gut schreiben könnt. Recht so, schreibt wieder. Es ist für uns eine Freude, von daheim einen Brief zu bekommen.

Ich hoffe, daß Ihr die Grüße erhalten habt, die ich Euch von meiner großen Reise sandte. Alles, was ich mir vorgenommen hatte, ist gut verlaufen. Wie Ihr wißt, war ich in Frankreich und machte in Chambery, Lyon und Paris Station. In Belgien besuchte ich Lüttich und Brüssel; Weihnachten verbrachte ich in Wittem in Holland. In Deutschland machte ich in Aachen und Köln halt sowie in München in Bayern. Bei der Rückfahrt, die über Innsbruck-Brenner-Trient führte, durchquerte ich auch ein Stück von Österreich. Als ich durch diese Berge fuhr, dachte ich öfters an Giuseppino, der sie auch schon gesehen hat, wenngleich unter für ihn und für uns so schmerzlichen Umständen.

Nun ist alles vorüber. Aus Euren Briefen entnehme ich, daß die Sorgen wegen der Trockenheit usw. nicht fehlen. Auch ich habe meine mit dem Haus, aus dem ich im Juni ausziehen muß; und ich weiß noch nicht wohin. Aber wollen wir in den Himmel kommen und hier auf Erden nur Wohltaten Gottes haben ohne Kreuze und Heimsuchungen? Denkt nur an die Deutschen und Österreicher, deren Geld wertlos geworden ist und die um vieles mehr leiden als wir!

Doch auch sie sind im allgemeinen gute Menschen; und sie werden es schaffen, vor uns wieder hochzukommen, denn sie arbeiten, während es dagegen in Italien nur Streiks und Revolutionen gibt.

Unseren Damen, den Schwestern, geht es hier gut. Von Melancholie ist bei ihnen nichts zu spüren, außer manchmal, wenn sie in Gedanken in der Colombera sind. Tante Ancilla tut uns sehr, sehr leid. Sagt ihr, daß wir immer für sie und ihre Angehörigen beten, und richtet herzliche Wünsche aus. Ich grüße die Schwestern Teresa und Assunta sowie die beiden Schwägerinnen Maria und Caterina. Der Herr segne Euch alle.

d. Angelo

81. An die Familie

Rom, 24. Februar 1924

Liebe Eltern, Geschwister und Schwägerinnen und alle zu Haus, der verstorbene Monsignore Bugarini hat mir die Schreibmaschine vererbt. Weil heute der erste Tag des Triduums in Sotto il Monte ist, senden ich und die Schwestern Euch einen herzlichen Gruß. Das Triduum erinnert uns an unsere lieben Toten. Wie sehr denken wir immer an unsere Lieben: an den Großvater, an Barba Zaverio, den armen Pì (Petek)[67], an unsere liebe Schwester Enrica, an Michael und an alle anderen Verwandten, die ich nicht aufzählen will, die mir jedoch immer gegenwärtig sind. Ferner unsere verehrten und geliebten Pfarrer Rebuzzini, Battaglia und Paleni und schließlich alle, die auf unserem Friedhof ruhen und zu denen auch wir eines Tages kommen werden.

Für alle beten auch wir. Die Liebe zu den Toten ist ein Schutz für die Familien. Ihr wißt auch, wie sehr es uns hier in Rom daran liegt, daß wir mit den Herrn Roncalli aus der Colombera eine einzige Familie bilden.

Unsere Gesundheit ist trotz der Grippe, von der hier in Rom viele angesteckt sind, weiterhin gut. Ich empfehle allen, sich wegen der Wahlen nicht aufzuregen[68]. Ihr werdet zu gegebener Zeit Eure Stimme abgeben. Jetzt ist es besser, den Dingen ihren Lauf zu lassen. Zu Hause bleiben, ruhig sein und selber denken, jedoch zulassen, daß jeder tut, wie er meint. Ich zum Beispiel bleibe der Volkspartei treu. Aber wegen meiner Stellung hier beim Heiligen Stuhl kann und darf ich mich nicht öffentlich äußern. Deshalb werde ich nicht nach Bergamo zur Wahl kommen.

Ich werde aber gegen Mitte Mai kommen, wenn ich nach Brescia zu einem Missionskongreß muß.

Ich hoffe in dieser Woche das Haus ordnen zu können. Durch den Tod des lieben Monsignore Bugarini ist es hier bequemer geworden, obwohl ich, ehrlich gesagt, gern noch lange seine liebe und heilige Gesellschaft gehabt hätte. Ich habe verschiedene seiner Möbelstücke gekauft, wodurch ich wieder Ausgaben habe. Dadurch ist aber das Haus ganz oder einigermaßen vollständig eingerichtet.

Ich danke der Schwägerin Maria für den Brief, den sie uns geschickt hat. Grüßt mir Caterina und Ida mit ihren Kleinen! Ach, wenn wir doch einen von ihnen zu unserer Freude hier haben könnten!

Es ist schon das drittemal in meinem Leben, daß ich Euch auf der Maschine schreibe. Ich habe vor, es weiter zu tun. Hoffen wir, daß mir die Maschine jetzt — da sie endlich zu meiner Verfügung steht — treu ist. Betet weiter für mich, weil ich dieses Jahr ganz besonders viel Arbeit habe. Auch ich muß zum Schluß wie Assunta sagen: „Entschuldigt meine schlechte Schrift!"

In inniger Zuneigung
d. Angelo und Schwestern

83. An die Familie

Rom, 4. April 1924

Meine lieben Eltern und Geschwister,
ich hätte anläßlich der Wahlen kommen und Euch besuchen können[69]. Um Euch aber die Wahrheit zu sagen, ich ziehe aus verschiedenen Gründen, die auch Ihr versteht, vor, mich nicht zu rühren. Für die Faschisten stimmen, dazu fühle ich mich im Gewissen eines Christen und Priesters nicht gedrängt. Jeder ist sein eigener Herr und kann denken, wie er mag. Wir werden am Ende sehen, wer recht hat. Handelt Ihr so, wie Ihr es für richtig haltet. Ich bin dieser Ansicht: für die Volkspartei stimmen, wenn Wahlfreiheit besteht. Wenn aber Schwierigkeiten zu befürchten sein sollten, dann zu Hause bleiben und die Welt gehen lassen, wie sie will. Seid Euch darüber sicher, daß das Heil Italiens auch nicht von Mussolini kommen kann, ein so begabter Mann er auch sein mag. Seine Ziele mögen gut und recht sein, aber die Mittel sind schlecht und stehen im Gegensatz zum Ge-

setz des Evangeliums. Also infolgedessen — würde „Barba" Zaverio sagen — „chi vivrà vedrà . . . — wer's erlebt, wird sehen . . ." Ich habe vom Tod der Frau Virginia Bonanomi[70] gehört, der uns alle schmerzlich getroffen hat. Ich bitte den Herrn um Frieden und Herrlichkeit für diese gute Seele und um Trost für die Familie. Wer weiß, wie die Armen in diesem Haus jetzt zurechtkommen. Übermittelt ihnen, besonders Signor Giuseppino, unser aufrichtiges Beileid!

Es würde uns freuen, vom Herrn Pfarrer bessere Nachricht als die zu erhalten, die uns Base Maria auf einer Karte sandte. Der Herr erhalte ihn uns noch lange. Das ist unser beständiges Gebet. Bemüht Euch, ihm in allem zu helfen. Wir sind ihm so sehr verpflichtet.

Unsere Gesundheit ist gut. Auch wir haben aber dieses Jahr einen häßlichen Winter gehabt, mit vielen Krankheiten und Todesfällen. Unseren lieben Monsignore Bugarini können wir noch nicht vergessen.

Und Richina? Ist sie wieder gesund? Gott gebe es und beschütze auch immer alle anderen Kleinen, die der Sonnenschein des Hauses sind. In Eile Grüße an alle, denn Mitternacht ist längst vorbei. Ancilla und Maria schlafen schon seit einiger Zeit. Glücklich, wer keine kleinen schreienden Kinder hat und ruhig schläft . . .

Grüße an Herrn Pfarrer und Kurat.

In inniger Zuneigung
d. Angelo

86. An den Vater

Rom, 19. November 1924

Mein lieber Vater,
Euer letzter Brief erreichte mich, als ich mit einer leichten Grippe im Bett lag. Ich bin aber jetzt wieder gesund. Auch hier ist es draußen kalt geworden. Und zudem darf es ja einem, wie Ihr wißt, nicht immer gut gehen. Alles in allem aber nichts Nennenswertes. Danken wir dafür Gott, wie ich ihm immer wegen unseres Giovanni danke. Bei ihm konnte man wirklich von Krankheit reden!

Was die Möbel angeht, die ich mir aus dem Nachlaß unseres verstorbenen Propstes[72] gekauft habe, meine ich immer, sie sofort ins Haus Scotti zu bringen. Der gute Hausverwalter Giuseppino hat mir gesagt, daß er einen vorläufigen Platz gefunden habe. Wie es sich bei Euch gehört, schicke ich Euch einen Durchschlag des Briefes, den ich am 25. September vorigen Monats an Baron Giovanni Maria jun. gesandt habe. Ich bestätige darin die Mietvereinbarungen für die Wohnung von Mai bis Mai und bitte ihn auch darum, vorläufig meinen Hausrat dort abstellen zu dürfen. Ihr könnt diese Abschrift Herrn Kurat und Verwalter Giuseppino zeigen, aber niemand anderem sonst.

Ich freue mich, Euch noch hinzufügen zu können, daß die Vorsehung des Herrn, von der ich nie zuviel verlange, doch immer auf sie vertraue, mir schon jetzt die Mittel in die Hand gegeben hat, um in kurzer Zeit meine Schuld zu begleichen. Sie betrug für die gekauften Möbel Lire 1400 laut der Rechnung, die der Herr Kurat in Händen hat (und von der ich Lire 500 bezahlt habe). Diese Mittel reichen auch, um die Miete für 1925/26 zu bezahlen.

Macht Euch also meinetwegen keine Sorgen. Ich werde nie reich sein; denn der Priester, der sich durch sein Priestertum bereichert hat, kommt sicher in die Hölle. Meine wenigen Habseligkeiten aber, seht, richte ich mit der Zeit für mich und die Schwestern, wie es sich gehört, her, in meinem Haus hier in Rom sowie in Sotto il Monte, am für mich schönsten Ort der Ruhe und des Friedens bei meinen lebenden und verstorbenen Lieben. Dieser Brief wird Euch am Fest der „Madonna delle Caneve“[73] erreichen. Wir werden an diesem schönen Fest in besonderer Weise mit Euch verbunden sein, unter dem gütigen Blick der liebevollen himmlischen Mutter.

Während ich schließe, kommt die Karte von Giovannino mit den guten Nachrichten über seine Gesundheit, über die Fortschritte von Anna im Laufenlernen und wie sie sich anstrengt, Teresina nachzumachen; über den Dank der Mutter usw. usw.

All das bereitet uns große Freude, besonders den Schwestern. Weil sie hier weniger an mich denken müssen, sind sie den ganzen heiligen Tag mit ihrem Kopf und mit dem Herzen in der Colombera, ist sie doch für sie das schönste Haus und das schönste Fleckchen Erde auf der Welt.

Auf Weihnachten erwarte ich also die beiden ersten apostolischen Pilger Alfredo und Giovanni — das wird ein großes Fest für uns. Wenn doch auch Richina kommen könnte! Schon so oft sagten wir es. Dann aber denken wir wieder, daß sie wohl doch noch zu klein ist. Sie müßte dann etwas länger hierbleiben. Wenn Ihr es aber versuchen wollt, sie mitzubringen, werden wir sie als ein schönes Geschenk empfangen.

Wenn es an der Zeit ist, werde ich den beiden Pilgern die Fahrkarten schicken und ihnen die notwendigen Instruktionen geben.

Wie ich Euch, mein lieber Vater, schon sagte, werdet selbstverständlich auch Ihr etwas später Eure Pilgerfahrt zusammen mit Severo und vielleicht auch mit Giuseppino machen. Wir haben aber noch Zeit, um Näheres darüber zu vereinbaren. Inzwischen senden wir Euch allen wieder unsere herzlichen Grüße.

In inniger Zuneigung
d. Angelo mit Ancilla und Maria

89. An den Vater

Rom, 29. Dezember 1924

Mein lieber Vater,
ich habe heute morgen Deinen Brief vom 27. erhalten und verstehe nicht, daß mein, allerdings an Giovanni adressierter Brief noch nicht angekommen ist. Er wurde von Ancilla, die ihre Sachen gut macht, in den Briefkasten geworfen. Ich werde noch ein paar Tage warten und dann bei der Post nachforschen lassen.

Wenn ihr den Brief inzwischen erhalten habt, teilt mir es sofort auf einer einfachen Postkarte mit, damit nicht unnötig gesucht wird.

Unsere beiden Pilger sind froh, hier zu sein. Noch froher aber sind wir; fühlen wir uns doch so, als wären wir daheim. Wir verbrachten frohe Festtage. Jetzt sind die Jubiläums-(Kirchen-)besuche zu Ende, so daß wir etwas freier sind und die Sehenswürdigkeiten Roms besichtigen können. Sie hinterlassen bei ihnen, wie übrigens bei allen, die schönsten und teuersten Eindrücke.

Heute hat sich Alfredo endlich die Brille aufsetzen lassen; und nun sieht er, der arme Junge, viel besser. Ich muß Euch sagen, daß er so eine bessere Figur macht und sehr zufrieden ist. Mit seinen Späßen erhält er uns alle bei guter Laune. Lobt ihn, wenn er heimkommt, denn er hat sich hier sehr gut aufgeführt! Giovanni macht natürlich immer die klügsten Bemerkungen. Es war mir ein Trost, ihn in so guter gesundheitlicher Verfassung zu

II

Apostolischer Visitator und Delegat in Bulgarien (1925–1934)

90. An die Familie

Rom, 19. Februar 1925

Meine lieben Eltern und Brüder,
bevor Ihr es von andern erfahrt, teile ich Euch vertraulich eine Neuigkeit mit, die Eurem christlichen Herzen sicherlich Freude bereiten wird. Es ist eine Rose, die aber auch ihre Dornen hat.

Der Heilige Vater will mich zum Bischof ernennen und beabsichtigt, mich zunächst für einige Monate als seinen Vertreter in ein Land Europas zu entsenden, das ich Euch jetzt noch nicht nennen kann, und danach, wenn ich von dort zurückgekehrt bin, in ein Land Mittelamerikas. Geht man im Auftrag des Heiligen Stuhles nach Amerika, so bleibt man dort natürlich, wenn es gut geht, wenigstens für drei oder vier Jahre und kann nicht jedes Jahr wieder nach Europa in Ferien kommen.

Es ist für mich, wie Ihr seht, eine große Ehre, derer ich mich aber sehr unwürdig fühle; eine Ehre ist es auch für Euch und für die ganze Pfarrei und die Verwandtschaft. Doch zugleich ist es wegen der Trennung, die wir für einige Zeit auf uns nehmen müssen, ein Opfer. Dieses Opfer ist für die Schwestern sehr schwer; sie konnten sich in diesen beiden Tagen nicht beruhigen und haben heute angefangen, sich damit abzufinden. Ich hoffe, daß der Herr ihnen die Gnade gewähren wird, dieses Opfer gern zu bringen zu meinem Wohl, zum Wohl unserer ganzen Familie und der Heiligen Kirche, der zu dienen meine Pflicht ist.

Sobald ich die offizielle Mitteilung der Ernennung erhalte, werde ich Euch wieder schreiben, um Euch den Tag meiner Bischofsweihe anzugeben. Ich möchte, daß Ihr dieser Feier beiwohnen könnt, wenn nicht alle, so wenigstens Ihr, Vater, Mutter und Bruder Severo. Für alle Ausgaben wird jemand aufkommen;

Ihr braucht Euch darum nicht zu sorgen. Daß nicht nur ein Elternteil, sondern beide Eltern noch leben und an der Bischofsweihe eines Sohnes teilnehmen können, ist ein so seltener Fall, daß es sich auch für Mutter lohnt, noch nach Rom zu reisen. Meint Ihr nicht auch?

Um von mir zu reden, was sollte ich im Hinblick auf den Gehorsam, den der Heilige Vater von mir verlangt, tun? Nein sagen, weil er mich etwas weit wegschickt? Nein sagen, um die Schwestern nicht im Stich zu lassen? Ich fühle mich der Ehre und Aufgabe, die mir die Kirche auferlegt, sehr unwürdig; wenn dies aber wirklich für mich der Wille des Herrn ist, bin ich sicher, daß mich der Segen des Herrn begleiten wird. Sollte ich mich diesem Willen entziehen, nur weil es ein wenig kostet?

Und bedenkt weiter, daß ich nach diesen Ehren niemals verlangt habe, weiß ich doch aus Erfahrung, daß sie schreckliche Verantwortung bedeuten; und ich war überzeugt, daß die Kirche einem armen Bauernsohn wie mir schon zu viel Ehre erwiesen hat.

Ich füge mich also und verliere keine weiteren Worte darüber: nur empfehle ich mich um so mehr dem Herrn, damit er mir beistehe, und bitte Euch, dasselbe zu tun. Ihr wißt ja, daß das Fallen *nach* oben nicht sehr schlimm, das Fallen *von* oben jedoch ein Unglück ist.

Ihr versteht jetzt besser, wie gut es war, das Haus Scotti zu mieten, wobei ich hoffe, daß es mir erhalten bleibt, auch wenn der Baron nicht mehr da ist.

Sobald ich Ostern oder nach Ostern geweiht bin, werde ich einen Besuch in Sotto il Monte machen. Danach werde ich zu meiner ersten Mission abreisen. Ich hoffe, daß sie Anfang August zu Ende ist und ich dann wieder nach Hause in Ferien kommen kann. Wenn der Oktober vorbei ist, reise ich zu der weiter entfernten Mission ab, die, wie Kardinal Gasparri mir sagte, in Amerika liegen soll, was sich aber in der Zwischenzeit auch ändern könnte.

Was die Schwestern betrifft, so möchte ich nicht — da wir nun das Haus in Rom aufgeben müssen —, daß sie für immer zur Familie zurückkehren, um die Zahl der Frauen zu vergrößern. Es wären zu viele, wenn auch alle gut und fromm sind. Andererseits ist nicht zu vergessen, daß sie auch bei allem guten Willen zur Arbeit seit nunmehr 6 Jahren einen Lebensstil angenommen haben, der — auch bei all ihrer guten Absicht, sich anzupassen — nicht mehr den häuslichen Gewohnheiten bei Euch entspricht. Sechs Jahre waren sie bei mir; in höchstens fünf Jahren — vielleicht auch schon früher — kommen sie, so Gott will, wieder zu mir zurück. Während dieser Zeit will ich also für sie sorgen.

Im übrigen haben wir Zeit, uns abzustimmen, damit alles in gutem Einvernehmen und zur allseitigen Zufriedenheit geregelt wird. Einstweilen bleibt mein Haus in Rom bis Juli noch zu versorgen; daher gibt es zu diesem Punkt nichts weiteres zu sagen.

Was ich hier mitteile, muß vorerst, d. h. bis ich Euch wieder schreibe, vertraulich bleiben. Ich glaube aber, daß es sich um ein Stillschweigen für drei oder vier Tage handelt.

Wir wollen inzwischen alle miteinander dem Herrn danken, weil er unsere Armut so sehr hat ehren wollen, und wir wollen seine Gnade erbitten, daß es mir gelingt, ein nicht unnützer Diener der Kirche und ein Bischof zu werden, der überall nichts anderes sucht, als die Seelen zu Gott und zum Heil zu führen.

In inniger Zuneigung Euer
d. Angelo

P. S. Es grüßen Euch auch Ancilla und Maria, die jetzt nicht mehr so bedrückt und etwas froher sind.

91. An den Vater

Rom, 3. März 1925

Mein lieber Vater,
hier nun die offizielle Mitteilung: Titularerzbischof von Areopoli und Apostolischer Visitator in Bulgarien. Von Amerika ist jetzt nicht mehr die Rede, und das ist mir recht.

Nach Bulgarien fährt man von Mailand mit durchgehendem Zug ohne umzusteigen in etwas mehr als zwei Tagen. Es ist also keine Entfernung, vor der man Angst haben muß. Machen wir uns also Mut, und bitten wir alle miteinander den Herrn, daß er mir hilft, mich jetzt gut auf die Bischofsweihe vorzubereiten und dann meine Pflicht zu erfüllen.

Wenn einmal einer Eurer Söhne zum noch unmittelbareren

Dienst für den Herrn und die Kirche geweiht ist, darf man nicht mehr über die damit verbundene Trennung traurig sein, sondern muß sich damit trösten, daß das Opfer ein Begleiter seines Lebens ist; ist doch das Leiden für eine Sache das beste Mittel, ihr zu dienen. Ich sage das immer wieder gern, weil ich weiß, daß Mutter, Ihr und alle unsere Lieben zu Hause es gut verstehen.

Die Bischofsweihe wird also hier in der großen und schönen Kirche S. Carlo al Corso am 19. dieses Monats, dem Fest des heiligen Josef, stattfinden[1]. Wie ich schon sagte, erwarte ich für diesen Tag Euch, Mutter und Severo. Wenn die anderen Brüder auch kommen wollen, so sollen sie nur kommen. Ich könnte sie aber nicht alle im Haus unterbringen, das, wie Ihr wißt, klein ist. Ich würde mich aber darum kümmern, für sie einen Platz in Santa Marta zu finden, wo ich auch die Abordnung von Sotto il Monte unterzubringen hoffe, die, wie mir der Herr Pfarrer mitteilte, mit dem Bürgermeister[2] und dem Kurat kommen wird.

Ich weiß, daß die Schwestern Euch schreiben und raten, Euch auch einen entsprechenden Anzug machen zu lassen. Der Luxus und das Zurschautragen gefallen mir nicht. Ich würde Euch nicht mehr als meine Eltern und Brüder wiedererkennen. Aber Sauberkeit und Würde sind immer unerläßlich. Um so mehr als besonders jetzt ein Mangel in dieser Hinsicht mehr noch für mich als für Euch ungeziemend wäre. Ich werde Euch das notwendige Geld für die Reise schicken, wobei ich hoffe, daß Ihr es nicht so spät erhaltet wie das letzte Mal.

Ich rechne damit, an Ostern nach Hause zu kommen. Ich würde am Samstag in Bergamo und am Sonntag abend oder Montag morgen in Sotto il Monte ankommen. Am Donnerstag derselben Woche würde ich von Mailand direkt nach Sofia, der Hauptstadt Bulgariens, abreisen. Wenn man einen Empfang veranstalten will, der nicht so sehr meiner unbedeutenden Person, sondern meiner Bischofswürde gilt, so laßt sie nur machen. Wenn Ihr gefragt werdet, sagt, daß je bescheidener alles gemacht wird, es mir um so mehr gefällt, und daß man vor allen Dingen zu große Unkosten vermeiden und das Geld lieber der Kirche geben sollte. Was meine Unterkunft betrifft, glaube ich, daß es am besten ist, gleich die kleine Wohnung im Haus Scotti herrichten zu lassen. Ich schreibe deswegen noch an den Baron. Mit der Miete braucht nicht gegeizt zu werden, wenn man die Dinge vernünftig regelt.

Es wäre vielleicht gut, die Küche hälftig zu teilen und auch das große gestrichene Schlafzimmer zu halbieren. Den Eingang kann man in dem kleinen Raum errichten, der hinten gegenüber dem Treppeneingang liegt. Wie Ihr seht, denke ich schon an die großen Ferien, die ich nach meiner endgültigen oder vorläufigen Rückkehr aus Bulgarien in Sotto il Monte zu verbringen hoffe.

Ich grüße Euch und danke mit den Schwestern der Schwägerin Maria für ihren schönen Brief, den sie ihnen im Namen der ganzen Familie und besonders auch im Namen der beiden anderen Schwägerinnen, die uns gleichermaßen sehr lieb sind, geschrieben hat.

Betet weiterhin und laßt auch die Kinder beten. Ihre Stimme ist beim Herrn allmächtig. Richtet einen besonderen Gruß der Tante Ancilla von der Zandona[3] aus, der es hoffentlich besser geht, wie auch ihrer Familie sowie der Tante Caterina und ihrer Familie. Ihr übertrage ich die Aufgabe, mich immer der heiligen „Madonna delle Caneve" zu empfehlen. Ebenso grüßt die Schwestern Teresa und Assunta mit ihren Familien und alle, die sich in Sotto il Monte meiner erinnern und sich gelegentlich nach mir erkundigen.

Der Herr möge alle segnen.

In inniger Zuneigung Euer Sohn
don Angelo
erwählter Erzbischof von Areopoli

93. An die Eltern

Sofia, Rue Liouline 3, Chiesa Cattolica degli Uniati
[nach dem 25. April 1925][6]

Meine lieben Eltern,
ich bin also angekommen. Eine sehr glückliche und schöne Reise als großer Herr. Ich habe hier gute Aufnahme gefunden. Die Stadt ist im Ausnahmezustand, aber ruhig. Mein Aufenthaltsort ist sehr schön, alles neu, ein kleiner Palast neben der Kirche der Orientalen: Ich habe drei Zimmer für mich. Bei mir sind noch zwei ausgezeichnete Priester und dazu mein Sekretär[7]. Ich sehe, daß wir mit dem Segen des Herrn beginnen, und freue mich, an meinem Platz zu sein.

Vom Essen gar nicht zu reden. Froh, daß es auch darum bestens bestellt ist.

Betet Ihr viel, viel, damit der Herr meine Mission zu einem guten Erfolg führt. Grüßt mir nochmals den Herrn Pfarrer und Kurat, dessen Begleitung mir auch in Mailand so lieb gewesen ist.

Auf dem Bahnhof in Mailand habe ich die Schwestern mit der Abordnung von Zogno gesehen. Ich schreibe auch ihnen und segne alle.

† Angelo Giuseppe
Erzbischof

P. S. Wenn Ihr schreibt, adressiert wie oben.

96. An den Vater

Sofia, Rue Liouline 3, 1. September 1925

Mein lieber Vater,
den Brief von Ancilla habe ich erhalten. Man muß noch abwarten. Wegen meiner schwierigen Aufgaben hier kann ich Bulgarien nicht vor Ende dieses Monats verlassen. Und das ist mir recht, weil auf diese Weise meine bescheidene Arbeit mit der Gnade des Herrn vollständiger und besser ausgeführt wird. Ihr werdet noch ein wenig auf mich warten müssen, doch wird auch Euer geduldiges Warten vom Herrn gesegnet werden und auch mir dienen.

Ich werde alles tun, um am Fest des heiligsten Herzens am 27. d. M. bei Euch zu sein. Daß ich nicht vorher kommen kann, liegt daran, daß ich den zweiten Pilgerzug der Bulgaren nach Rom leiten und dem Heiligen Vater vorstellen muß; er wird Anfang Oktober in Italien eintreffen.

Ich habe schon dem Pfarrer von Carvico geschrieben, daß er mich nicht für Sonntag erwarten soll, und werde auch dem Pfarrer von Ghiaie schreiben, daß er mich nicht für den dritten Sonntag dieses Monats erwarten soll, wie ich ihn hatte hoffen lassen.

Ich freue mich sehr über das neue Mädchen, das zur Freude der Familie Roncalli angekommen ist. Es sei willkommen. Ein Grund mehr zur Freude für die Großeltern. Ich freue mich mit Giuseppino und Ida. Sie haben ihr einen schönen Namen gegeben. Aber nennt sie nicht Ciara, wie in Sotto il Monte üblich, sondern Chiara, Chiarina, Clara oder Clarina oder auch Claretta. Ich segne von Herzen dieses unschuldige Engelein. Ich habe es schon dem Herrn empfohlen und wünsche, daß es Segen bringt.

Dagegen tut mir sehr leid, was ich über die Gesundheit der Schwester Maria höre. Wenn Ihr Unwohlsein mit dem neuen Lebensstil zusammenhängt, müssen wir nach meiner Ankunft zusehen, welche Regelung für die Zukunft zu treffen ist. Ein Kreuz muß es schließlich geben. Glücklich der, der es tragen darf. Wenn Maria ihre Schmerzen geduldig trägt und dem Herrn aufopfert, vertritt sie die ganze Familie und macht sich um alle verdient. Sie möge Mut fassen und sich trösten. Sie wird viel länger leben als wir.

Ich grüße Mutter und alle, groß und klein. Die Eucharistiner-Schwestern, deren Oberin Ihr kennt, weil sie bei meiner Bischofsweihe in Rom war, haben mir einige Kleidungsstücke geschenkt, die Rica, Angelino, Anna und Teresina brauchen können.

Sagt bitte dem Herrn Pfarrer, daß ich ihm für seine Nachrichten danke und daß ich bezüglich des Festes der Nonnen von Peschiera auf ihren Wunsch hin gern kommen würde, jedoch nur, wenn das Fest auf Mitte Oktober fällt.

In diesem Jahr werden wir am 15. Oktober ein etwas feierlicher gestaltetes Totenamt für unsere lieben Verstorbenen, an die ich immer denke und deren Schutz ich täglich spüre, halten.

Viele Grüße an den Herrn Kurat und an Don Paolo. Die beiden weißen Stolen, die in Bergamo geblieben sind und von denen mir der Herr Pfarrer schrieb, sind wirklich meine und gehören zur Mitra und zum Bischofsstab. Der Bischofsstab wird Euch übrigens von Mailand zugeschickt.

Alle segne ich, auch die Schwestern Teresa und Assunta, ihre Familien, und alle übrigen Verwandten.

In inniger Zuneigung Euer
† Angelo Giuseppe Erzbisch.

97. An die Schwester Ancilla

Sofia, Rue Liouline 3, 31. Januar 1926

Meine liebe Schwester,

danke für den Brief. Ich habe auch den früheren erhalten. Wie ich sehe, ist das Leben auch in Sotto il Monte abwechslungsreich. Ach der Winter der Armen ist immer ein wenig trostlos. Hoffen wir aber, daß wir ihn alle miteinander gut und gesund überstehen. Sag Severo und der Schwägerin Maria, daß das Vertrauen auf den Herrn und die Herzensfreude froh machen! Sie haben keine Kinder; und jetzt sind sie nun beide krank. Mons. Morlani schrieb mir, daß auch Graf Guido und die Gräfin trotz all ihrer Annehmlichkeiten an Grippe erkrankt waren. Und erinnert Ihr Euch, was im Januar und besonders im Februar in Rom geschah? Armer Mons. Burgarini! Wie oft denke ich an ihn! Opfert am 14. dieses Monats die heilige Kommunion für ihn auf. Er wird Euch beide und mich vom Paradies aus segnen.

Wer hätte das je gesagt? Bulgarien ist ein in allem schwieriges Land. Dagegen überstehe ich auch den Winter sehr gut. Freilich führe ich das Leben eines Eremiten; aber meine Zelle ist gut geheizt. Die Verdrießlichkeiten kommen eine nach der anderen: vor allem bemühe ich mich, nicht meine Bequemlichkeit zu suchen, sondern den Willen Gottes zu tun; und der gütige und barmherzige Gott hilft mir. Ich fahre fort, jeden Tag irgendein Samenkorn zu säen. Wenn es an der Zeit ist, werden ich oder andere ernten.

Haltet auch Ihr es so. Wenn Ihr seht, daß das Verlangen nach irgend etwas Euch ein wenig Kummer und sich zu sehr bemerkbar macht, dann gebt es auf und vertraut Euch einfach dem Willen Gottes an. Wir alle befinden uns auf Erden wie auf einer Reise. Der eine gelangt früh ans Ziel, der andere spät. Oft muß man umsteigen, den Wagen oder die Gefährten wechseln. Der Abschied fällt schwer: doch dann segnet der Herr die Reise und macht sie fruchtbar. Entscheidend ist, daß wir alle, früher oder später, das Ziel erreichen.

Am nächsten Sonntag feiert Ihr das Triduum. Der Herr Pfarrer schrieb mir, daß er es in diesem Jahr in Form des vierzigstündigen Gebetes begehen möchte. Recht so! Wie werden Euch unsere lieben Toten in diesen heiligen Tagen wieder gegenwärtig sein! Betet viel; auch ich werde mit Euch allen verbunden sein.

Ich habe gehört, daß unser Herr Vater ein Stück Land in der Nähe des Pfarrhauses kaufen wollte. Vorsicht vor solchen Käufen; sie können eine ganze Weile zu schaffen machen.

Auch ich habe mir ein schönes Gehstöckchen besorgt, das ich bei meinen seltenen Spaziergängen mitnehme.

Ich wußte nicht von den Schwierigkeiten für das Asyl. Sagt nur, daß das gute Barönchen, unser Padrone, mit all seinem Geld ja glücklicher dran ist als wir!

Was unsere kleinen Neffen betrifft, so kann ich sie mir bei dieser Kälte vorstellen. Aber keine Angst. Die Kälte ist für sie gesünder als die Hitze. Ich erinnere mich noch an die Kälte, unter der ich litt und deren Spuren ich noch an meinen Händen habe. Versucht aber, ihnen zu helfen, so gut Ihr könnt. Habt Ihr den Heizofen gekauft? Funktioniert er? Noch zwei Monate, und dieser Winter ist zu Ende. In diesem neuen Jahr hoffe ich, die Ferien vorziehen zu können. So werden wir sie besser verbringen. Aber denken wir noch nicht daran, die Ferien muß man sich verdienen. Und wer weiß, was vorher noch alles geschehen kann.

Der Heilige Vater hat mir Lire 100000 für die armen Flüchtlinge gegeben, die aus Griechenland oder Serbien nach Bulgarien kommen. Mit diesem Geld habe ich angefangen, pro Tag eine Mahlzeit an 250 besonders arme Kinder austeilen zu lassen. Das ist aber nicht in Sofia, sondern in Mesembria am Schwarzen Meer. Ihr müßt bedenken, daß man für die Reise dorthin zwei Tage braucht. Freilich habe ich nur Anweisungen zu geben und zu zahlen. Ich habe drei meiner Eucharistiner-Schwestern nach dort geschickt; sie machen ihre Sache sehr gut. Die Ärmsten! Sie haben nicht einmal Gelegenheit die Messe zu hören, noch wenigstens alle vierzehn Tage zu beichten: in diesem Ort leben nämlich nur Orthodoxe, die, wie Ihr wißt, durch ein Schisma von der römischen Kirche getrennt sind. Betet auch für sie. In Kürze werde ich einen weiteren Speisesaal für die armen Kinder eröffnen — ich habe mir vorgenommen, mich besonders ihrer anzunehmen —, an einer anderen Stelle, wo, wie man mir sagt, viele von ihnen im Winter vor Hunger sterben. Wenn Ihr dieses Elend hier sehen würdet! Alles noch Folgen des Krieges. Stellt Euch vor, wenn uns das zugestoßen wäre, aus unserem Land vertrieben und gezwungen zu sein, heimatlos in der Welt umherzuirren, zum Beispiel in der Schweiz, im Winter, ohne Geld, ohne Obdach, mit den Alten und Kindern zu solch einer rauhen Jahreszeit! Sicherlich läßt der Anblick des Elends anderer uns die eigene Not geduldiger ertragen.

Und wie geht es Maria? Ich hoffe gut und wünsche, daß sie bald ganz wiederhergestellt ist. Es gibt im Leben noch so viel zu tun!

Ich grüße Euch alle von Herzen und segne Euch.

Giovanni, dem ich nochmals für seinen sehr lieben kurzen Brief danke, sagt bezüglich der Nonne und Schwester jenes Gazzaniga, an den ich mich nicht erinnere, es geht nicht gut, daß ich als erster an eine Ordensschwester schreibe, die ich nicht kenne. Er versteht das. Für uns Priester müssen die Frauen, auch wenn sie Nonnen sind, wie die Armen Seelen im Fegefeuer sein. Man muß ihnen Gutes tun, aber in gebührender Weise. Die Tochter unserer Kusine Niny aus Pontida[10] hat mir auch geschrieben und schreiben lassen.

Sie muß so gut sein, die Arme! Und sie ist so froh, Ordensschwester zu sein! Endlich haben wir in unserer — wenn auch etwas weitläufigeren — Verwandtschaft eine weibliche Seele, die dem Herrn geweiht ist. Ich wollte, sie würde eine Blume, die zur Zierde gereicht. Das sollten sich unsere guten und lieben Schwägerinnen angelegen sein lassen, die so viele Mädchen haben und noch weitere vom Herrn empfangen werden.

Seid also alle guten Mutes. Besondere Grüße an die Eltern und Segen für die Kranken. Ich vergaß, zu sagen, daß es mir sehr gut geht und immer besser als in Rom, wo es mir im Winter nie an irgendeiner kleinen Beschwerde fehlte.

In inniger Zuneigung Euer
† Angelo G. Erzbisch.

P. S. Ich habe an Professor Cruciani geschrieben. Maria schrieb mir einmal von der armen Frau Fortini. Aber sie sagte mir nicht, was sie wünschte. Falls sie meine Anschrift wollte, gebt sie ihr nur. Es kann ein Werk der Barmherzigkeit sein.

99. An den Bruder Alfredo

Sofia, 29. März 1926

An meinen Bruder Alfredo,

selbstverständlich auch für Dich ein paar Zeilen. Wenngleich Du kein Professor der Schriftmalerei bist wie Deine Brüder, hast Du Dich doch mit ihnen zu meinem Fest, das ein Fest unserer ganzen Familie ist, melden wollen.

Ich nehme an, daß Du zu Deinem Glückwunsch an mich die Brille aufgesetzt hast, damit er noch feierlicher wird.

Ich erwidere Deine Ostergrüße herzlich. Der heilige Joseph trug keine Brille, denn damals kannte man sie noch nicht. Doch hat er uns die Kunst gelehrt, nur das Gute zu sehen und alles beiseite zu lassen, was uns nicht nach oben führt. Ich sage Dir das, um Dir Mut zu machen und Dir die gute Laune zu erhalten, die Dir gewöhnlich nicht fehlt. Ja, bewahre Dir immer Deinen inneren Frieden. Er ist der Ausdruck des guten Gewissens. Und hat man dies, gibt es für uns keinen anderen Wunsch mehr auf der Erde.

Bemühe Dich, der Du keine Verantwortung für Frau und Kinder trägst, besonders den Schwestern beizustehen; erhalte sie bei froher Laune: zusammen mit der Mutter und den Brüdern — die Dir übrigens alle, Männer wie Frauen, zu Hause wohl gesonnen sind — lassen sie Dir das Nötige nicht fehlen.

Und denke in Deinen Gebeten immer besonders an mich, damit mir der Herr helfe, den Blinden die Augen zu öffnen; es gibt ihrer viele in diesem Land, wo die Wahrheit ebenso wie anderswo leuchtet, wenngleich sie sie nicht sehen wollen.

In inniger Zuneigung Dein Bruder
† Angelo Giuseppe Erzbisch.

100. An die Schwestern Ancilla und Maria

Sofia, Rue Liouline 3, 25. Juni 1926

Meine lieben Schwestern,

Dank für Eure letzten beiden Briefe. Der Gedanke an unsere Schwägerin Ida und an die Sorgen, die Giuseppino mit ihr hat, schmerzt mich sehr.

Ich werde ihm jetzt schreiben, um ihn zu trösten und ihm Mut zu machen. Er weiß schon, was es heißt zu leiden: außerdem hat er einen tiefen christlichen Glauben. Alles das trägt, zusammen mit der Gnade des Herrn, zur Heilung der lieben Kranken und zur Tröstung aller bei.

Was das Feld betrifft, das der Vater und die Brüder eventuell verkaufen möchten, so können sie diese Angelegenheit natürlich ohne mich regeln. Aber da sie mir die Gefälligkeit tun, mich um Rat zu fragen, so glaube auch ich nach reiflicher Überlegung, daß es besser ist, die Gelegenheit eines guten Geschäftes — so sie sich ergibt — zu ergreifen, um dadurch die Zinsenlast des Bankkredits zu erleichtern.

Das Feld ist doch ganz und gar ein Anhängsel, gleichsam ein Schwanz am geschlossenen Ganzen unserer Felder; sie sind schon groß und genügen unter normalen Bedingungen zum Unterhalt unserer Familie. Daran muß man vor allem denken und nicht daran, Reichtümer anzuhäufen, die dann zur Plage werden. Hinsichtlich des einzigen männlichen Nachkommens, den wir in unserer Familie haben, ist zu hoffen, daß der Herr noch einen weiteren schickt, der ihm Gesellschaft leistet; er wird willkommen sein. Doch soll man für die Zukunft nicht zu viele Rechnungen aufstellen und Pläne schmieden, weil es dem Herrn immer wieder gefällt, sie zu ändern.

Ich freue mich über die guten Nachrichten bezüglich der Reparaturen im Haus. Doch mißfällt mir, daß der Abort noch nicht in Ordnung gebracht ist. Ihr müßt wissen, daß man am Abort sieht, wie es um die Wohlerzogenheit einer Familie steht; und wenn ein angesehener Gast kommt, muß man sich schämen, ihm die häßliche Treppe mit der Dachbodendecke zu zeigen usw. Im übrigen dürfte es keine allzu großen Kosten verursachen, die Dinge so in Ordnung zu bringen, wie ich es Euch oder dem Herrn Pfarrer bereits sagte. Es geht darum, die Tür zum Treppenaufgang mit Milchglas zu versehen, sie perlfarben zu streichen; die alte Tür an den Flur der zweiten Treppe, die zum Dachboden führt, zu versetzen; alles, sowohl Wände wie Decken, gut perlfarben zu streichen, daß man weder Mauer noch Dachboden und Dach mehr sieht; dann alles mit weißer glänzender Ölfarbe zu streichen; das Innere der Toilette so zu erweitern, daß sie von einer Fensterhälfte Licht erhält, während die andere Hälfte das Licht für die Eingangstreppe geben soll: das ist alles. Wenn sich das nicht machen läßt, muß man wenigstens die Wandmauern verputzen und alles weiß anstreichen. Das ist mein Wunsch. Ihr wißt ja, daß ich hinsichtlich des neuen Hauses immer um die Toilette besorgt war. Tut Ihr bitte, was Ihr könnt, damit nur auf irgendeine Weise der jetzige unzumutbare Zustand beseitigt wird.

Don Paolo sagt bitte, daß ich ihm für das höfliche Anerbieten danke, er aber diesmal seine Messen jemand anderem geben kann. Denn auch hier ist das Elend groß, und außerdem ist in diesen Tagen die italienische Lira stark gefallen. Ich weiß auch nicht, wem ich Messen mit einem so geringen Stipendium anbieten kann.

Über die gute Kokon-Ernte bin ich sehr erfreut. Ich bete weiter zum Herrn, daß er Euch beschütze „a fulgure et tempestate — vor Blitz und Ungewitter“ und daß „fructus terrae dare et conservare dignetur — er die Früchte der Erde geben und erhalten wolle“. Ich lese immer im „Eco“ die Nachrichten von den Hagelschlägen. Man muß in allem zur Geduld bereit sein.

Ihr habt sehr gut daran getan, Euch mit Wein, Holz, Kohle und allem Nötigen zu versorgen.

Was Eure persönlichen Wünsche betrifft, so könnt Ihr sie mir immer ohne Furcht sagen. Ancilla, Du weißt, daß ich Dir in 8 Jahren auch nicht einmal den geringsten Vorwurf gemacht oder das kleinste Zeichen von Ungehaltenheit wegen Ausgaben gezeigt habe, die Du machen mußtest. Leider bin ich noch nicht in der Lage, Euch einen Scheck im voraus auszustellen, damit Ihr nicht immer gezwungen sein müßt, darum zu bitten. Geduldet Euch. Die Armut hat mich von Kind an in ihre Arme geschlossen, und sie entläßt mich auch jetzt nicht, da ich Bischof bin. Beklagen wir uns nicht darüber, denn Armut, die mit Geduld ertragen wird, macht uns Christus immer ähnlicher und sichert uns besser das Paradies. Dann wird das Notwendige, wenn auch mit mancher Sorge, niemals fehlen. Seht, die Reichtümer machen im übrigen die Menschen und auch die Familien nicht glücklich. Antwortet mir sofort, sobald Ihr diesen Brief erhalten habt. Nochmals Grüße an die Eltern, an die Brüder, an die Schwägerinnen, an Nichten und Neffen, und Segen über alle.

In inniger Zuneigung Euer
† Angelo Giuseppe
Erzbischof

104. An die Familie

Sofia, 13. April 1927

Der ganzen, in der Colombera versammelten Familie und allen, die anderswo verstreut sind, wünsche ich von Herzen ein frohes Osterfest. In Gedanken und mit dem Herzen bin ich in diesen heiligen Tagen bei Euch.

Wie gewohnt, habe ich die Messen am Passionssonntag in dem Anliegen gefeiert, daß der Herr die Früchte der Felder segne.

Mir geht es immer sehr gut. In meinem Häuschen ist alles klein, doch gefällt mir alles. Seit dem Palmsonntag bewahre ich auch in meiner Hauskapelle das Allerheiligste auf. Das ist mir ein großer Trost. Vor meinen Fenstern lächelnde Blumen aller Art und Vogelgesang. Laßt uns den Herrn preisen.

Richtet bitte meine Osterwünsche auch dem Herrn Pfarrer und unseren Priestern aus sowie allen, die nach mir fragen und sich meiner erinnern.

Ich segne alle, vor allem jene, die Leid und Verdruß haben. Zu Ostern segne ich besonders die Kinder von der Colombera. Sie sind die schönsten Blumen Eures Hauses und Eurer Felder.

Die Haushälterin, die ich endlich gefunden habe, macht ihre Sache sehr gut, ist flink, arbeitsam und zuverlässig. Sie kann ausgezeichnet kochen und ist sehr sauber. Die Schwestern brauchen sich also keine Sorgen zu machen.

Ich bitte die Mutter, die Hähnchen für die nächsten Ferien großzuziehen[16].

In inniger Zuneigung
† Angelo Giuseppe
Erzbischof

106. An die Schwestern Ancilla und Maria

Sofia, 13. August 1927

Meine lieben Schwestern,
ich habe auch Euren letzten Brief erhalten. Der Heilige Vater hat mir telegraphisch die Erlaubnis erteilen lassen, nach Italien zu kommen, damit ich so schnell wie möglich für meine Gesundheit sorgen lassen kann. Ich werde am 22. August hier abreisen und am 24. abends in Begleitung meines Sekretärs, eines älteren, immer gut gelaunten Herrn, in Sotto il Monte ankommen[18]. Auch er

ißt kein Fleisch und trinkt keinen Wein außer donnerstags und sonntags.

Gesundheitlich geht es mir wieder sehr gut. Die Anfälle haben sich nicht mehr wiederholt. Die Ernährungsweise, auf die ich mich umgestellt habe, macht mir wirklich keine Schwierigkeiten und bekommt mir gut. Ich esse sehr wenig und fühle mich wohler.

Dr. Pizzini, dem ich schrieb und den ich wegen meiner Kur um Rat fragte, empfiehlt mir, nach Bracca zu gehen und in Ambria zu wohnen, wo es alle Bequemlichkeiten gibt. Ich kenne diesen Ort sehr gut, und um ehrlich zu sein, ziehe ich ihn S. Pellegrino vor, das für einen Bischof zu mondän ist.

Ich habe Mons. Foridi geschrieben, damit er versucht, mir eine Unterkunft beim Pfarrer von Ambria zu besorgen. Antwort bekomme ich in Bergamo am Tag des hl. Alexander, wenn ich anläßlich dieses Festes in meiner Eigenschaft als Domherr, der ich immer noch bin[19], in die Stadt fahre.

Könntest Du denn nicht mitkommen, Maria? Dr. Pizzini sagt mir, daß das Wasser von Bracca auch Dir sehr gut tun würde, falls es sich um Harnsteine handelt. Überleg es Dir! Wenn ich angekommen bin, werden wir weitersehen. Ich möchte unseren lieben Eltern zu ihrer Goldenen Hochzeit ein Geschenk machen und sie für die große Pilgerfahrt nach Lourdes, in zweiter Klasse, anmelden. Ob sie sich darüber freuen werden? Ich habe, wie Ihr wißt, nicht viel Geld; doch bringe ich gern ein Opfer, um ihnen noch eine Freude zu bereiten, die für christliche Seelen nicht mit Geld zu bezahlen ist. Wir haben noch Zeit, das zu regeln, wenn ich komme.

Ich würde mich sehr freuen, unserer lieben Mutter den Gefallen zu tun, am Abend meiner Ankunft in der Colombera zum Essen zu bleiben. Das könnt Ihr Euch wohl denken.

Auf jeden Fall werde ich nach meiner Ankunft in Sotto il Monte zuerst nach Hause kommen, um — wie immer — die Familie zu begrüßen. Überlegt Euch das aber noch einmal mit dem Abendessen. Vielleicht werde ich von der langen Reise müde sein und es mir gleich etwas bequem machen müssen, was bei Euch zu Hause in der Colombera nicht möglich wäre. Abends esse ich sehr wenig. Nach dem Abendessen müßte ich den Weg zu Fuß gehen. Ihr wißt, daß es etwas schwerfällt, den Berg hinaufsteigen zu müssen, wenn man eine Reise hinter sich hat und schon müde ist.

Ist es nicht besser, daß ich mich damit begnüge, Euch alle

zusammen zu Hause in der Colombera zu begrüßen und dann am nächsten Tag zum gemeinsamen Mittagessen wiederzukommen? So hätte ich Gelegenheit, anschließend mit meinem guten alten Sekretär einen Besuch in der Zandona und der Corna zu machen.

Aber ich sage noch einmal: wenn die Mutter will, daß ich den Abend bei ihr bleibe, werde ich es auf jeden Fall so machen.

Gebt über alles dem Herrn Pfarrer und dem Herrn Kurat Bescheid. Sagt letzterem auch, daß er nach wie vor mein Sekretär ist und ich ihn bitte, sein Amt auszuüben, indem er mir freundlicherweise ein Auto am Bahnhof von Calusco bereitstellt.

Im „Eco" lese ich oft die Reklame für einen Waschtisch, von dem ich Euch die Zeichnung schicke. Warum kauft Ihr nicht zwei davon? Ich glaube, wir können sie im Haus von Camaitino gebrauchen.

Es wäre auch gut, wenn Ihr mir für daheim eine Kiste Bracca-Wasser besorgen könntet. Ich glaube, es wird in Kisten zu 25 Flaschen verkauft. Was soll's? Wir werden am Wein sparen.

Mir fällt ein, daß Ihr übermorgen das große Fest Mariä Himmelfahrt feiert. In Gedanken werde ich bei Euch allen sein. Die heilig gehaltenen christlichen Feste sind unserem Herzen ein großer Trost und ermuntern uns, die Bedrängnisse des Lebens ruhig zu ertragen und immer den Herrn zu preisen.

Auch ich segne Euch in seinem Namen und im Namen unserer himmlischen Mutter.

In inniger Zuneigung Euer Bruder
† Angelo Giuseppe
Erzbischof

109. An die Eltern

Sofia, 20. Dezember 1927

Meine lieben Eltern,
Euch und der ganzen Familie einschließlich der Schwestern sende ich beste Wünsche zum Weihnachtsfest. Weihnachten ist das Fest der Familien; das größte und freudigste Fest, wo Kinder sind wie bei uns zu Hause.

Ich werde meine Festtage hier in aller Ruhe verbringen. Die feierliche Messe werde ich in der Kirche der Katholiken des lateinischen Ritus zelebrieren und zum Mittagessen bei den guten Fratres sein[21]. Ihr könnt Euch wohl vorstellen, daß ich bei den drei Messen an Euch alle denken und das Christkind um das bitten werde, was jeder nötig hat. Ich erbitte dabei für alle — wie ich es immer halte — die Gnade, daß wir uns in derselben Weise, wie wir jetzt auf Erden einander lieben, eines Tages alle im Himmel wiedersehen, ohne daß einer fehlt. Welch ein Unglück, wenn jemand nicht dort wäre.

Gesundheitlich geht es mir sehr gut. Ich nehme ab, aber nicht zuviel. Es ist hier kalt, doch fehlt mir nicht die Bequemlichkeit, mich in acht zu nehmen. Gestern hat es zum zweitenmal heftig geschneit. So ist es heute früh noch kälter. Nehmt auch Ihr Euch entsprechend in acht. Kälte ist besonders für die Alten schlimm.

Damit Ihr am Weihnachtstag an mich denkt, schicke ich Euch den letzten 100-Lire-Schein, der mir von der Rückreise aus Italien verblieben ist. Es ist sozusagen die letzte Patrone. Schade, daß nur diese eine übrig geblieben ist. Ich habe in diesem Jahr ein bißchen zuviel verschossen, deshalb muß ich mir jetzt etwas größere Sparsarmkeit auferlegen. Aber keine Angst. Ich bin ein Kind der Vorsehung, und die Vorsehung läßt es weder mir noch Euch am Notwendigsten fehlen; sie wird uns zur rechten Zeit auch das, was wir brauchen, geben. Das bißchen Geld, das ich Euch jetzt schicke, soll für das Weihnachtsessen sein und für nichts anderes.

Ich denke, daß Ihr an diesem Tag in der Colombera in heiliger und lieber Gemeinschaft zusammenkommt. Lächelnd und segnend werde ich in Gedanken bei Euch sein.

Sagt den Schwestern, daß ich den Betrag für das Abonnement des „Eco“ und für die erste Rate meiner Lebensversicherung bald schicken werde.

Es wird Euch — besonders die Frauen — interessieren, daß ich eine neue Haushälterin finden konnte, nachdem meine frühere krank geworden war. Sie ist 60 Jahre alt, aber ordentlicher und tüchtiger in der Küche als die erste. Sie versteht mir das Essen so gut zuzubereiten, daß selbst die berühmten Köchinnen von Camaitino (!) neidisch würden.

Da ich nicht an alle Briefe schreiben kann, trage ich Euch auf, meine Weihnachtsglückwünsche den hochwürdigen Herren, dem Pfarrer, dem Kurat und Don Paolo, zu überbringen, sowie dem Herrn Bürgermeister, den Schwestern Teresa und Assunta nebst ihren Familien, den beiden Tanten Ancilla und Caterina mit Familien, meinem Paten Pino Ravasio und allen, die nach mir fragen.

Der Herr gebe allen Segen und Trost.

Ich bitte die Schwestern, einen besonderen Segensgruß von mir den Schwestern vom Asyl sowie der Mutter, der Schwester und dem Onkel des Herrn Pfarrer zu überbringen.

Einen lieben Kuß von mir den Kindern, die ich besonders segne.

In inniger Zuneigung Euer
† Angelo Giuseppe Erzbisch.

110. An die Schwestern Ancilla und Maria

Sofia, 6. Januar 1928

Meine lieben Schwestern,
ich habe den Brief unseres Vaters und Eure Glückwünsche erhalten, die mir auch die Glückwünsche aller zum Ausdruck brachten. Als ich den vorletzten Brief las, in dem Du, Ancilla, Dich dafür entschuldigst, daß Du etwas zu „überstürzt" wegen der Ausgaben geschrieben hast, die Ihr mehr für mich als für Euch selbst gemacht habt, mußte ich doch etwas lächeln. Denn in Wahrheit hatte ich Euch in meinem vorhergehenden Brief keine Vorwürfe gemacht, sondern ich hatte Euch darin lediglich unsere Situation vor Augen geführt, so als spräche ich zu mir selber. Die Situation ist zwar die von Armen, aber denkt man genau darüber nach, ist sie doch nicht so, daß man klagen müßte. Ungefähr Lire 40000 gibt der Heilige Stuhl für mich hier in Sofia jedes Jahr aus[22]. Freilich gibt es Unkosten, und es bleibt mir kein Geld, das ich auf die Seite legen und anderen geben kann. Doch was man braucht, ist da, und wir müssen Gott dafür danken. Und im übrigen wird uns die Vorsehung auch in Zukunft nicht vergessen. Nur kann ich mir keine großen Sprünge erlauben und nicht mehr daran denken, in einem Jahr in Sotto il Monte das auszugeben, was mir, wie Ihr wißt, unter großer Anstrengung 1927 gelang. Das sage ich Euch, damit Ihr guten Mutes bleibt; und erzählt niemandem über meine Lage; wenn Ihr etwas sagen wollt, sagt, daß der Papst seine Vertreter bescheiden hält, aber es ihnen nicht am Nötigsten fehlen läßt. Was die Mittel betrifft, die notwendig wären, um den Bulgaren noch wirksamer zu helfen, bräuchte man Millionen und Millionen. Da man soviel nicht geben kann, wenigstens nicht auf einmal, andererseits aber die Not besteht, hat man es ein wenig schwer;

doch der Herr ist es, der so verfügt; und sind die Mittel vorhanden, führt man der Reihe nach fort, noch mehr Gutes zu tun. Denkt daran, daß es hier darum geht, Kirchen, Häuser, Schulen, Seminare zu bauen und einen Unterstützungsfonds für die hiesigen armen Priester zu schaffen, die nichts zum Leben haben. Nicht nur Millionen, etliche Millionen sind notwendig.

Ich habe dem Herrn Pfarrer geschrieben und bei ihm alle Schulden beglichen, die ich wegen der Kosten für das Haus von Camaitino hatte: *somit habe ich heute bei niemandem mehr Schulden.* Nicht nur das: wie Ihr auch wißt, habe ich das Asyl unterstützt, den Hauszins für 1928 bezahlt. So habe ich jetzt für einige Monate Ruhe. Er [der Pfarrer] wird Euch Lire 1000 aushändigen, die ich ihm für Euch geschickt habe. Sie sollen Euch für Eure Bedürfnisse dienen. Wie versprochen, werde ich nach und nach — so gut ich kann — an den Piccolo Credito [Sparkasse] den Zins[23] für unser Haus zahlen. Ich kann das aber nicht sofort tun. Darüber werde ich mich aber mit Rag. Favettini einigen.

Bemüht Euch nicht um die Bezahlung des Abonnements für die Zeitung „L'Eco", weder für mich noch für unseren Vater. Ich habe schon geschrieben und alles bezahlt.

Mir geht es gesundheitlich sehr gut. Die leichten Nierenbeschwerden, die ich bei meiner Ankunft in Bulgarien hatte, rührten von etwas Kälte während der Reise her. Sie waren schnell vorbei, und mir geht es seitdem immer, so auch jetzt, sehr gut. Seit dem letzten August habe ich an die 5 Kilo abgenommen. Ich esse wie bisher wenig, besonders am Abend. Ich habe eine kleine Jodkur beendet — ein halber Eßlöffel in etwas Wasser —, und es scheint, daß sie mir gut getan hat. Aber jetzt reicht es mit Kuren. Ich danke Maria für die Ratschläge, die sie mir gibt. Ich wünsche aber auch ihr, daß sie sie nicht nötig hat.

Eine gute Medizin für unsere Krankheiten ist das gute Gewissen, der Friede des Herzens, die liebevolle Vereinigung mit dem Herrn und vor allem die völlige Hingabe in seine Vorsehung, was immer sie auch für uns bereithält.

Sagt nicht, daß ich selten schreibe. Ein Brief im Monat dürfte genügen, und ich schreibe sogar häufiger. Im übrigen, je mehr man schreibt, um so delikater wird man in dieser Sache. Nun entspricht das nicht der Art (wenige Komplimente und keine Floskeln!), in der wir glücklicherweise erzogen worden sind. Wir müssen weiter gut zu einander sein, aber ohne allzu viele Geschichten und ohne viel Getue, was nur Zeit, die wertvoller ist als Geld, stiehlt. Wie sagte doch immer unsere Mutter, wenn man allzu viel Umstände machte? Schließlich bin ich hier nicht in der Kaserne, um Soldat zu spielen. Alle schätzen mich hier und respektieren mich wie einen Fürsten, und das nicht so sehr wegen meines Amtes, sondern wegen meiner Verdienste. Im ganzen gesehen habe ich wenig Sorgen; und auch die, die ich habe, sind Beschwernisse, die ich im Namen des Herrn, zu seiner Ehre und für das Wohl dieser Seelen auf mich nehme: es sind also Beschwernisse des Herrn, und es ist einem fast eine Freude, sie zu ertragen.

Die Weihnachtsgottesdienste habe ich sehr schön und festlich mit den Kapuzinerpatres gefeiert. Morgen ist hier das Weihnachtsfest der Orthodoxen und Katholiken von Bischof Kurteff, die denselben Ritus und denselben Kalender wie die Orthodoxen haben. Ich werde bei ihm zum Gottesdienst und zu Tisch sein in der Via Liouline.

Da Ihr doch mehr Zeit habt als ich, könnt Ihr mir oft schreiben. Ich höre von Euch immer gern. Inzwischen wünsche ich Euch, unseren lieben Eltern, Brüdern, Schwestern, Schwägerinnen, Neffen Nichten, Tanten und allen Verwandten weiterhin ein gutes neues Jahr. Wie immer segne ich alle.

In inniger Zuneigung Euer Bruder
† Angelo Giuseppe Erzbischof

P. S. Wenn jemand nach Bildern von mir fragt, könnt Ihr sie ohne weiteres geben. Aber aus dem Paket, das auf dem Schränkchen neben der Tür steht. Sie gefallen mir nicht gerade, aber was soll man mit ihnen anfangen? Hier ist es kalt. Manchmal steht das Thermometer auf 15 und auf 20 Grad unter Null. Aber wie ich Euch schon sagte, es ist eine trockene und gesunde Kälte, also eine Kälte, die gut tut.

118. An die Schwestern Ancilla und Maria

Sofia, U. Mussalà 2, 19. April 1928

Liebste Schwestern,
habt keine Sorgen um mich wegen der Nachrichten über das Erdbeben in Bulgarien. Das Erdbebengebiet liegt weit entfernt. Ich bin in diesen Tagen dort gewesen. Welch ein Mitgefühl! In Philippopel erlebte auch ich gestern abend einen sehr heftigen Erdstoß, der in der ganzen Stadt ungeheueren Schaden anrichtete. Ich habe wie alle die Nacht im Freien verbracht. Jetzt bin ich wieder in Sofia, um die Hilfsaktionen besser unterstützen zu können.

Seid also meinetwegen beruhigt. Mir geht es sehr gut. Hier in Sofia ist man vom Erdbebenzentrum weit entfernt. Und außerdem bewahren mich die Gebete der Mutter und aller vor jeglicher Gefahr.

Ich freue mich über die guten Nachrichten von Assunta. Wie müssen wir dem Herrn danken! Es ist ganz richtig, was Ihr bezüglich der anderen sagt: es bedarf der Liebe und Geduld.

Ich grüße und segne Euch alle von Herzen.

„A flagello terraemotus, libera nos Domine — von der Geißel des Erdbebens, befreie uns, o Herr."

In inniger Zuneigung Euer Bruder
† Angelo G. Erzbisch.

119. An die Schwestern Ancilla und Maria

Sofia, 26. April 1928

Meine lieben Schwestern,
ich schreibe Euch hier kurz nacheinander wieder, damit Ihr der ganzen Familie versichern könnt, daß es mir weiterhin gut geht. Ich reise wieder nach Philippopel, wie es meine Pflicht der Nächstenliebe ist, um die armen Unglücklichen zu trösten, die vom Erdbeben des 18. betroffen wurden; auch ich hätte dessen Opfer sein können, wenn der Herr mich und die anderen nicht beschützt hätte.

Da nun alles vorüber ist, bin ich froh, in der Stunde der Gefahr zur Stelle gewesen zu sein und für die ersten Bedürfnisse gesorgt zu haben.

Von Sofia aus habe ich bald die ersten Hilfsleistungen organisieren können. Der Heilige Vater hat mir unverzüglich eine halbe Million Lewa übersenden lassen, die für die dringendsten Bedürfnisse sind. Diese Tat des Heiligen Vaters hat in ganz Bulgarien — das, wie Ihr wißt, nicht katholisch ist — den besten Eindruck hinterlassen.

Zum Unglück haben die anhaltenden Regenfälle das Leben vieler armer Leute außerordentlich erschwert. Sie wagen es noch nicht, in ihre einsturzbedrohten Häuser zurückzukehren, verbringen Tag und Nacht im Freien bei Regen und warten darauf, daß Holzbaracken gebaut werden, in denen sie unterkommen können. Stellt Euch die vielen alten Leute vor, die vielen armen Mütter, die in diesen Tagen Kinder bekamen und nicht wissen, wie sie sie vor der Kälte, dem Regen und Schmutz schützen sollen. Sie haben nicht einmal den Stall von Bethlehem. Wenn der Regen nicht bald aufhört, besteht auch Hochwassergefahr, was eine neue Katastrophe wäre.

Dankt Ihr dem Herrn, der Euch bisher vor solch schlimmem Unglück verschont hat, und bittet ihn mit mir, daß er Euch immer davor behüte.

Wie ich Euch sagte, geht es mir gut, und ich bin froh unter so viel Leid, anderen im Namen des Herrn, der uns alle zu Brüdern gemacht hat, helfen und trösten zu können. Ich segne Euch.

In inniger Zuneigung Euer Bruder
† Angelo G.
Erzbisch. Apost. Gesandter

126. An die Schwestern Ancilla und Maria

Sofia, 11. November 1928

Meine lieben Schwestern,
diese wenigen Zeilen, um Euch zu sagen, daß ich heute Nacht gut in Sofia angekommen bin, wo ich alles wohlbehalten und in Ordnung vorgefunden habe.

Auch hier ist das Wetter regnerisch, und in diesem Jahr scheinen wir keinen sogenannten Martins-Sommer zu bekommen. Im übrigen hatten wir schon im Sommer soviel Sonne!

Auf meiner Rückreise von Rom habe ich in Piacenza, Turin,

Verona, Brixen mit Meran und Bozen sowie in Venedig Station gemacht. Es war doch gut, daß Ihr zu Hause geblieben seid. Das Wetter war fast immer schlecht. Außerdem hatte ich meine Verpflichtungen, die mich ganz in Anspruch nahmen und mir keine Zeit für Euch gelassen hätten. Wenn sich eine günstigere Gelegenheit ergibt, könnt Ihr Euch Venedig und andere schöne Orte in Italien anschauen.

Mit großer innerer Ruhe gehe ich an meine tägliche Arbeit. Sie hat ihre Mühsal, wenn auch weniger, als ich bei anderen sehe, die in scheinbar erstrebenswerterer Stellung sind. Außerdem muß ich sagen, daß ich gern aus Rom weggegangen bin. Es verdroß mich, dort die vielen kleinen menschlichen Erbärmlichkeiten mitansehen zu müssen. Jeder sucht einen Posten zu erhalten und Karriere zu machen und ist mit dem Geschwätz darüber beschäftigt. Welch eine Herabsetzung des Priesterlebens, nur seine eigene Bequemlichkeit im Auge zu haben, statt um die Ehre des Herrn und das Kommen seines Reiches besorgt zu sein.

Betet darum, daß Euer Bruder dem Ehrgeiz auf Ansehen in der Kirche und materielles irdisches Wohl immer fernbleibe! Auch für Euch ist das sicher besser.

In diesem Jahr hatten die Ferien manche Dornen. Geduld! Man muß alles nach dem Beispiel des Herrn, der aus Liebe und zur Sühne am Kreuz starb, für den Frieden und für die Nächstenliebe aufopfern, koste es, was es wolle. Jede andere Überlegung und Meinung, die uns von der Betrachtung und vom Beispiel des Gekreuzigten fernhält, ist für uns gefährlich und bringt uns vom Wege ab.

Bewahrt also immer und allen gegenüber Ruhe und Güte; legt alles gut aus und seht über Kleinigkeiten hinweg, besonders dann, wenn es sich — wie so oft in den kleinen täglichen Schwierigkeiten — bloß um Gerede handelt!

Leistet unseren lieben Eltern, die jede Sorge und Zuneigung verdienen, gute Gesellschaft! Eure Fürsorge und Euer Heim gereiche allen, Brüdern, Schwestern, Schwägerinnen, Neffen und Nichten, zur Erholung und zum Trost.

Ich segne Euch und alle.

In inniger Zuneigung Bruder
† Angelo Gius.
Erzbisch.

128. An die Mutter und an die Tanten

Sofia, 13. Dezember 1928

An meine Mutter, an meine Tante Caterina,
an meine Tante Giovanna verw. Mazzola,
und an alle Verwandten des verstorbenen Onkels
Bortolo Mazzola.

Ich habe die schmerzliche Nachricht vom Heimgang auch des lieben Onkels Bortolo erhalten.

Ich bin von diesem Tod schmerzlich betroffen; er hatte sich zwar seit langen Jahren angekündigt, trat aber schließlich doch fast unerwartet ein. Von Herzen nehme ich Anteil an dem Leid von Euch allen. Ich habe schon für die liebe Seele gebetet und werde noch inbrünstig beten und die vielen katholischen Schwestern in Bulgarien beten lassen. Sie werden in den nächsten Tagen die heilige Kommunion in meinem Anliegen aufopfern.

Im Schmerz darf uns nicht die Stärkung durch den Glauben fehlen. Der liebe Verstorbene lebte doch viel länger, als man zu hoffen wagte. Erinnert Ihr Euch, wie krank er in den vergangenen Jahren war, als wir glaubten, ihn aufgeben zu müssen? Der Herr wollte ihn noch lange der Liebe seiner Familie erhalten, von der er sehr geliebt wurde, wenn er auch keine Kinder hatte. Wie konnte man ihn im übrigen bei seiner Güte und Ausgeglichenheit nicht gern haben? Ihr müßt wissen, daß jedes Jahr, das der Herr über die Siebzig hinaus schenkt, ein zusätzliches außerordentliches Geschenk ist. Ich glaube, daß ich nicht einmal die Sechzig erreiche.

Es ist auch ein Trost, wenn man an das wirklich gute Leben unseres lieben armen Bortolo denkt. Allerdings hatte er nicht die Gnade, noch unmittelbar vor seinem Tod die heilige Kommunion empfangen zu können. Die Herzkrankheiten sind leider immer heimtückisch. Sie raffen einen im selben Augenblick hinweg, da man glaubt, noch durchkommen zu können. Man darf darüber auch nicht zu sehr klagen. Es gereicht seiner Seele gewiß zu größerem Vorteil, die Dinge so zu nehmen, wie sie der Herr zugelassen hat, und weiter zu beten, anstatt sich in leeren Worten über das Früher und Später zu verlieren. Hatte übrigens auch er nicht eifrig an der eben beendeten Volksmission in der Pfarrei teilgenommen? Man sieht auch, daß die in diesen Tagen des Segens so sehr angerufene „Madonna von den Caneve" das Zeichen ihrer Mutterschaft hinterlassen wollte, mit der sie in den Himmel aufnimmt und zum Heile führt, wobei sie mit den uns am nächsten Stehenden beginnt.

Fassen wir also Mut und schauen wir zum Himmel, wo unser lieber Verstorbener mit seinen Eltern, seinen Brüdern und Schwestern, Neffen und Nichten — und wie viele sind es! —, die ihm vorausgegangen sind, wiedervereint ist. Sie alle zusammen erwarten uns, wenn auch für uns die Stunde kommt.

Durch diese fortwährenden Heimgänge unserer liebsten Angehörigen ins andere Leben lernt unser Herz, sich immer mehr vom Elend dieser Welt, in der wir leben, zu lösen. Ihr wißt, daß bei allem, was man an irdischem Wohlergehen erreicht, der Herr in unserem Herzen immer das Verlangen nach einer Glückseligkeit zurückläßt, die erst im Himmel vollkommen sein wird.

Das soll nicht heißen, daß wir nicht auf unsere Gesundheit achten und versuchen müssen, möglichst lange zu leben. Ich zum Beispiel möchte, daß meine lieben alten Verwandten, Eltern, Onkel und Tanten, erst nach mir und sehr spät sterben. Doch meine ich, daß man alles dem Willen des Herrn überläßt, der uns immer seine Liebe gezeigt hat.

Zum Schluß denke ich auch an die gute Kusine Elisa und wünsche ihr baldige und vollständige Genesung. Ich bitte alle, im Winter, der immer gefährlich ist, sehr auf sich zu achten. Wir sind arm: aber das Bett, die Diät, das Abführmittel, das Aspirin sind kleine und einfache Dinge, die auch die Armen verwenden können. Vor allem muß man sich vor Husten hüten, muß sich bemühen, ihn nicht zu bekommen, und sich außerdem gut zudecken. Auch ich lag zwei oder drei Tage im Bett, bzw. war kränklich. Ich habe keine anderen Mittel als Geduld benutzt, und es geht mir wieder gut. Diese Hinweise gelten für alle, alt und jung. Sie zu befolgen, kostet nichts; läßt man sie außer acht, hat man Kosten über Kosten, nicht ausgeschlossen die für die Beerdigung.

Ich schreibe Euch darüber, um Euch zu zeigen, wie herzlich ich an den innersten Angelegenheiten Eurer Familien Anteil nehme, besonders am Tage der Trauer.

Ich werde mich freuen zu erfahren, daß alle, gemeinsam mit mir, sich bald abgefunden und ganz in den Willen des Herrn ergeben haben. Das gefällt unseren lieben Toten, die uns alle zusammen vom Himmel aus sehen, uns ermutigen und uns segnen. Mit ihnen segne auch ich Euch

Euer Sohn, Bruder, Neffe und Vetter
in inniger Zuneigung
† Angelo Giuseppe
Erzbischof

132. An die Schwestern Ancilla und Maria

Sofia, 10. Februar 1929

Meine lieben Schwestern,
ich wollte meinem letzten Brief noch etwas beifügen. Aber mein Sekretär hat ihn mir gleich zur Post gegeben.

Ich bitte Euch nun, unserer Nichte Giuseppina, die geheiratet hat, den beigefügten kleinen Brief zu übergeben sowie Lire 200 als kleines Geschenk zu ihrer Hochzeit.

Gebt auch Lire 100 der Schwägerin Ida zu ihrer neuen Kindstaufe. Damit es keine Unzufriedenen im Hause gibt, sagt der Schwägerin Caterina, daß ich es bei ihr ebenso tun werde, wenn ihr der Herr ein weiteres Mal die Gnade der Mutterschaft schenkt.

Dies tue ich als Zeichen christlicher Liebe, die ich für meine Familie bewahre. Es kostet mich ein wenig, denn wie Ihr wißt, belaufen sich meine jährlichen Aufwendungen für Euch, für die Familie, für das Asyl, für die Seminaristen und für andere Hilfen in der Pfarrei auf über Lire 12 000.

Das alles bleibt jedoch unter uns. Ich sage es Euch, damit Ihr es wißt und Klagen, die hier oder da laut werden könnten, zu beschwichtigen vermögt. Ich möchte nicht geizig genannt werden. Aber ich muß Maß halten.

Laßt es Euch an nichts fehlen, was wirklich notwendig und Eurer Würde angemessen ist. Die Vorsehung wird uns von einem Mal zum andern helfen. Zur Zeit haben wir keine Schulden, und das ist schon viel. Wenn es mir gelingt, arm zu sterben, ist dies eine große Ehre für mich, da ich arm geboren bin.

Es geht mir weiterhin sehr gut. Auch hier ist es sehr kalt. Aber mein kleines Häuschen wird schnell und gut warm. Es wird über mich im Zusammenhang mit der Ernennung für Mailand geredet[33].

Glaubt nichts. Bittet den Herrn, daß er mich vor größerer und schwererer Würde und Verantwortung als die, die ich jetzt habe, bewahre. Außerdem soll man nicht phantasieren. Neben ein wenig mehr Ehre gibt es großen, unglaublichen Kummer. Ich empfehle mich deshalb besonders den Gebeten der Mutter, damit mir der Herr gewähre, immer demütig und einfach zu bleiben, bei Verachtung und Ablehnung irdischer Größe. Für mich, für Euch und für unsere Familie ist das, was die Kirche mir bis jetzt gegeben hat, schon zuviel: es übersteigt alle meine Verdienste.

Wenn Ihr irgendwelches Gerede darüber hört, geht nicht auf den Leim, wechselt das Thema und zeigt, daß Ihr diese meine Einstellung teilt, wobei allen die Lust vergehen wird, Euch zu beglückwünschen. Hinsichtlich der Zukunft muß man von einem Tag zum andern leben und den Herrn preisen.

Ich segne Euch.

In inniger Zuneigung Euer Bruder
† A. G. Erzbisch.

135. An den Bruder Giovanni

Sofia, Ulitza Mussalà 2, 18. März 1929

Mein lieber Bruder,
da Du mir einen so liebenswürdigen Brief im Namen aller geschrieben hast, antworte ich sofort und bitte Dich, allen die Glückwünsche zu meinem Namenstag zu erwidern. Ja, der heilige Josef ist für mich ein wirklich lieber Heiliger, vor allem, weil er jenen Geist der Güte, der Heiterkeit, der Geduld und des Vertrauens in den Herrn ausstrahlt, der der wahre Schatz des Lebens ist und das Zeichen des Friedens in den christlichen Familien.

Wie groß muß Eure Freude in Italien sein, wenn Ihr seht, daß das Fest des heiligen Josef heute auch nach den staatlichen Gesetzen seinen Ehrenplatz erhalten hat.

Weh und Ach wird es immer geben. Die Folgen des Krieges sind überall zu spüren, hier in Bulgarien mehr als in Italien. Doch hat Italien endlich den religiösen Frieden. Das Freimaurertum ist auf der ganzen Linie geschlagen. Das, wofür unsere Alten gekämpft und gelitten haben, ist erreicht. Besseres konnte man sich nicht wünschen.

Ich bin sehr glücklich über das neue Geschenk, das der Herr Dir mit Deinem Francesco Saverio gemacht hat. Ein Bravo von Herzen Dir und Deiner Caterina. Keine Angst vor der Verantwortung, wenn man die Gottesfurcht im Herzen hat. Unsere Eltern haben es fertiggebracht, eine noch zahlreichere Familie als die Deine durchzubringen, und das in einer Zeit, da das Geld zwar mehr wert war als heute, aber keins vorhanden war, und dazu so viele im Hause.

Ich werde in Deinen Anliegen beten, besonders, daß der Herr Deiner guten Caterina die völlige Gesundheit schenke.

Natürlich vergesse ich an diesem Tage nicht die anderen unserer Familie und besonders nicht unseren Giuseppino und Deine Giuseppina. Wie schön ist doch dieser Austausch christlichen Gefühls, das Eltern, Onkel, Schwägerinnen, Söhne, Neffen und Nichten alle miteinander im Geist gegenseitiger Liebe und Geduld umschließt! Der Herr segne Euch alle, und der heilige Josef behüte Euer Haus.

Meine Gesundheit ist nach wie vor bestens, und auch die Arbeit geht gut voran. Ich habe wenig Sorgen und werde auch darin gestärkt durch den Gedanken, daß der Herr sie zählt und sie ins Buch des Lebens einträgt.

Nochmals segne ich alle, angefangen von den beiden zu ehrenden Alten bis zu den beiden Kindern, die in diesen letzten Wochen geboren sind, zur Freude unseres Hauses.

In inniger Zuneigung Bruder
† Angelo Giuseppe
Erzbisch.

142. An die Schwestern Ancilla und Maria

Sofia, 30. April 1929

Meine lieben Schwestern,

Dank für Eure Nachrichten. Der Tod der armen Niny aus Pontida schmerzt mich sehr. Vielleicht hat der Herr ihr das Kreuz eines leidvollen Alters ersparen wollen. Im übrigen können alle ihre Kinder auf eigenen Füßen stehen. Sie werden jetzt noch mehr zu schätzen wissen, was es heißt, eine Mutter zu haben, auch wenn man schon groß ist. Ich werde der Tochter der Verstorbenen, die Ordensschwester in Rovigo ist, ein paar tröstende Worte schreiben.

Was Ihr mir im übrigen bezüglich der Familienangelegenheiten berichtet, so kann ich mir nichts Besseres wünschen. Mit dem Geist der Ergebung, der Geduld und der Nachsicht erwirbt man große Verdienste und läßt sich alles regeln.

Was ich wünsche, ist, daß sich, wenn ich in Ferien komme, nicht dasselbe wie im letzten Jahr wiederholt. Andernfalls werde ich mit Rücksicht auf die Eltern zwei, drei Tage bleiben und danach mich anderswo erholen.

Es ist nicht recht, daß ich zu den Meinen komme und statt Erholung und Stärkung nur Bitternis erlebe; eine dieser Bitterkeiten genügt, um alle anderen Freuden zu vergiften.

Grüßt mir die Mutter! Der Vater wird meinen letzten Brief mit der Bitte, mich beim Fest der Eheleute Formenti zu vertreten, erhalten haben. Der Mama sagt, daß sie jetzt an die Hähnchen für die Ferien denken soll; ich hoffe, wie in den anderen Jahren kommen zu können. Der Herr Bischof hat mich schon zum Fest des hl. Alexander eingeladen.

Es sind keinerlei Neuigkeiten in Aussicht. Auch mein Häuschen hier in Sofia wird weiter so bleiben, wie es ist, da mir der Heilige Stuhl diesbezüglich keine Anweisungen gegeben hat. Man lebt also immer für den Tag.

Preisen wir Gott und denken wir an nichts anderes.

Es wäre gut, wenn Ihr Euch umhören würdet, was man ausgeben müßte, um die Fußböden der Kapelle, des Eßzimmers und der oberen Räume neu mit Platten auszulegen. Laßt Euch den Quadratmeterpreis geben, aber unter der Bedingung, daß es besser gemacht wird als das letzte Mal. Sagt mir Eure Meinung, und ich werde meine Rechnung anstellen. Sicherlich wäre es gut, wenn wenigstens die Kapelle, das Zimmer und einer der oberen Räume in etwas besseren Zustand gebracht würden. Aber auf der anderen Seite: lohnt es sich, immer eigenes Geld ins Haus anderer hineinzustecken?

Bezüglich der Kapelle empfehle ich Euch, rechtzeitig die Bänke nußbraun streichen zu lassen. Drängt [den Maler] Peroli, damit ich nicht kommen muß, wenn alles halb fertig ist. Laßt gleichzeitig den kleinen Tabernakel herrichten, wie ich es Euch vor meiner Abreise gesagt habe. Auch muß der kleine Vorhang davor noch angebracht werden, und außerdem muß der Tabernakel innen mit weißer oder goldfarbener Seide gefüttert werden.

Am Sonntag, dem 21. April, dem Kirchweihtag, haben hier die Katholiken des lateinischen Ritus das Fest meines 25jährigen Priesterjubiläums im voraus gefeiert. Es gab eine große Feierlichkeit in Sofia, an der zwei Bischöfe und viele Abordnungen aus ganz Bulgarien teilnahmen. Jeder hat sich bemüht, Ehre einzulegen: Reden, Telegramme, Briefe, Geschenke aus dem Land ohne Ende: ich werde Euch etwas von diesen Gaben nach Hause bringen; sie sind alle von Hand hergestellt und wertvoll. Man bestand darauf, mir zu zeigen, daß unter der etwas rauhen Haut ein gutes Herz schlägt. Das hat mich sehr gefreut, gibt es mir doch zu verstehen, daß Arbeiten in rechter Absicht und zur Ehre des Herrn zu gegebener Zeit Früchte bringt.

Mir geht es weiterhin gesundheitlich gut.

Endlich scheint auch hier der Winter vorbei zu sein. Er dauerte ein bißchen lang, aber er ist vorüber, wie alles auf der Erde rasch vergeht.

Ich grüße Euch alle. Heute nacht beginnt der Monat Mai. Wie immer, werde ich eines jeden in besonderer Weise gedenken, vor allem unserer lieben Eltern, denen ich immer den ersten Platz einräume. Gewöhnt unsere Neffen und Nichten daran, die Madonna in diesem Blumenmonat zu ehren. Ich segne alle.

† A. G. R.

146. An die Schwestern Ancilla und Maria

Sofia, Ulitza Mussalà 2, 18. Juli 1929

Meine lieben Schwestern,

ein paar Zeilen, um Euch zu grüßen und Euch zu sagen, daß es mir weiterhin sehr gut geht. Das ist eine große Gnade des Herrn.

Bald sind die Ferien da. Ich hoffe, von hier am 11. August abends abreisen zu können. Aber ich habe vor, eine weite Reise zu machen: bis nach Prag, vielleicht bis nach Warschau in Polen und nach Berlin in Deutschland. In Prag in der Tschechoslowakei feiert man den heiligen Wenzeslaus [Jahrtausendfeier]. Ich werde sicher am 25., dem Vorabend von St. Alexander, zu Hause sein.

Sorgt dafür, daß bis dahin die Fußböden fertig sind, wie ich es zuletzt geschrieben habe. Auch soll bis dahin der Tabernakel fertig sein. Für die Stühle werden wir in einem anderen Jahr sorgen. Ich finde sie zu teuer.

Ich freue mich über den guten Ertrag mit den Seidenraupen.

Das ist für Euch zu Hause sicherlich ein großer Trost: die Not verbittert das Gemüt und ist gewöhnlich eine schlechte Ratgeberin. Ich wünsche mir, wenn ich komme, alles in heiligem Frieden und christlicher Geduld anzutreffen. Wenn die Dinge so stehen, bin auch ich beruhigter. Wenn Ihr wüßtet, wieviel Geduld ich bei diesen Naturen aufbringen muß; sie sind sehr gut zu mir, lieben sich aber untereinander sehr wenig!

Dieser Tage schicke ich Signor Cav. Favettini weiteres Geld, über das Ihr für Eure Bedürfnisse verfügen könnt. Immer arm, aber immer so viel, daß es reicht; und so bis zum Tode. Ein Mehr bringt viele Dornen.

Ende Juni hatte ich hier viel Freude: zum Beispiel das sehr gelungene Fest des Papstes. Wie Ihr seht, gibt der Herr einmal Rosen, einmal Dornen: er sei immer gepriesen und möge uns die Gnade gewähren, ihm in ewiger Freude zu dienen.

Einen besonderen Gruß füge ich für unsere liebe Mama zu ihrem Namenstag bei. Ich reise jetzt nach Philippopel, komme aber bald wieder zurück. Ich grüße und segne alle.

† Angelo Gius. Erzbisch.

P. S. Macht der Mutter zum Namenstag ein kleines Geschenk von mir, so daß auch ihr Herr Gemahl Freude daran hat.

150. An die Schwestern Ancilla und Maria

Sofia, 2. November 1929

Meine lieben Schwestern,

wie Ihr aus meinem Gruß, den ich Euch letzten Montag aus Triest sandte, entnehmen konntet, bin ich seit einigen Tagen wieder in Sofia, genau seit Dienstagnacht. Eine ausgezeichnete Reise, ohne irgendwelche Anstrengung. Bei den heutigen Bequemlichkeiten bleibt nichts mehr zu wünschen übrig. Im Zug ruht man aus, liest und betet man, betrachtet die Schönheiten der Natur und die Verschiedenheit der Menschen.

Zu Hause habe ich alles gut vorgefunden. Meinem alten Sekretär jedoch geht es schlecht, dem Ärmsten. Man muß für ihn beten und Geduld haben. Der Haushälterin dagegen geht es gut, und sie verträgt sich auch mit P. Metodio. Deo gratias.

Gestern Nachmittag habe ich zusammen mit den hiesigen Katholiken den Friedhof von Sofia besucht. Ich habe für ihre Toten gebetet und dabei auch unserer lieben Toten der Familie und der von Sotto il Monte gedacht. Welch liebe Erinnerungen! Und wie wohltuend sind sie in der Fremde! Die Verehrung der Toten ist eine der schönsten Ausdrucksformen des Katholizismus.

Heute morgen habe ich in meiner kleinen Kapelle in Andacht die drei Messen gefeiert. Ich glaube, daß unsere Familie dem Herrn auch dafür besonders danken muß, daß sie einen Priester hat, der immer für unsere lieben Verstorbenen betet.

Sobald ich alle meine Dinge in Ordnung gebracht habe, werde ich zusehen, auch die Frage des Geldes für den „Piccolo Credito" zu regeln, so daß Ihr hingehen und abheben könnt, was Ihr braucht. Das Ende dieses Jahres ist ein bißchen schwierig. Doch die Vorsehung wird es mir wie bisher wenigstens am Notwendigen nicht fehlen lassen.

Ich grüße Euch herzlich mit unseren lieben Eltern und der ganzen Familie. Ich möchte die Fotografien haben, die Fräulein Beltrami gemacht hat; auch die Bilder, die sie hoffentlich von unseren Kindern zusammen mit ihren Müttern aufgenommen hat.

In inniger Zuneigung
† Angelo Gius. Erzb.

153. An die Eltern

Sofia, 21. Dezember 1929

Meine lieben Eltern,
wieder ist Weihnachten und ein weiteres Jahr vorüber. Und das, was zählt, ist, daß wir alle zusammen bei guter Gesundheit sind, ich hier und Ihr in dem kleinen Ort, wo das Leben nie eintönig wird, denn Ihr fühlt Euch wie ich unter dem Schutz der guten Vorsehung.

Ich sende Euch die herzlichsten Wünsche für ein gutes Fest und ein gutes neues Jahr. Das zu Ende gehende Jahr 1929 hat uns, das müssen wir anerkennen, viel Freude gebracht.

Der Anlaß meines Priesterjubiläums hat mir begreiflich gemacht, daß man dem Herrn gegenüber und in allen Dingen demütiges Vertrauen, Ruhe und Geduld haben muß. Dann kommt man sehr weit. Denkt an den Tag, da ich als frisch geweihter Priester von Rom heimkehrte. Dann an den Tag des Einzugs von Mons. Radini in Bergamo. Ich erinnere mich noch gut, wie Ihr alle dabei wart, der arme Großvater mit eingeschlossen. Was brachten dann nicht alles die folgenden 25 Jahre! Nie fehlte Verdruß: aber alles wurde überwunden. Es kam der Krieg mit seinen großen Plagen und ging vorüber. Indessen wuchs die Familie. Und jetzt stehen 10 junge Bäume um Euch herum, die alle Gutes versprechen. Dort, wo man im Genuß von Millionen ist, hat man Sorge, weil die Familien auszusterben drohen; und außerdem gibt es dort viel, viel Leid, wovon die Armen wie wir keine Vorstellung haben. Euer Zweig hingegen wird nicht sobald aussterben.

Ich mache Euch auf all das aufmerksam, weil die Erinnerung daran dazu dient, den Herrn zu preisen und unser Vertrauen auf ihn und unsere Hingabe zu vergrößern.

Für mich ist der Gedanke, zu Hause noch meine alten Eltern zu haben und um sie herum Brüder, Schwestern, Schwägerinnen und Enkel — alles gottesfürchtige Seelen, die mit ihrem Stand zufrieden und um das leibliche Wohl, aber mehr noch um das geistliche besorgt sind —, immerwährender Anlaß zur Freude; er ist mir zugleich auch Ansporn, hier, wohin mich der Heilige Vater gesandt hat, in meinem Amt für das Gute und den Frieden weiterzuwirken. Es gibt viele Leute, auch in Rom, die mich fragen, ob mein Aufenthalt hier in Bulgarien nicht ein bißchen zu lange dauert. Ich lasse sie reden und bleibe ruhig auf meinem Posten. Wehe mir, wenn ich mir in den Kopf setzte, aus eigenem Bemühen eine Veränderung herbeizuführen. Und warum sollte ich auch? Anderswo gäbe es vielleicht mehr Annehmlichkeiten, Prunk und äußeren Glanz; vielleicht ließe sich etwas Geld sparen. Wenn aber der Herr vorgesehen hat, daß ich hier noch ein wenig weiterarbeite, ist es ganz klar, daß ich hier sicher ein bißchen Gutes tun kann, während mir anderswo die Hilfe des Herrn, die hier im Überfluß vorhanden ist, fehlen könnte.

Ich habe hier jetzt auch mehr Freude als vorher. Dieser Tage schließe ich einen Vertrag über den Kauf von 30000 qm Land für den Bau des Bulgarischen Seminars. Kostenpunkt: Lire 250000. Im Frühjahr werde ich mit dem Bau beginnen. Der Kostenvoranschlag beläuft sich auf 2 1/2 Millionen Lire. Der Heilige Vater wird für alles sorgen. Ich habe nur die Mühe gehabt und jetzt die Freude, alles vorzubereiten, damit endlich ein so wichtiges Unternehmen zustande kommt, für das es sich, wie Ihr seht, wirklich lohnt, sich mit ganzer Kraft einzusetzen.

Jetzt haben wir auch hier Schnee, und wir stehen mitten im Winter, wenngleich die Kälte nicht allzu streng ist.

Ich habe es schön warm und leide weniger unter der Kälte, als wenn ich in Italien wäre, wo es nicht üblich ist, so gut zu heizen wie hier. Und außerdem, meine Lieben, gibt es die heilige Geduld in allem. Die Liebe des Herrn und die Geduld Christi im Herzen und im Leib, wie wir Priester oft in unserem Brevier beten.

Diese segensreiche Geduld wünsche ich Euch zu Weihnachten. Und ich werde das Jesuskind in den drei Messen dieses Tages bitten, daß es Euch allen und einem jeden nach seinen eigenen Bedürfnissen viel davon zuteil werden läßt.

Ich nehme an, daß Ihr Euch zu Weihnachten alle in der Colombera einfindet, einschließlich der beiden Einwohner von Camaitino. Auch ich werde es mir an diesem seligen Tag bei den Kapuzinerfratres, die die katholische Kirche von Sofia betreuen, gut gehen lassen. Ich werde das Pontifikalamt halten und hoffe, in bulgarisch zu predigen. Die Predigt wird sehr kurz sein, damit sie mir leichter fällt. Ich habe in Rom ein sehr schönes weißes, goldbesticktes Meßgewand mit meinem Wappen gekauft, das ich bei dieser Gelegenheit zum ersten Mal tragen und dann der Kirche schenken werde als bleibende Erinnerung an mich, an die apostolische Visitation wie auch an mein Priesterjubiläum. Ein passendes Meßgewand für die feierlichen Bischofsgottesdienste war hier wirklich nötig.

Heute ist der Jubiläumstag [der Krönung] des Heiligen Vaters. Wie sehr denke ich an ihn, der bis zu seinem 60. Lebensjahr hinter seinen Büchern verborgen lebte, dann unversehens vom Herrn gerufen wurde und aus seiner Verborgenheit hervortrat, um in der Kirche wunderbare Dinge zu vollbringen! Beten wir immer für den Heiligen Vater! Dieses Gebet lenkt den Segen Gottes auf die Familien herab, auf die Seelen und auf die Nationen.

Wie Ihr seht, habe ich Euch diesmal, ohne daß ich es eigentlich bemerkte, einen langen Brief geschrieben. Nun ist Mitternacht vorüber, und ich komme zum Schluß. Dabei wenden sich meine

Gedanken und Wünsche allen und jedem einzelnen der Familie zu, vom Ältesten bis zum Jüngsten. Ich denke auch an die beiden Schwestern, die mit ihren Familien und mit Sorgen außer Haus leben. Ich bete immer für Euch und vergesse niemanden; besonders bete ich für die Schwägerinnen in allen ihren Anliegen. Betet auch Ihr immer für mich. Ihr seid dazu verpflichtet. Ihr erwerbt dafür Verdienste vor dem Herrn und habt Anteil am Gewinn meiner bescheidenen Arbeit.

Ich segne Euch alle von Herzen.

† A. G. R.

156. An den Vetter Peppino Roncalli

Sofia, Ulitza Mussalà, 10. Januar 1930

Lieber Peppino,
vielen Dank für Deinen lieben Weihnachtsgruß und -wunsch. Wenn auch ein wenig verspätet, da mein Briefwechsel um diese Zeit sehr umfangreich ist, antworte ich Dir sehr gern.

Ich freue mich, aus Deinem Briefchen zu erfahren, daß Du Dich weiterhin zur Güte wie auch zu jener Liebe zu Jesus und zur Religion erziehen läßt, die für Dich und die Deinen Quelle großer Freuden und großen Trostes im Leben sein wird.

Denke immer daran! Tiefchristliche Gesinnung, gute Ausbildung und entschlossene Erfüllung der eigenen Pflichten sind große Hilfen auch für das materielle Wohlergehen und für guten Erfolg im Leben. Auch gibt es nichts Besseres, um jenen Herzensfrieden und jene reine Freude zu erlangen, die mehr als alle Schätze der Welt bedeuten. Eine Probe dieses Friedens hast Du in Deiner kleinen Familie und wenn Du auf Deine guten Eltern schaust.

Dich und sie segne ich von Herzen mit dem Wunsch, daß das jetzt begonnene Jahr allen viel Freude bringe.

† A. G. R.

159. An die Schwestern Ancilla und Maria

Sofia, 24. Februar 1930

Meine lieben Schwestern,
ich schicke Euch wieder 30 Dollar, was etwa 570 Lire entspricht. Wie Ihr seht, sind es die Spenden für meine heiligen Messen. Ich glaube, daß sie Euch für einen Monat reichen. Wenn Ihr aus irgendwelchen Gründen etwas mehr braucht, wendet Euch unbesorgt an den „Piccolo Credito", bei dem ich immer ein kleines Sparkonto auf meinen Namen habe.

Mit der Gnade Gottes geht es mir weiterhin an Leib und Seele gut. Ich denke immer an unsere lieben Eltern und bete für sie und die ganze Familie; ich vergesse keinen, weder von den Großen noch von den Kleinen. Ich denke, daß Ihr in diesen Tagen das heilige vierzigstündige Gebet für unsere Toten halten werdet. Es sind Tage geistlicher Sammlung; kostbare Gelegenheiten, unser Tun und Leben auf unsere Heiligung auszurichten.

Ich empfehle besonders unseren Alten, sich alle notwendigen Kuren zukommen zu lassen; das gilt auch für Severo und seine Maria. Die beste Medizin ist der Friede des Herzens — und dann das Bett und die Ruhe; spielt nicht die Helden und setzt Euch nicht dieser Februarkälte aus!

Auch meine Haushälterin ist jetzt wieder aus dem Krankenhaus zurück und fühlt sich recht wohl. Sie braucht aber noch die Hilfe einer anderen Frau, die ebenso alt ist wie sie. Mein Häuschen ist ein Altersheim, und ich kann es nicht ändern. Geduld! Pater Methodius ist einmal sterbenskrank, dann wieder munterer denn je. Der Herr erhalte ihn mir.

Ich dachte, im Frühjahr Arbeit mit dem Bau des neuen Seminars zu bekommen. Man hat jedoch in Rom den Plan geändert. Das Seminar wird zwar gebaut, aber in anderer Form. Für mich bedeutet es eine Sorge weniger. Es ist so leicht und so schön zu gehorchen! In meinen Augen ist das, was der Papst tut, immer sehr gut getan. Und alles ist zur Ehre des Herrn bestimmt.

Mein Freund Mons. Rotta, Delegat von Konstantinopel, ist zum Nuntius in Budapest ernannt worden. Jemand in Rom hatte gedacht, mich als seinen Nachfolger vorzuschlagen. Doch scheint es, daß dieser Posten bereits jemand anderem zugedacht ist, der wie Mons. Rotta schon in fortgeschrittenem Alter steht; er geht auf die Sechzig zu.

Wie Ihr im übrigen wißt, sehne ich mich weder danach, mich zu verändern, noch bin ich meines Postens müde. Ich bin aus Gehorsam hier und bleibe so lange es dem Heiligen Vater gefällt, ohne an etwas anderes zu denken oder danach zu verlangen. Wenn ab und zu ein Kummer kommt, der größer ist als der gewöhnliche, küsse ich mein Kreuz und danke dem Herrn, daß er mich ausersehen hat, es zum Wohle der Seelen und der heiligen Kirche zu tragen, der ich im Leben und im Sterben dienen will.

Manchmal sage ich mir: Wenn es doch einen Posten gäbe, wo auch meine Schwestern bei mir sein könnten. Gäbe es jetzt diesen Posten, würde es Euch vielleicht besser gehen. Bedenkt aber, wie schmerzlich und schwer das für unsere lieben alten Eltern wäre, die durch Eure Gegenwart so viel Trost empfangen; was wäre das auch für die ganze übrige Familie, besonders für die Kleinen, denen die Tanten wegen so vieler kleiner Dinge lieb und teuer sind!

Leben wir also weiter von einem Tag zum anderen und in heiliger geistlicher Freude.

Während ich Euch schreibe, hier in meinem gut geheizten Zimmer neben meiner kleinen Kapelle, wo ich den Herrn aufbewahre, der das Ticktack meiner kleinen Schreibmaschine hört, beginnt es draußen wieder zu schneien. Einerseits ziehe ich Schnee dem Nebel vor, der sich dieses Jahr merkwürdigerweise auch über die Hochebene von Sofia gebreitet hat.

Lassen wir den Schnee fallen, um den Reichtum der Felder vorzubereiten, und wenden wir unseren Geist und unser Herz weiterhin nach oben.

Ich segne Euch alle.

† a. g. Erzb.

161. An die Familie

Sofia, 10. April 1930

Meine lieben Eltern, Geschwister und alle in der Familie,
obwohl ich über die Schwestern von Camaitino ständig Verbindung mit Euch allen halte, möchte ich Euch zu Ostern doch gern einen besonderen Gruß schicken.

Es ist derselbe wie jedes Jahr: es ist immer der Wunsch nach dem Segen und Frieden des Herrn. Man könnte jedoch sagen, daß dieser Wunsch in dem Maß wertvoller wird, wie die Jahre voranschreiten. Die Jahre schreiten voran, und nach wie vor erfreuen sich die Alten guter Gesundheit sowie der Liebe ihrer Kinder und Enkel. Ist das nicht schon eine große Gnade? Man weiß freilich auch, daß es manches Übel hier und da gibt. Wollt Ihr denn, daß der Apotheker oder der Arzt ihren Beruf wechseln, weil sie nichts mehr zu tun haben? Doch alles in allem ist das allgemeine gesundheitliche Befinden der Familie gut, und man muß zufrieden sein. Auch die Kinder nehmen zu an Alter und Zahl, und das ist der erste Segen eines Hauses. Wenn auch Mussolini die „Prämie der Erde" nicht schickt: sicher ist, daß sie von seiten des Herrn nicht ausbleiben wird; er segnet — wie der heilige Bischof und Kardinal Barbarigo sagte — die großen Kochtöpfe und nicht die kleinen.

Seien wir also zufrieden und bemühen wir uns, aus der Teilnahme an den göttlichen Mysterien, die in der Karwoche und an den folgenden hohen Festtagen gefeiert werden, geistliche Erbauung und heilige Osterfreude zu schöpfen. Mit Ostern kehrt der Frühling wieder, um das Leben mit Blumen und Hoffnungen zu erfreuen. In ein paar Wochen liegt das bebaute, Frucht verheißende Land vor uns. Hoffen wir, daß sie auch dieses Jahr reichlich ist. Ich kann Euch jetzt kein äußeres und materielles Zeichen der Erinnerung und Liebe, in der ich immer an Euch alle denke, schicken. Doch ich bereite etwas vor, worüber sich alle zu gegebener Zeit freuen werden.

Ich brauche Euch nicht zu sagen, daß es auch mir weiterhin gut geht und daß ich friedlich und zufrieden lebe, ohne daran zu denken oder mich darum zu sorgen, etwas anderes als den Willen des Herrn zu tun. Ich verdanke dieses ruhige Sichüberlassen meines Geistes in die Arme der Vorsehung und des heiligen Gehorsams zum Teil dem Umstand, daß ich auf dem Land geboren wurde, in einer Familie, die arm an irdischen Gütern, aber reich an Gaben und Gottesfurcht ist, vertraut mit den einfachen Dingen der Natur eines jeden Tages und Jahres, also in einem gesunden Organismus ohne Verlangen nach außergewöhnlichen Dingen, wo doch das, was uns der Herr alle Tage durch die Natur schenkt, schon so schön und groß ist.

Jetzt setzt man dazu noch die Wissenschaft ein, die Natur zu entfalten und sie dem Dienst des Herrn wie auch uns verfügbarer zu machen. Ihr habt von der letzten Erfindung Marconis gehört, der übrigens ein guter Christ und ein persönlicher Freund des Heiligen Vaters ist. Bald werden wir in so enger Verbindung miteinander stehen, daß wir uns nicht nur aus der Ferne hören, sondern auch im Bild sehen können. Denkt Euch, ich kann jeden Abend mit einem kleinen Radio, das in meinem Arbeitszimmer steht, deutlich Vorträge, Lieder, Nachrichten usw. aus weitesten Entfernungen mühelos hören.

Alle diese Dinge bestehen seit Erschaffung der Welt, doch der Herr hat das Geheimnis bis jetzt in der Erde und in der Luft gehütet, auch um uns zu trösten und um jene zu demütigen, die in der Vergangenheit glaubten, sehr weise zu sein und sich ihrer Unwissenheit bedienten, um die heiligen Dinge zu schmähen. Sehr treffend gab Senator Marconi dem Kardinalerzbischof von Genua zur Antwort, daß er gar nichts anderes getan habe, als die Gesetze des Herrn im Buch der Natur immer genauer zu erforschen.

Ich schließe diese, nebenbei gesagt angenehme, Abschweifung, um allen, groß und klein, Mann und Frau, alt und jung — die Colombera wird langsam wie die Arche Noe — wieder meine herzlichsten Osterwünsche zu senden; sie gelten ebenso allen anderen Verwandten.

Ich segne alle und jeden einzelnen.

In inniger Zuneigung Euer Sohn,
Bruder, Schwager und Onkel
† A. G. Erzb.

173. An die Schwestern Ancilla und Maria

Sofia, 26. Oktober 1930

Liebe Schwestern,
damit Ihr Euch meinetwegen keine Sorgen macht, und zwar weder Ihr noch alle unsere Lieben in der Familie, kurz ein paar Zeilen, um Euch zu sagen, daß es mir weiterhin gut geht und daß hier meinerseits alles gut verläuft. Die Heirat König Boris' mit Prinzessin Giovanna[46] bringt mir viel Arbeit. Doch auch bei aller Arbeit und allen Schwierigkeiten, die von der durch und durch orthodoxem Umgebung herkommen, bleibe ich vollkommen ruhig und furchtlos. Man muß jedoch zum Herrn beten, daß alles vom

Guten zum Besseren fortschreite. Welch eine Gnade ist es, den Katechismus in den ersten Jahren gut gelernt zu haben. Welch ein Unglück, in der Religion unwissend zu sein und Religion mit Nation, Religion mit Politik, Religion mit Rasse zu verwechseln!

Die Arbeiten für die neue Residenz gehen auch gut vorwärts. Aber ich denke nicht, bis Anfang Dezember (falls ich komme) den heiligen Martinus machen zu können.

Meinem Hausdiener Luigi Bresciani geht es sehr gut. Er ist zufrieden, und ich bin sehr zufrieden mit ihm. Er hat auch hier den besten Eindruck erweckt. Hätte ich ihn nur schon früher gekannt. Doch alles kommt zu seiner Zeit.

Sagt dem Verwalter Gaetano Biffi, daß er sich wegen der Miete einen Augenblick gedulden soll. Im November komme ich aber sicher! Grüßt ihn und seine Familie herzlich. Bringt auch Herrn Pfarrer und Kurat meine Nachrichten und denen, die darum bitten. Einen Segen allen!

Bringen wir gern dem Herrn das Opfer, daß wir in diesem Jahr nicht länger beisammen sein konnten. Der Lohn wird um so größer und kostbarer sein.

† A. G. R.

177. *An die Schwestern Ancilla und Maria*

[Sofia] 6. Januar 1931

Meine lieben Schwestern,
hier sind wieder 30 Dollar für Eure Bedürfnisse. Habe ich diesmal nicht ein wenig zulange auf mich warten lassen? Habt Geduld! Ich habe hier immer so viel zu tun, daß ich das Gefühl für die Zeit verliere.

Es geht mir aber nach wie vor sehr gut. Im Zusammenhang mit dem, was geschehen ist, das heißt der Ansprache des Heiligen Vaters[49], in der er die orthodoxe Trauungszeremonie verurteilte, die in Sofia nach Ankunft des königlichen Brautpaars am 31. Oktober stattfand, verbreiten sich Stimmen über meinen Rückruf aus Sofia. So urteilt die Welt, die nichts weiß und die vor allem nicht weiß, daß anläßlich dieser königlichen Hochzeit und allem, was darauf folgte, die Verbindung zwischen dem Heiligen Vater und seinem Vertreter in Bulgarien so vollkommen und eng wie vielleicht nie zuvor war. Deshalb habe ich mich nie so ruhig gefühlt wie jetzt: Ruhig und befriedigt. Alles, was geschehen ist, wird dem Wohl dieses Landes dienen.

Wie ich Euch schon ankündigte, bin ich endlich in mein neues Haus umgezogen, in dem ich mich wohl fühle. Nun ist das Geld ein bißchen knapp, um noch einige notwendige Arbeiten auszuführen. Mein Gedanke ist aber immer, alles gut herrichten zu lassen und Euch beide dann einzuladen herzukommen. Es ist nicht nötig, daß Ihr Euch ganz von daheim trennt. Ihr werdet wie in Ferien zu mir kommen. Danach werden wir sehen, wie die Dinge laufen.

Lebt also von einem Tag auf den anderen und wartet, bis ich Euch einlade. Ich glaube, daß ich gegen Ende Januar etwas Genaueres sagen kann. Wenn freilich etwas Neues für mich eintreten sollte, würde es sich nicht lohnen, die Reise anzutreten, nur um Sofia zu sehen. Ich glaube aber wirklich, daß nichts Neues dazwischenkommen wird.

Gleichzeitig mit dem sehr willkommenen Brief unseres Vaters hat mir unser Bruder Giovanni ein paar freundliche Zeilen geschickt. Über alles habe ich mich gefreut: über die Alten, denen es gut geht, die Familie, die wächst, den Frieden, der in ihr herrscht. Ich segne von Herzen den zuletzt angekommenen Flaviano Alessandro: zwei orientalische Namen. Mit meinem Segen über das unschuldige Köpfchen dieses Kleinen segne ich auch wieder alle anderen, groß und klein.

† A. G. R.

178. An die Schwestern Ancilla und Maria

[Sofia] den 23. Januar 1931

Meine lieben Schwestern,
ich schicke Euch noch weitere 30 Dollar für Eure Bedürfnisse. Beigefügt ist auch ein Brief für unseren lieben Vetter Luigi und für Angelina zu ihrer Goldenen Hochzeit. Seht, daß Ihr an ihrem Fest, so gut Ihr könnt, teilnehmt. Ich wollte ihnen zu ihrem Trost ein paar freundliche Worte schreiben. Tatsächlich waren sie

in unserer Kindheit immer so gut zu unseren Eltern und zu uns, daß wir uns zu Recht mit ihnen freuen können.

Die Schmerzen unserer Schwägerin Maria tun mir sehr leid. Ihr Leiden ist wie ein in unserer Familie aufgestelltes Weihrauchfaß. Indem sie mit Geduld leidet, erwirbt sie Segen für uns alle. Ich segne sie von Herzen, damit der Herr ihr Geduld und Ergebung schenke und sie heile, wenn dies seinem heiligen Willen besser entspricht.

Was Euer Kommen hier nach Sofia und das, was Ihr mir schreibt, betrifft, brauche ich Euch nicht zu wiederholen, was ich denke. Euer Hiersein wäre mir sehr lieb. Doch ist es für mich nicht unbedingt erforderlich. Sollte es für die Familie und besonders für unsere Eltern ein zu schweres Opfer bedeuten, will ich nicht zu sehr darauf bestehen.

Ich habe mich inzwischen im neuen Haus eingerichtet, das wirklich sehr schön ist. Jetzt habe ich zwei Schwestern statt einer, außerdem den guten Luigi Bresciani, der mir mit Pater Methodius bestens hilft. Außerdem ist noch ein junger Bulgare da, der für die Heizung sorgt und sich der gröberen Arbeiten annimmt. Wie Ihr seht, fehlt mir nichts.

Nach der Ansprache des Papstes an Weihnachten ist meine Stellung etwas schwierig geworden, wenngleich ich auf festem Boden stehe. Vielleicht gerade deshalb, weil mich jemand gern von hier weghaben möchte, wird mich der Heilige Vater um so mehr auf diesen Posten belassen, wo ich mich übrigens wohl fühle. Warten wir nun ab, wie sich die Dinge klären. Wenn ich weiter hier bleibe, warum soll es Euch dann nicht erlaubt sein, mich wenigstens zwei oder drei Monate zu besuchen? Ich glaube nicht, daß unsere Eltern Euch diese, wie mir zudem scheint, berechtigte Freude, abschlagen können. Wir sind jetzt im Winter; da reist man nicht gern in der Welt umher. Andererseits habt Ihr mir gesagt, daß Euch wenigstens die Kälte daheim nichts ausmacht. Warten wir also den Frühling ab! Mai und Juni wären zwei schöne Monate, um hierher zu kommen. Dann könntet Ihr heimfahren und meine Ankunft für die Ferien vorbereiten. Ließe sich das nicht gut machen? Machen wir also im Vertrauen auf die Fügung des Herrn weiter. Wegen meines persönlichen Vergnügens will ich nicht die anderen betrüben, besonders nicht unsere lieben Eltern. Im übrigen gebe ich zu, daß auch die Brüder und alle anderen Familienangehörigen nicht einverstanden wären, wenn Ihr sie im Stich ließt: ein Zeichen dafür, daß sie Euch gern haben. Daran habe ich nie gezweifelt; dennoch freut es mich sehr, es immer mehr feststellen zu können.

Ich grüße Euch von Herzen und segne Euch mit den Eltern und mit allen, groß und klein. Der Herr bewahre Euch immer seinen Frieden. Auch Don Forno könnte nicht vor Ostern kommen.

† A. G. R.

184. An die Eltern

[Sofia] 24. März 1931

Meine lieben Eltern,
ich freue mich sehr, Euch besondere Ostergrüße und -wünsche zu schicken. Wie Ihr wißt, kann ich keine Zeile an meine Schwestern schreiben, ohne nicht auch an Euch zu denken, deren beide Seelen meinem Herzen und meinem Altar immer am nächsten stehen.

Ich habe den Schwestern den Wunsch ausgesprochen, herzukommen und einige Zeit bei mir in Sofia zu verbringen. Ich benutzte eine gute Gelegenheit. Als ich aber hörte, daß die plötzliche Trennung Euch ein wenig weh tat, hielt ich es für richtig, noch etwas zu warten. Ich glaube nicht, daß die Sache Euch überhaupt mißfallen muß; wenn sie nämlich zu mir kommen, sind sie aufgehoben und in guten Händen. Andererseits wollt Ihr berücksichtigen, daß auch ich ihr Bruder bin; und wenn ich nach sechs Jahren des Alleinseins darum bitte, für zwei oder drei Monate mich der Gesellschaft der Schwestern zu erfreuen, dann scheint mir, daß ich nicht zuviel verlange. Dies will wirklich nicht heißen, daß sie auch in Zukunft immer bei mir bleiben sollen. Wenn die Verhältnisse es mir erlaubten, würde ich auch Euch trotz Eures Alters für eine Zeit nach Sofia kommen lassen. Doch nach zwei oder drei Tagen würdet Ihr Euch nicht mehr wohl fühlen. Habt deshalb Mut und laßt sie gütig abreisen! Danach werdet Ihr Euch freuen. Freilich lebt man von einem Tag zum anderen. Es könnte sein, daß sich im April etwas Neues ergibt, das mich veranlaßt, meine Ansicht zu ändern und alles aufzuschieben.

Inzwischen bemüht Euch alle in der Familie, das heilige Osterfest gut zu verbringen: Ihr Eltern und Großeltern, Brüder, Schwestern, Schwägerinnen, Nichten und Neffen.

Ancilla wird Euch als mein Osterei 500 Lire geben, damit die Festfreude ungetrübter ist. Mehr kann ich nicht tun; denn wenn es mir auch an nichts mangelt, was meinem Stand gemäß ist, habe ich — wie Ihr wißt — eben nur das, und muß insgesamt in heiliger Armut leben; geziemend und nicht elend, sondern in wahrer Armut. Doch ist bei der guten Gesundheit, die der Herr Euch und mir und aufs Ganze gesehen allen Unsrigen fortwährend gibt, unsere Armut nicht schon ein großer Reichtum, für den wir dem Herrn dankbar sein müssen?

Meine Gesundheit ist gut. Im Februar hatte ich Magenstörungen, die vielleicht auch von dem Karlsbader Salz herrührten, mit dem ich eine Kur machte. Nun ist alles vorüber.

Der Frühling, die Dinge, die sich von selbst regeln und die Hilfe des Herrn heilen jedes Übel. Durch die Kur nehme ich ein wenig ab, aber nur langsam und das ist gut. So bin ich leichter und beweglicher. Außerdem darf man nicht vergessen, daß auch ich in den Fünfzigern stehe. Also gilt auch für mich „Gobba crescente, luna calante — zunehmender Buckel, abnehmende Laune". Laßt es Euch allen — von den Ältesten bis zu den Jüngsten — weiterhin gut gehen. Am Fest des heiligen Josef habe ich in besonderer Weise für alle gebetet, die in unserem Haus den lieben Namen des himmlischen Patriarchen tragen. Gewohnheitsgemäß habe ich für alle katholischen Priester von Sofia ein großes Essen gegeben. Wir waren 21. Wird dies das letzte Mal sein, daß ich das Josefsfest in Sofia feierte? Wer weiß es? Wie immer vertraue ich mich der Vorsehung an. Was mich angeht, habe ich weder bestimmte Lieblingspläne noch Wünsche. Und ich sehe, daß diese Einstellung am besten geeignet ist, um weniger Verdruß zu haben. Sehr, sehr oft trägt der Bischof ein Kreuz. Wehe ihm, wenn er es nicht trüge! Das Kreuz ist immer bei ihm, in welchen Teil der Welt er auch geschickt wird — ein Kreuz, das mitunter ein wenig drückend und schmerzend sein kann, das aber sicher und unfehlbar wahre Freude und wahre Herrlichkeit bringt.

Und mit der Liebe zum heiligen Kreuz wollen wir das Osterfest gut verbringen. Es mögen Tage voller Freude sein, für Euch und alle Unsrigen daheim, eingeschlossen die Schwestern, die außerhalb des Hauses sind, Teresa und Assunta, und alle anderen Verwandten, die Ihr von mir grüßen sollt. Ich segne alle.

† a. g. r.

[Sofia] 31. Oktober 1931[55]

Meine lieben Schwestern,
wie Luigi Euch schon gestern ankündigte, bin ich gestern abend nach einer sehr guten Reise mit kurzem Aufenthalt in Venedig und Belgrad hier angekommen. Ich habe alles gut vorgefunden, obwohl das Wetter auch hier wie überall schlecht ist. Pater Methodius dankt Euch für Eure Grüße und erwidert sie. Es geht ihm immer gut, er hat sogar ein bißchen zugenommen. Es scheint, daß mir von Rom ein anderer junger Sekretär geschickt wird. Ich möchte jedoch besagten Pater Methodius, der bei allem mithilft, so lange ich kann behalten.

Um Euch die Wahrheit zu sagen, ich fange jetzt an, mich etwas auszuruhen. Denn sowohl in Sotto il Monte wie in Rom war ich immer in Bewegung, was mich sehr anstrengte.

Heute morgen war ich im Außenministerium, um das Dokument zu unterschreiben, das mich als Apostolischen Delegaten akkreditiert. Alles ist gut gegangen. Schreibt von jetzt an statt Visitator immer Apostolischer Delegat. Es ist lediglich eine Frage der Bezeichnung. Ich bin noch derselbe wie vorher. Aber es ist gut, daß es so ist. Alle werden sich hier darüber freuen, außer vielleicht den guten langen Bärten des Heiligen Orthodoxen Synods[56]. Doch auch für sie wird es angebracht sein, Geduld zu haben. Wieviel Jahre werde ich Apostolischer Delegat in Bulgarien bleiben? Ich weiß es nicht und will es auch nicht wissen. Fahren wir fort, von einem Tag zum andern und in den Händen Gottes zu leben!

Wenn ich wieder auf meinem Posten bin, werde ich besser auf Regelmäßigkeit und Ruhe bei meinen Gebeten achten. Die meisten werde ich für Euch und für unsere lebenden und toten Verwandten verrichten.

Während ich an sie denke, segne ich Euch und empfehle mich den Gebeten aller.

Wenn Ihr mir schreibt, teilt mir die Anschrift der guten Carolina Baldini mit. Sie kam nach Rom, um mich zu besuchen. Ich war jedoch gerade fort und konnte sie nicht sehen. Ich werde ihr schreiben, um sie ein wenig zu trösten. Ich lege einen Scheck mit Lire 2500.— bei. Davon sind: Lire 1000.— für Baron Scotti als

Hausmiete 1931/32; Lire 1000.— für Herrn Pfarrer als meine Spende für das Asyl und Lire 500.— für Eure Bedürfnisse. Wir sind uns aber darüber einig, daß Ihr mir sofort schreibt, wenn Ihr mehr Geld braucht. Machen wir weiter wie bisher: immer in Armut und immer wie die Vögel des Himmels das Lebensnotwendige vom Herrn erhaltend.

Wie viele, wie viele haben in diesem Jahr nicht einmal das Lebensnotwendigste und leiden wirklich Hunger! Möge der Herr allen beistehen.

Ich brauche Euch nicht hinzuzufügen, daß die ersten Grüße stets unseren lieben Eltern gelten, die im Herzen und im Gebet immer an erster Stelle stehen.

† A. G. R.

201. An die Familie

Sofia, 20. Dezember 1932

Meine lieben Eltern, Brüder, Schwestern und alle Familienangehörigen,
wieder einmal kommt Weihnachten, und wir sind noch alle beisammen. Ich sage alle, auch wenn ich selbst leiblich nicht bei Euch bin: im Geist, im Gebet und mit meinem Segen bin ich immer bei Euch. Die christlichen Feste sind für uns, die wir sie zu verstehen und mit der Gnade Gottes zu heiligen wissen, eine Stärkung der Seelen, die zuweilen wegen ihres vielen Duldens in ihrem Eifer nachlassen. Sie sind eine Ermutigung, ohne zuviel Klagen unseren Weg unbeschwert fortzusetzen, indem wir daran denken, daß die Heilige Familie tatsächlich ärmer war als wir und das Jesuskind viel mehr auszuhalten hatte als unsere lieben Buben in der Colomberà.

Welche Größe birgt doch die Liebe zur Armut von Bethlehem! Gestern las ich mit meinem Sekretär[58], der auch aus einer einfachen und armen Familie stammt, in einem Buch folgende Worte: „Wie Jesus die Armut unter den Dingen liebte, so liebte er Maria unter den Menschen.“ Wißt Ihr, daß dies großartige Worte sind?

Also gute Weihnachten für alle! Ehre und Preis dem Herrn

und Friede auf Erden den Menschen, die guten Willens sind. Möge der Herr Euch weiterhin diesen kostbaren Frieden geben, für den wir gegenseitig unsere Fehler ertragen; und alle haben wir doch irgendeinen Fehler. Besser ist, wer größere Geduld hat, wer mehr zu schweigen, sich nichts anmerken zu lassen und mitzuleiden versteht.

Weihnachten hat auch dieses Schöne, daß es uns stärker an die Freude des Himmels erinnert, für den wir geschaffen sind. Nach den Trennungen des Lebens, nach den mal frohen, mal traurigen Wechselfällen unserer Pilgerschaft werden wir dort eines Tages alle wieder zusammenkommen. Wie klein werden uns dann die Beschwernisse der Erde von oben vorkommen.

Weihnachten ist auch das Fest großer Freude für die Familien, in denen wie bei uns viele Kinder sind. In den Gesichtern dieser unschuldigen Geschöpfe spiegelt sich am besten das Gesicht des Jesuskindes wider. Gerade angesichts dieser Kleinen sollen wir Großen gütig, vorbildlich, zuvorkommend sein. Die Erziehung, welche die nachhaltigsten Spuren hinterläßt, ist immer die Familienerziehung. Ich habe viel davon vergessen, was ich in den Büchern gelesen habe, doch erinnere ich mich sehr genau an alles, was ich von den Eltern, Großeltern und alten Verwandten gelernt habe. Deshalb liebe ich immer Sotto il Monte und freue mich jedes Jahr darauf, dorthin zu kommen: einfache Umgebung, aber voll guter Grundsätze, tief verwurzelter Erinnerungen und kostbarer Lehren.

Ich brauche Euch nicht zu sagen, daß es mir gesundheitlich gut geht und daß ich hier ein wirklich ruhiges Leben führe. Dieses Jahr war mir zudem durch die Gesellschaft meines guten Sekretärs erleichtert. Er ist jung, gesund, immer zufrieden und froh. Ich könnte mir keinen besseren wünschen.

An Weihnachten werde ich in der Hauptkirche einen feierlichen Gottesdienst halten. Mein armer Luigi vermag sich nicht zu trösten, fern von den Seinen zu sein. Es ist eine große Qual. Was wäre aber mit den Küken, wenn sie nur unter den Flügeln der Glucke zu leben vermöchten? Alles zu seiner Zeit. Wir sind Diener des Herrn. Wir bleiben in guter Verbindung durch das Gebet. Von Zeit zu Zeit sehen wir uns wieder. Was wollen wir mehr? Ein jeder muß dann wieder seinen eigenen Weg gehen. Ihr habt recht, Mutter, wenn Ihr sagt: „Was fingen wir mit Don

Angelo an, wenn er immer in Sotto il Monte bliebe"? Man müßte sagen: „Sie wissen nicht mehr, was sie mit ihm anfangen sollen."

Deshalb mache ich mir, wie Ihr wißt, keine Sorgen darüber, was die Vorsehung von Tag zu Tag verfügt. Jetzt bin ich hier, morgen kann ich woanders hingehen. Wir sind immer unter den Augen, ja in den Armen des Herrn. Freuen wir uns darüber! Tun wir aus Liebe all das, was die Vorsehung uns zu tun rät, nichts mit Gewalt, alles auf gute Weise, nichts vorschnell und mit Ungeduld!

Das ist der Geist von Weihnachten.

Ich schließe und wünsche allen viel Freude und Trost: den sehr verehrten und lieben Eltern, daß der Herr sie uns noch lange erhalte, wenigstens so lange, wie unsere Großeltern uns erhalten wurden, allen anderen Brüdern, Schwestern, Schwägerinnen, Neffen und Nichten und Verwandten gute Gesundheit, Freude, Geduld und Frieden. Ich segne alle. Betet für mich!

† a. g. r.

Meine lieben Eltern! Um Euch zu Weihnachten eine besondere Freude zu bereiten, lasse ich meine Schwestern ein kleines Geschenk besorgen. Nochmals Grüße und gute Wünsche besonders für Euch.

206. An die Eltern

[Sofia] 24. Mai 1933

Meine lieben Eltern,

ich lasse Euch aus Brescia ein kleines *Heiz*kissen schicken, mit dem Ihr Euer Weh etwas auswärmen könnt. Ich habe es an Giovanni adressiert, weil ich weiß, daß er sich um alles kümmert.

Es ist nicht viel, was ich Dir hier an Heilmitteln gebe, aber immerhin etwas. Wir helfen uns gegenseitig, soviel wir bei unserer Armut können. Aus einem Brief Enricas erfahre ich, daß es Euch beiden sehr gut geht. Der Herr erhalte Euch so noch lange Zeit! Vor allem Gesundheit, ein wenig Geduld und den Frieden.

Ich denke daran, daß es gerade heute, am Fest der immerwährenden Hilfe Mariens, volle 21 Jahre seit der Beerdigung unseres „Barba" [Junggeselle] Zaverio sind. An diesen drei Bittagen habe ich die heilige Messe immer für eine gute Ernte und für unsere lieben Verstorbenen aufgeopfert.

Den Schwestern geht es sehr gut, und sie leisten mir beste Gesellschaft. Freilich sind wir weit weg von daheim. Was aber das Wohlergehen betrifft, gibt es wirklich nichts zu wünschen. Ich denke, daß es ein wenig schwierig sein wird, in den Himmel zu kommen, wenn es hier auf Erden so wenig zu erdulden gibt.

Soll's sein! Leben wir von einem Tag zum anderen und seien wir immer bereit, aus den Händen Gottes alles entgegenzunehmen! Mit den Schwestern, die nicht versäumen werden, selbst etwas hören zu lassen, grüße ich Euch von Herzen. Dazu segne ich alle, groß und klein.

† a. g. r.

Whitman Mass. 12. April 1933, Nr. 1430
25 Dollar. Gez. Fr. Spellman

210. An den Bruder Giovanni

Sofia, 2. September 1933

Lieber Giovanni,
vor allem gratuliere ich Dir zu dem weiteren Kind, das der Herr Euch geschickt hat. Die Vorsehung wird auch dafür sorgen. Heute morgen habe ich die heilige Messe gefeiert und dabei die ganze Familie, an erster Stelle dieses Neugeborene, unseren Verstorbenen empfohlen. Ich wünsche, daß das Kind auch großen Segen bringt. Natürlich dachte ich besonders an Giuseppino und an Ida, die sich über dieses glückliche Ereignis besonders freuen werden. Bei uns gibt es keine diplomatischen und politischen Probleme wegen der Taufe und der Religion. Welch ein Glück für unsere Familien!

Lob und Respekt müssen wir miteinander Deiner Caterina aussprechen, die auch noch den *Rekord* als Mutter hält.

Was ich Euch wünsche, ist Gesundheit und ein wenig Freude im Herzen, alles andere kommt dann von selbst. Wir opfern dem Herrn unsere Geduld auf, und er gibt uns weiterhin seine Gnade. Wenn wir dann und wann heimgesucht werden, müssen wir auch dafür den Herrn preisen. Wer Christus nachfolgt, wird belohnt; dazu aber gehört auch das Leiden.

Was Du mir bezüglich der Auffrischung der steinernen Majestäten [Statuen] in der Halle schreibst, bin ich ganz einverstanden. Sag Peppino Locatelli, daß er es machen soll. Es ist keine große Arbeit, und ich bin sicher, daß er sie gut besorgt. Auch was die Rechnungen der Kinder der Schwägerin Maria betrifft, die die Arbeit gemacht haben, sind wir uns einig. Es wäre jedoch gut, wenn ich rechtzeitig erfahre, was wir ihnen schulden, damit ich möglichst umgehend für die Bezahlung sorgen kann. Ich habe im Augenblick zwar keine Valuta, doch kann ich bald etwas bekommen. Es liegt mir daran, daß die armen Arbeiter in dieser schweren Zeit nicht auf ihren Lohn warten müssen. Es freut mich, daß die Kur am Meer Angelino genützt hat. Was die Ausbildung für ihn, Enrica, Anna und Teresina angeht, macht, wie Ihr es für richtig haltet! Ich werde mich um die Kosten kümmern. Ich schicke den Schwestern[63] einen kurzen Brief, damit sie auch Angelino aufnehmen. Ich glaube allerdings, daß die Schwestern Jungen und Mädchen nicht zusammen unterrichten dürfen; und einen allein unterrichten, scheint mir zu teuer. Man kann jedoch sehen und versuchen.

Es freut mich, daß Ihr nach Valle Imagna zum Eucharistischen Kongreß fahren wollt. Ich werde nicht dabeisein können. Geduld! Es wird zu meinem Besten sein. Wenn unser Vater wirklich auch hingehen möchte, warum ihm diese Freude abschlagen?

Um so mehr, als wir Roncalli von Sotto il Monte alle aus dem Valle Imagna kommen. Er soll also nur gehen, allerdings unter der Bedingung, daß ihn immer einer von Euch begleitet. Ich möchte ihm sagen, daß wie auch ich mit zunehmendem Alter eine Brille brauche und sie zum Lesen und Schreiben trage, auch er, der über 30 Jahre älter ist als wir, sich von einem seiner Kinder begleiten lassen und in manchen Dingen gut auf sich achtgeben muß. Wenn alles von beiden Seiten ohne Zwang geschieht, wird die Freude über das Erlebnis um so größer.

Wenn bei Euch für mich Post ankommt, schickt sie mir bestimmt sofort nach Sofia weiter. Wenn sich jemand wegen meiner Ferien erkundigen sollte, sagt ihm, daß ich vielleicht komme, es aber noch nicht sicher ist. Auch weiß ich nicht, wann ich kommen kann. Meine dienstlichen hiesigen Angelegenheiten lassen es notwendig erscheinen, daß ich auf dem Posten bleibe.

Was die Schwestern angeht, halten wir daran fest, daß sie am Fest des heiligen Herzens kommen. Könnte denn die Mutter nicht auch in Begleitung nach Valle Imagna fahren?

Für die Kosten der Reise werde ich ganz aufkommen. Indes grüße und segne ich alle.

In inniger Zuneigung
Dein Bruder
† Angelo Gius. arciv.

212. An die Schwestern Ancilla und Maria

[Sofia] 11. Dezember 1933

Meine lieben Schwestern,
als ich sah, daß dieses verflixte Geld aus Rom nicht kommt und weil ich Euch nicht länger in Unruhe lassen wollte, habe ich Signor Marco Tiraboschi, dem Prokuristen der Firma Greppi, geschrieben, daß er Euch auf Verlangen den Betrag von Lire 1500,— ausbezahlen soll. Geht also zu ihm und bittet ihn höflich, Euch diese Summe auszuhändigen! Lire 1000,– sind für Euch bestimmt, den Rest gebt unserem Vater als kleines Weihnachtsgeschenk für die ganze Familie.

Ich gebe immer gern viel. Aber die Zeiten sind so traurig, und auch dieses Jahr habe ich schon so viel weggegeben, daß mir nichts, aber auch nichts bleibt. Ich sehe wohl, daß wir alle miteinander nach wie vor auf des Messers Schneide gehen müssen. Ich hoffe, daß Ihr meinen letzten Brief vom 2. dieses Monats[64] erhalten habt und daß es Euch allen gut geht, was ich auch von mir sagen kann. Hier liegt weiter Schnee, der dieses Jahr sehr früh kam. Ein Zeichen, daß der Winter sich nicht so lange hinausziehen wird.

Ich grüße Euch von Herzen und wünsche Euch und unseren lieben Eltern sowie allen anderen der Familienlitanei allen Trost.

† a. g. r.

221. An den Bruder Giovanni

Sofia, 18. Mai 1934

Lieber Giovanni,
wie Du weißt, hat mir Angelino geschrieben, daß er sich zum Priestertum berufen fühlt. Das freut mich sehr, und ich preise mit Dir und Deiner Caterina den Herrn.

Möge er ein guter Priester werden, sich selbst heiligen und viele andere zum Heile führen! Wenn er aus einer anderen Absicht Priester werden möchte, wäre es ein Verhängnis. Ich antworte ihm in dem Briefchen, das Du ihm übergeben möchtest. Ich freue mich, Dir zu sagen, daß ich alles in meinen Kräften Stehende tun werde, um auch materiell diese Berufung zu unterstützen; nicht weniger und nicht mehr als das, was ich tun würde, wenn auch Giuseppino einen Sohn oder eine Tochter hätte, die sich dem Herrn weihen wollten. Wenn es sich darum handelt, eine Priester- oder Ordensberufung zu unterstützen, ist es, meine ich, berechtigt und heilig, daß ich kein Opfer scheue. Wie Du weißt, bin ich aber nicht reich. Auch ich muß mich von Tag zu Tag der Vorsehung anvertrauen; und ich setze großes Vertrauen auf die Vorsehung. Ich übernehme also keine Verantwortung, die mich lebend oder tot verpflichtet, sondern sage einfach: Ich werde gern helfen. Einen jungen Mann zum Altar führen, ist kein kleines Unternehmen. Doch wenn der Junge gut entspricht, ist die Vorsehung immer eine gute Mutter.

Im praktischen Fall müßtest Du mit unserem Herrn Pfarrer über die Absicht Angelinos sprechen. Grundsätzlich muß von den Eltern dieser Weg beschritten werden. Der Pfarrer stellt dem Bischof oder dessen Vertreter die jungen Kandidaten für das Priestertum vor und begleitet sie auf dem langen Weg. Es gefällt mir nicht, daß die Eltern sich an die Stelle der Priester setzen. Ich bin sicher, daß unser Pfarrer — dem auch ich deswegen schreiben werde — Dich wohlwollend aufnehmen wird. Sagt mir dann, welche praktischen Schritte zur Zulassung des Jungen ins Seminar unternommen werden sollen. Vielleicht wird ein Vorbereitungskurs notwendig sein. Es bedarf keiner Eile. Besonders in den ersten Jahren ist es besser, langsam voranzugehen und, wenn nötig, sogar zu wiederholen. So hat man es später einfacher und leichter. Wenn Angelino Priester werden will, ist es besser, gleich ans Seminar zu denken. Ich glaube, daß für so Junge ein kleines Seminar in Clusone vorbereitet wird. Die Oberen werden sehen. Tut, was sie raten, und das genügt.

Es würde mich auch interessieren, wie hoch der jährliche Betrag für das Kostgeld ist. Wir müssen uns rechtzeitig darüber Gedanken machen.

Und habt Mut! Wenn es, wie ich glaube, bei Angelino eine wirkliche Berufung ist, bedeutet sie für Dich und Deine Caterina auch größere Verpflichtung zur Güte, zur Geduld und zum Gebet. Doch zur rechten Zeit kommen auch die schönsten Freuden für dieses und das andere Leben.

Indes segne ich alle von Herzen und wünsche Euch alles Wohlergehen.

Unsere lieben Eltern werden meinen gestrigen Brief auch gerade erhalten haben.

In inniger Zuneigung
Dein Bruder
† Ang. Gius. Erzb.

223. An die Eltern

Sofia, 4. Juni 1934

Liebe Eltern,
von einer Reise nach Südbulgarien zurückgekehrt, erzählen mir die Schwestern von Euren Sorgen nach dem Unwetter. Geduld! Man muß sich Hiob in den Tagen des Glücks wie in denen des Unglücks zum Vorbild nehmen. Wir sind immer in guten Händen.

In der Absicht, Euch etwas Erleichterung zu verschaffen, habe ich Signor Marco Tiraboschi von der Firma Greppi geschrieben, daß er Euch in meinem Auftrag Lire 1000,– (tausend) geben soll. Es ist für mich ein großes Opfer, da ich mir den Betrag leihen muß. So arm bin auch ich. Doch Opfer ist Opfer. Preiset den Herrn! Beklagen wir uns nicht! Soll's sein.

Ich segne alle von Herzen, groß und klein. Laßt Giovanni den Betrag abholen!

In inniger Zuneigung
Euer Sohn
† Angelo Gius.
Erzbischof

226. An den Bruder Giuseppe

Sofia, 12. Juli 1934

Lieber Giuseppino,
Deinen Brief vom 10. dieses Monats habe ich erhalten. Ich verstehe Dich und kann Dir Dein Kreuz nachfühlen. Ich weiß, daß Du es mit Geduld zu ertragen verstehst, ist doch der vor Dir liegende Weg Dein Weg zum Himmel und kein anderer.

Gleich nachdem ich durch Herrn Kurat vom Unfall Martinos erfuhr, schrieb ich und versprach, Dir Lire 70,— zu überweisen. Weil ich den Betrag aber nicht zur Verfügung hatte und ich kein Geld überweisen kann, wenn ich nicht etwas irgendwo stehenhabe, bat ich Herrn Kurat, beim Neffen Angelo Ghisleni für mich Kredit aufzunehmen. Sobald ich kann, werde ich meine Pflicht tun.

Nun zum anderen. Aus der Antwort unseres lieben Vaters auf meine Glückwünsche zum Namenstag erfuhr ich, daß es bezüglich des Friedens in der Familie nicht zum besten steht. So schrieb ich ihm, daß er und Mutter sowie Ihr vier Geschwister — sonst aber niemand — Euch einmal aussprechen und entschließen solltet, bei nächster Gelegenheit wenigstens die Küchen zu trennen und Euch über das übrige zu verständigen. Weil dazu etwas Ausgaben notwendig sein werden, bat ich um Mitteilung der Mindestkosten, die ich übernehmen will. Ich weiß nicht, was ich noch tun soll.

Nur etwas schmerzt mich, nämlich, daß unsere lieben Eltern in diesen Jahren Dinge ertragen müssen, die sie von unserer Seite, ich sage von uns Söhnen und Töchtern, nicht kannten, und daß sich bei uns zu Hause Gewohnheiten eingebürgert haben, die es früher nicht gab: Mangel an Ehrfurcht und Gehorsam, grobe Worte, besonders mit der armen Mutter, maßlose Ansprüche, ohne die den Alten geschuldete Rücksichtnahme und ohne daran zu denken, daß der ihnen zugefügte Kummer weder Leib noch Seele Segen bringt. Mehr sage ich nicht und nenne keine Namen; ich möchte mich nämlich nicht einmischen und sage Dir vor dem Herrn, der mich richten muß, ich ergreife für niemanden Partei. Ich meine es aber auch mit allen meinen Geschwistern und ihren Familien in gleichem Maße gut.

In dieser Gesinnung brüderlicher Liebe bitte ich Dich und die anderen Brüder, die Dinge gut und in Frieden zu regeln; die Umstände sind für unsere Eltern schmerzlich genug. Man muß sich jedoch entscheiden, und in diesem Sinn schreibe ich auch Giovannino. Es ist das dritte Mal, daß ich den Vorschlag mache. Ich möchte, daß es der letzte ist. So ist, wenn ich nach Hause in Ferien komme, alles in Ordnung, und für alle gibt es Ruhe.

Was Giovannino betrifft, freut es mich, Dir zu sagen, daß ich ihm nicht mehr als Dir geschrieben und keine Geheimnisse mitgeteilt habe. Wer mir schreibt, dem antworte ich; so habe ich es stets auch bei Dir getan und tue es auch jetzt.

Du berichtest mir, daß Caterina nach Camaitino gegangen ist, um etwas auszuruhen. Ich wußte es nicht, doch sehe ich daran nichts Schlechtes. Wenn es auch einmal Deiner Ida gut täte, soll sie ruhig gehen. Es würde mich sehr freuen.

Lieber Giuseppino, ich sage Dir wie den anderen Brüdern: Bemühen wir uns, die Überzeugung zu gewinnen, daß nicht alles, was andere tun, schlecht und nicht alles, was wir tun, gut ist. Je mehr man auch in jedem Fall Demut und Respekt beweist, wirklich zu schweigen und die anderen zu achten und Geduld zu haben versteht, um so mehr wird uns der Herr segnen, und man wird überall und mit allen gut auskommen.

Ich möchte Dir auch sagen, daß ich die Grüße Martinos aus Varazze erhalten und ihm geantwortet habe.

Ich hoffe, von unserem Vater gute Nachricht darüber zu erhalten, daß Ihr Euch zur Trennung der Küchen entschieden und Euch untereinander verständigt habt. Ich weiß noch nicht, was ich tun soll, um zu dem bißchen Geld, das Ihr brauchen werdet, zu kommen. Wie Ihr ja wißt, fehlt mir zwar nichts, doch rechnet auch mir die Vorsehung das Geld an den Fingern ab. Ich bin aber sicher, daß ich es aufbringen werde. Inzwischen bete ich sehr, sehr für Dich, für Deine Ida, für Eure Kinder und für alle Anliegen unserer Familie. Auch die Schwestern Ancilla und Maria grüßen Euch und wünschen Euch von Herzen jeden Trost. Sie haben weder Deinen Brief gesehen, noch werden sie meinen vor Augen bekommen. Ich segne von Herzen.

† a. g. r.

235. An die Eltern

Rom, 17. November 1934

Liebe Eltern,

es sah so aus, als gäbe es nichts Neues über mein weiteres Verbleiben in Sofia, und schon hat der Heilige Vater heute morgen entschieden, mich als Apostolischen Delegaten nach Konstantinopel zu schicken. Ich habe es nicht gewünscht, noch habe ich nach dieser Ernennung gestrebt. Die Umstände, unter denen sie erfolgte, sagen mir, daß es gerade der Wille des Herrn ist, der mich dort bei den Türken haben will; auch sie sind durch das kostbare Blut Jesu Christi erlöst worden. Also, sei es. Der Herr wird mir helfen, wie er mir bisher immer geholfen hat.

Es ist auch ein gutes Zeichen, daß diese meine Veränderung erfolgt, während das Kreuz mit der Krankheit unseres lieben Angelino auf unserer Familie ruht. Alles ist zu unserem Heil bestimmt; wir werden es eines Tages besser zu erkennen vermögen. Als ich aus dem Vatikan zurückkam, fand ich Giovanninos Brief vor, der mich über den Zustand unseres lieben Angelino unterrichtet. Ich wartete sehnlichst auf diese Nachricht, denn in diesen Tagen war auch ich um ihn und um Euch in großer Sorge.

Nun werde ich hier in Rom noch eine Zeitlang bleiben müssen, um vor meiner Abfahrt nach Konstantinopel nicht nochmals herzukommen. Freilich muß ich noch ein paar Tage nach Sofia, um mich bei allen zu verabschieden und alles in guter Ordnung zu verlassen.

Inzwischen laßt nicht nach, alle miteinander für mich zu beten, wie ich es immer für Euch tue. Ich gehe an einen etwas weit entfernten Ort, von dem mir jedoch die Rückkehr in die Heimat leichter ist. Es ist das, was Gott will. Wenn der Herr uns segnen soll, müssen auch wir bereit sein, aus Liebe zu ihm Opfer zu bringen. Nicht wahr?

Während ich schreibe, liegt Kardinal Gasparri im Sterben. Er ist 82 Jahre alt. Ich sah ihn am letzten Montag. Er war guter Laune und fühlte sich wohl; er hat sich eine Erkältung zugezogen, und schon ist das Ende da. Wir stehen doch alle zwischen Leben und Tod!

Inzwischen bringen wir eifrig unsere Opfer für unseren lieben Angelino. Sagt Giovanni, daß er mir immer schreiben soll, und wäre es auch nur eine Karte! Ich segne alle.

Die Schwestern werden beginnen, ihre Pläne zu machen. Das ist mir recht. Wir werden sehen, uns gut miteinander abzustimmen. Auch sie werden zufrieden sein. Freilich hat jede Rose ihre Dornen. Rosen ohne Dornen sind nicht schön und duften nicht.

In inniger Zuneigung Euer Sohn

† a. g. r.

III
Apostolischer Delegat in der Türkei und in Griechenland (1935–1944)

238. An die Eltern

Istanbul, 8. Januar 1935

Meine lieben Eltern,
seit drei Tagen bin ich also hier. Alles ist gut gegangen, und ich meine, man kann wirklich sagen: Gut begonnen, halb gewonnen.

Die letzten Tage in Sofia brachten mir viele Freuden, zeigte sich doch, wie sehr mich diese guten — auch orthodoxen — Bulgaren liebten. Ich verabschiedete mich bei König Boris und Königin Giovanna, die mir jeweils eine Stunde widmeten. Sodann wollten sie, daß ich vor meiner Abreise am Donnerstag mit Don Giacomo bei ihnen in der Villa von Vrana zu Abend esse. Es war mein letzter, aber wirklich unvergeßlicher Abend in Bulgarien. Zur Bedienung beim Essen — wir waren zusammen neun Personen — waren sieben Diener in Uniform da. Doch im übrigen ging alles in sehr vertraulicher und freundlicher Atmosphäre vonstatten. Der König gab mir ein silbergerahmtes Bild von ihm, ferner ein schönes Kreuz vom Berg Athos, das er von einem orthodoxen Archimandriten zur Erinnerung erhalten hatte, als er noch Kronprinz war; außerdem den höchsten Orden des Landes, wie es bei den höchsten Persönlichkeiten Brauch ist. Alles Dinge, die sein gutes Herz für mich zeigen und das der Königin sowie aller anderen Frauen voller Tränen und guter Worte.

Auch die anderen Bulgaren zeigten sich wirklich sehr liebenswürdig. Alle ohne Ausnahme. Als ich mit Don Giacomo und Luigi und einem Kanonikus von Konstantinopel, Mons. Della Tolla, der aus Görz kam, abfuhr, schneite es; dennoch gab es am Bahnhof ein ergreifendes Schauspiel. Genug davon! Ich habe dieses Land verlassen mit der Zufriedenheit im Herzen, zehn Jahre meines

Lebens dort verbracht und dem Wohl dieser Seelen gewidmet zu haben.

In Istanbul ist die Lage, wie Ihr wißt, schwierig. Ich wollte niemanden am Bahnhof. Aber gleich nach meiner Ankunft in der Delegatur machte ich dem türkischen Stadtoberhaupt oder Gouverneur einen Besuch; er hat mich sehr freundlich aufgenommen, ebenso der Polizeichef. Am Sonntag nach Epiphanie war mein Einzug in die Kathedrale ein wahrer Triumph. Wenn Ihr dabeigewesen wäret, hättet Ihr vor Freude geweint: ein wenig deshalb, weil sie mich kannten, aber auch ein wenig, weil jetzt die Lage hier für die Katholiken wie für jeden, der seine Religion bekennen will, schwierig ist. Sie empfingen mich tatsächlich mit unbeschreiblicher und herzlicher Freude.

Freilich geht es in Istanbul nicht so klein und dürftig zu wie in Sofia. Andere Länder, andere Sitten. Dennoch werde ich auch von Sofia immer gut reden. Der ganze Sonntag war eine einzige Folge von Kundgebungen um den neuen Apostolischen Delegaten, wenngleich die Regierung nicht wünscht, daß ich mich hier Apostolischer Delegat nenne. Jetzt folgen die Huldigungsbesuche aller Ordenskongregationen und Pfarreien dieser riesigen Stadt, in der, wie Ihr wißt, fast alle Bewohner Muslim sind.

Meine Residenz — die Schwestern und Luigi kennen sie gut — ist nicht so schön wie die in Sofia. Man kann sich hier jedoch wohl fühlen. Wenn der Heilige Vater mir die Mittel zur Verfügung stellt, um die alten und abgenützten Möbel auszuwechseln oder aufzufrischen, wird man sich noch wohler fühlen. Freilich hat es nicht viel zu sagen, ob man sich wohl oder weniger wohl fühlt, wenn man weiß, daß man den Willen Gottes tut und der Kirche einen wertvollen Dienst leistet. Auch hier werden sich die Verhältnisse zugunsten der Katholiken nach und nach ein bißchen klären. Man muß sagen, daß die Orthodoxen und selbst die türkischen Hodschas, das heißt die Geistlichen dieser Religion, schlechter gestellt sind als wir. Andererseits sind im Haus unter einigen alten Dingen auch kostbarere Sachen als in Sofia. Gar nicht zu reden von der Schönheit der Stadt, die wirklich unvergleichlich ist.

Ich habe in diesen Tagen viel an meine Familie gedacht, wenngleich ich sehr beschäftigt war. Die Briefe der Schwestern und den Enricas, Giuseppinos und Martinos und Annas usw. habe ich erhalten. Ich gedachte und gedenke aller, auch der Verstorbenen.

Ich werde mich freuen, zu hören, daß Eure häuslichen Angelegenheiten entsprechend unseren Vereinbarungen gut vorangehen. Lebt weiterhin von einem Tag zum anderen und in Frieden! Der Herr gibt vor allem den Friedliebenden seinen Segen und macht jene zunichte, die den Krieg wollen.

Ich grüße Euch von Herzen, meine lieben Eltern und Brüder und Schwestern und Schwägerinnen, Nichten und Neffen, alle miteinander. Macht Euch keine Sorgen um mich! Es geht mir hier viel besser als in Sofia, weil ich als Priester und als Bischof mehr arbeiten kann. Was die Schwierigkeiten angeht, hilft der Herr, sie zu ertragen und zu überwinden. Das ist doch gerade unsere Kunst: das Schlechte durch das Gute besiegen. Am meisten sorgen sich hier die armen Schwestern, die in sechs Monaten kein Ordenskleid mehr tragen dürfen. Für uns ist noch Abhilfe geschaffen. Ich habe das Vorrecht, wie bisher Priester- und Bischofskleidung zu tragen, wenigstens in den Kirchen und zu Hause. Wenn ich es einmal nicht mehr darf, wird es mir nicht schwerfallen, in einem Anzug aus dem Haus zu gehen, der noch erkennen läßt, daß ich Priester bin. Trug der arme Don Frederico nicht mitunter einen gewöhnlichen Anzug? Man erkannte ihn und verehrte ihn genauso. Doch müssen wir für die heilige Kirche beten. Der Herr wird ihr gewiß beistehen, doch will er von uns angerufen sein.

Ich grüße Euch und segne Euch von Herzen. Das neue Jahr hat gut begonnen. Hoffen wir, daß es weiterhin gut verläuft!

† a. g. r.

P. S.: Meine Anschrift lautet jetzt:
Türkei
S. E. Monsignore Angelo Giuseppe Roncalli
Erzbischof — Apostolische Delegatur
Istanbul-Pangalti – 87, Cedjidiè.

239. An die Schwestern Ancilla und Maria

Istanbul, 4. Februar 1935

Meine lieben Schwestern,
ich habe es vielleicht ein wenig hinausgeschoben, Euch nach dem ersten Brief an unsere lieben Eltern von mir zu berichten. Ihr wißt ja, wie es so geht. Man nimmt sich wer weiß was vor, kommt aber oft gar nicht weit. Euren Brief habe ich erhalten und danke Euch. Das Erdbeben meine ich immer ein wenig zu spüren, doch ist es so schwach, daß nicht einmal die Lampe in meinem Arbeitszimmer wackelt. Es hat bestimmte Inseln im Marmarameer getroffen, die ziemlich weit weg von Konstantinopel liegen.

Heute vor einem Monat habe ich Sofia verlassen. Es geht mir sehr gut. Ich habe den Eindruck, daß mich diese Priester, Ordensbrüder und -schwestern wie auch die Gläubigen lieben. Sie eilen zu den Gottesdiensten, an denen ich teilnehme. Freilich widme ich mich mehr meinem eigenen Bereich mit all meinen Pflichten als Bischof. Unannehmlichkeiten hatte ich bisher nicht allzu viele, obwohl die gegenwärtigen Verhältnisse nicht gerade heiter sind. Die ganze Welt und auch Rom weiß es sehr gut, daß diese Verhältnisse nicht von mir abhängen, und niemand behauptet, ich könne sie ändern. Hier ist es zweckmäßig, immer zu arbeiten, aber sehr zurückhaltend zu sein. Vorgestern hat man auch das kleine Blatt „Vita Catholica“ verboten, das mir sehr gute Dienste leistete. Geduld! Der Herr wird auf andere Weise helfen.

Meine Gesundheit ist ausgezeichnet. Ich bin etwas magerer geworden und auf dem Weg, noch mehr abzunehmen. Im Haus ist alles in Ordnung. Mons. Dell'Acqua[1] leistet mir beste Gesellschaft und verdient um so größeres Lob, insofern es für ihn nicht ganz leicht sein muß, sich auf einen etwas anderen Stil umzustellen, nachdem er mit Mons. Margotti, den er sehr schätzte, zusammengearbeitet hatte. Doch erledigt er alles sehr gut. Luigi ist überglücklich und sehr zufrieden. Ein paar Tage vor der Abreise von Sofia hatte er die üblichen Grillen. Als er aber sah, daß ich ihn wie früher, ja vielleicht besser als früher behandle, in dem Sinn, daß er hier nichts tut, was nicht zu einem wirklichen Hausdiener gehört, sondern nützliche Dinge leistet, indem er Besorgungen erledigt, zur Bank usw. geht, ist er besserer Laune denn je. Ich weiß, daß Ihr ihm geschrieben habt. Das war recht so. Er wird

Euch antworten. Auch die Schwestern machen ihre Sache sehr gut, und es scheint, daß zwei genügen. Das Haus muß man nehmen, wie es ist, aber im ganzen ist es nicht schlecht. Mons. Margotti hat die Zentralheizung, überall Wasser und elektrisches Licht eingebaut. Ich lasse es nach und nach immer weiter herrichten. Seit vierzehn Tagen habe ich die Maler, Schreiner und Schlosser im Haus. Ich habe alle Schlüssel nachsehen und mein Arbeitszimmer renovieren lassen; es ist jetzt wirklich schön. Morgen werde ich die kleine Kapelle wieder neu herrichten lassen. Sie ist klein, wird Euch aber gefallen. Aus der Sakristei der Kapelle hat Mons. Margotti eine Innentreppe zum ersten Stock bauen lassen, die in meine Zimmer führt und die auch Ihr für die Putzarbeit praktisch halten werdet, weil man die Hausbewohner nicht mehr nötigen muß, immer die hölzerne Haupttreppe zu benützen. Mit der Zeit werde ich nahezu alle Zimmer herrichten lassen, wobei ich jedesmal wenig, aber mit Überlegung ausgebe. So wird sich der Heilige Stuhl nicht beklagen und gerne bezahlen. Wenn Ihr kommt, was mir bald willkommen wäre, werdet Ihr zufrieden sein.

Was die Lage und die Aussicht betrifft, hat das Haus eine günstigere Lage als das in Sofia. Mit etwas Farbe kann man ihm ein gutes Aussehen geben. Ihr werdet hier auch ein schön gelegenes, hübsches Zimmer mit zwei Betten und fließendem Wasser haben.

Nun trage ich mich mit dem Gedanken, am Ende des Gartens, der — wie Ihr wißt — ziemlich groß ist, einen Hühnerstall zu bauen. Die Schwestern wären gern bereit, die Hühner zu versorgen, um immer frische Eier zu haben. Was sagt Ihr dazu? Man sollte die gute Agnese[2] hier haben . . .

Bisher konnte ich mich noch nicht mit den Andenkenbildchen unseres Angelino befassen, an den ich jedoch immer denke und den ich froh und lächelnd im Licht des Herrn sehe.

Nun warte ich, bis ich hier einen guten Fotografen finde. Ich werde die Aufschrift vorbereiten und sie Signor Tiraboschi von der Firma Greppi schicken. Habt noch ein paar Tage Geduld, bis alles besorgt ist.

Das Wetter war in den letzten Tagen gut. Jetzt haben wir ein bißchen schlechtes Wetter. Der Winter ist hier freilich milder als in Sofia. Nun genießt ihn Don Giacomo ganz allein. Meine beständige Arbeit und die seelsorglichen Aufgaben hindern mich nicht, in so traurigen Zeiten an unsere ganze Familie zu denken und für sie zu beten. Mich tröstet nur der Gedanke, daß es dort unten in der Colombera wie überall gewiß Unzulänglichkeiten gibt, daß aber insgesamt die Gottesfurcht nicht fehlt. Und wenn man den Herrn fürchtet und liebt, findet man leicht den Weg der Geduld, des Friedens und des Wohlergehens.

In diesem Gedanken ist auch mein herzlicher Wunsch für Friede und Segen enthalten. Betet weiterhin für mich, der ich mit meiner Lage wirklich zufrieden bin: Ich sehe, daß ich ein wenig Gutes tun kann, und will es mit Gleichmut und Freude tun.

Indes segne ich Euch alle, wobei ich besonders unseren lieben Alten empfehle, auf sich acht zu geben. Die Kälte meiden, sich vor den Übeln hüten, kostet kein Geld. Ich habe gehört, daß Ihr ein junges Kurätchen bekommen habt. Seid freundlich zu ihm! Er wird eine gute Hilfe sein, Eure Seele dem Herrn zuzuführen und zu heiligen.

† a. g. r.

248. An den Vater

Istanbul, 21. Juni 1935

Mein lieber Vater,
ich weiß nicht, ob diese Zeilen rechtzeitig ankommen werden, um Euch meinen, Ancillas und Marias Glückwunsch zu Eurem Namenstag zu übermitteln. Seid überzeugt, daß wir immer mit Euch verbunden sind, besonders bei diesen Anlässen der Freude in der Familie oder der Sorge, wenn die Stunde des Leids schlägt. Wir sind durch Gebet und gute Wünsche innig mit Euch verbunden. Sie richten sich an Bruder Giovanni und Battistino. Unsere Wünsche gleichen ein wenig einer Torte. Sie gelten einem einzigen, doch freuen sich alle daran.

Dieser Tage schreibe ich auch Signor Marco Tiraboschi von der Firma Greppi, daß er Giovanni den Betrag von Lire 500,– aushändigen soll. Das Geld soll für die häuslichen Bedürfnisse dienen. In diesem Jahre gehen die Dinge auch für mich sehr schlecht. Es ist Ende Juni, und ich habe viele Verpflichtungen bei der Bank und anderswo. Es sind die Verpflichtungen, die ich letztes Jahr wegen der bekannten Familienangelegenheiten eingegangen bin. Hoffen wir jedoch, daß mich die Vorsehung, wenigstens was das Notwendigste für mich und für Euch betrifft, nicht verläßt. Welch großes Elend ist hier um mich! Der Herr erbarme sich dieser armen Welt. Es wird Euch freuen, zu erfahren, daß unsere Gesundheit sehr gut ist.

Ancilla wird Euch berichten, was es hier Neues gibt: daß auch ich jetzt in der Öffentlichkeit einen kurzen Rock oder Zivil tragen muß.

Doch das ist kaum ein Opfer. Nicht das Kleid macht den Mönch. Die Bevölkerung hier scheint mir wohlgesinnt zu sein. Ich hielt es für richtig, mich vom ersten Tag an mit allen Priestern und Brüdern von hier an das Gesetz zu halten. Das hat guten Eindruck hinterlassen. Ich bin aber immer noch derselbe. Ich vertraue auf den Herrn und merke, daß mich sein Segen begleitet. Werden wir alle mit den Beschwernissen des Lebens fertig, indem wir unseren Herrn betrachten, der so viel für uns gelitten hat! Ich segne von Herzen Euch, Mutter und die ganze Familie mit ihren verschiedenen Zweigen.

In inniger Zuneigung Euer Sohn
† Angelo Giuseppe Erzb.

252. An die Familie

[Istanbul] 29. Juli 1935

a)
Familie Roncalli/Italien/Carvico, Sotto il Monte/Schmerzerfüllt trauere ich mit Euch, nur getröstet durch die Hoffnung auf himmlische Freuden, die unserem lieben Vater zuteil. Gedenken, Segen besonders Mutter. Ancilla besorge Begräbnis. Bitte Nachricht. Brief folgt/Angelo Giuseppe Erzbischof.

[Istanbul] 29. Juli, abends 19.35 Uhr

b)
Meine liebe Mutter, meine lieben Brüder und Schwestern,
der Herr hat also gewollt, daß unser Opfer vollständig sei. Ich sagte es Euch im Telegramm von heute morgen: ich trauere mit Euch allen. Heute morgen, als ich die schmerzliche Nachricht

erhielt, mußte ich mich ganz allein in der Kapelle sammeln, um wie ein kleines Kind zu weinen. Nun bin ich ein wenig aufgerichtet, aber jederzeit wollen mir die Tränen in die Augen schießen. Ein Trost ist es mir jedoch, wenn ich versuche, unserem lieben Vater ins Gesicht zu schauen. Ach, seine Augen sind voll Licht und Lächeln. Sie schauen auf mich, sie schauen auf Euch vom Himmel, wo er endlich weilt, wie wir nach der Barmherzigkeit des Herrn hoffen müssen, an den er glaubte und den er immer liebte.

Wie wohl tut nun die Erinnerung an seine Treue, mit der er seine religiösen Pflichten einhielt, seine Messe alle Morgen, an sein lebhaftes Interesse, das er den Angelegenheiten der Kirche entgegenbrachte, an seine gewissenhafte Redlichkeit, an gewisse zarte Formen der Verehrung, die er zur unbefleckten Gottesmutter und zum Jesuskind hatte und die sein Leben erheiterten und seine Kinder und Enkel erbauten.

Obwohl er mit 81 Jahren starb, habe ich den Eindruck, daß er noch zu jung dahingeschieden ist. Wahrlich zu früh für unsere Liebe, die gewollt hätte, daß er immer lebe, daß er wenigstens länger lebe. Welch einen festlichen Empfang im Himmel wird ihm Angelino bereitet haben und ebenso unsere liebe Schwester Enrica und dann alle die Alten unseres Hauses und des Hauses der Mutter! Wir müssen uns trösten im Gedenken an diese Dinge, die hochheilige Wahrheiten sind: im Gedanken an den Himmel, wo wir ihn wiedersehen werden und wo wir uns miteinander in heiligem Licht und in der Liebe Gottes für immer freuen werden.

Ihr wißt, eine der größten Tröstungen meines Lebens ist meine Familie, deren ich mich stets mit allen rühme: arm, einfach, bescheiden, aber gut und gottesfürchtig. Ich bin sicher, daß Ihr — besonders in diesen so schmerzlichen Stunden des Todes der liebsten Menschen — fortfahren werdet, Euch Ehre zu machen durch Euren Glauben an Gott, durch Eure Verehrung für unsere lieben Verstorbenen, durch die Würde und durch den Takt, mit dem Ihr Euch zu benehmen wißt, selbst wenn Ihr die härteste Trennung erleidet.

Ich wollte, daß besonders Ihr, unsere liebe Mutter, die Ihr uns in diesen Tagen noch ehrwürdiger und heiliger geworden seid, aus meinen Worten Trost schöpft. Was wollt Ihr? Es ist das Gesetz der Natur, das Gesetz des Leidens. Unser gesegneter Vater ist unseren Augen unsichtbar geworden: Doch er lebt immer mitten unter uns. Er liebt uns, er beschützt uns, er erwartet uns. Seht, Eure Kinder sind um Euch, um Euch zu trösten, um Euch beizustehen. Macht Euch nicht zuviel Sorgen um sie! Ruht Euch ein wenig aus! Mein Haus in Camaitino steht Euch ganz zur Verfügung. Geht dorthin mit den Schwestern! Sie sind so froh, Euch Gesellschaft zu leisten, Euch zu betreuen, Euch zu trösten. Laßt Euch dort von den anderen besuchen! Ihr wißt, daß Euer bischöflicher Sohn nicht reich ist. Doch wird er eher sein Kreuz verkaufen, als daß er es Euch an etwas fehlen ließe in Euren Wünschen oder Bedürfnissen. Im September hoffe ich dann selbst zu kommen. Was wird das für ein liebes Beisammensein! Euer Battista hat Euch mit 81 verlassen. Ihr werdet daran denken, uns zu verlassen, wenn Ihr über neunzig seid. Und Ihr werdet die Freude und die Liebe von uns allen sein.

Ich möchte jedem einzelnen ein Wort sagen, aber ich kann es nicht. Ist es wirklich wahr, daß Ancilla und Maria gerade ankamen, um dem Sterben beizuwohnen? Ich erwarte einen genauen Bericht.

Inzwischen will ich Euch sagen, daß hier sofort Leute in die Delegatur kamen, als die Todesnachricht bekannt wurde. Morgen werden vier Zeitungen von Istanbul und der „Osservatore Romano" die Todesanzeige bringen. Es werden Hunderte von Totenmessen gehalten und Tausende von Kommunionen aufgeopfert werden. Für Donnerstag wird ein feierlicher Trauergottesdienst in der hiesigen Kathedralbasilika vorbereitet. Ich glaube, er wird eine eindrucksvolle Zeremonie werden. Seht darin einen weiteren Ausgleich für den mir so schmerzlichen Umstand, daß ich nicht selbst nach Sotto il Monte kommen konnte!

Inzwischen begleite ich Euch im Geist überallhin. Don Forno ist für mich in dieser Lage ein wahres Geschenk der Vorsehung geworden. Er tröstet mich, er berät mich, er hilft mir auf jede Weise. Hätte ich ihn nicht bei mir gehabt, wieviel größer wäre mein Schmerz gewesen! Auch der gute Luigi tut sein Bestes. Doch schließlich kann er einen Priesterfreund nicht ersetzen.

Ancilla wird Euch als die Tochter des Hauses die Weisungen für die Beerdigung überbracht haben. Und ich hoffe, daß Ihr alles gut macht: schlicht, ohne unnützen Prunk, der nur der Eitelkeit dient, jedoch mit Würde. Es ist nicht verkehrt, wenn man merkt, daß der bischöfliche Sohn an alles gedacht hat, um seinen Vater und seine Mutter zu ehren. Es ist das Gebot des Herrn.

Bringt dann das Bild von Gaudenzi nach Bergamo, damit Signor Tiraboschi danach das Erinnerungsbildchen machen lassen kann. Ich werde den Text sofort aufsetzen.

Ich möchte, daß es zum 30. Todestage bereit ist. Und ich will versuchen, bei dieser Gelegenheit auch selbst zu Hause zu sein.

Was die Erbschaft oder anderes angeht, wißt Ihr, daß alles in Ordnung und Ruhe ist. Es gibt ein kleines Testament. Doch dieses berührt keineswegs die Dinge, wie sie sind. Es empfiehlt nur, unseren lieben Schwestern Teresa und Assunta ein kleines Andenken zu geben, da sie schon einige Zeit außer Haus waren, als der Erwerb des Eigentums in den Formen, die Ihr kennt, getätigt wurde. Doch sowohl unsere gute Teresa wie Assunta wissen, daß ich an alles denken werde, und werden noch über das hinaus, was unser lieber Vater verfügt hat, zufriedengestellt werden. Sie müssen nur ein wenig Geduld haben. Was ich nicht sofort tun kann, werde ich nach und nach tun, und zwar in noch großzügigerer Form.

Ich erwarte nun Eure Nachrichten. Besonders empfehle ich Euch jetzt und empfehle es allen, Männern und Frauen, Großen und Kleinen: Geduld, Liebe, Takt; daß alle durch das gute Beispiel, das Ihr gebt, erbaut werden. Wenig reden, immer liebenswürdig sein, meiden, was aufreizt, vielmehr suchen, was eint und erfreut. Dabei helfe Euch der Herr[4].

Ich segne Euch alle miteinander in besonderer Liebe.

† a. g. r.

266. An die Mutter

Athen, 24. Mai 1936

Meine liebe Mutter,
da sieh: Der Mensch denkt, und Gott lenkt. Ich hatte gemeint, ich wäre in Istanbul, wenn die Schwestern ankommen. Statt dessen befinden sie sich seit einigen Tagen dort, und ich weiß noch nicht, ob ich bis Pfingsten bei ihnen bin. In diesem Land sind so viele Dinge zu regeln. Doch weil alle Orthodoxe sind und deshalb dem Heiligen Stuhl und dem Papst ablehnend und mißtrauisch gegenüberstehen, muß ich langsam, mit Vorsicht und mit äußerstem Takt vorgehen.

Ich konnte mit dem König sprechen. Ich sah auch einige von der Regierung. Nun möchte ich einen oder den anderen Schritt weiter tun. Doch muß ich die Weisungen abwarten, die von Rom kommen. Es ist klar: Ich vertrete den Papst, also muß ich in allem seine Absicht kennen und verfolgen. In Rom hat man nie Eile, und auch das liegt in der Vorsehung. Ich darf es mich darum nicht verdrießen lassen zu warten.

Gott sei Dank geht es mir aber gut. Kaum war ich vor einem Monat angekommen, als ich ein Jucken in den Händen spürte und ein wenig zunahm. Es sind kleine Ablagerungen von Harnsäure, die auch mir das Alter ankündigen. Wir sind auf diese Welt gekommen, um sie wieder zu verlassen. Einem jeden naht seine Stunde. Letzte Woche habe ich einen ganz großen Berg besichtigt, dessen Bewohner alles Mönche sind — jedoch nicht katholisch, die Armen[15]. Dort oben sind über zwanzig große Klöster und einige andere kleine Konvente. Etwas Einmaliges in der Welt. Frauen dürfen den Ort nicht betreten, und da der Berg mitten im Meer liegt, können Frauen nicht einmal landen. Einst waren es etwa 10000 Mönche; jetzt sind es nur noch 2000. Immerhin ist dort oben eine außerordentlich schöne Pflanzenwelt. Doch fehlen Straßen vollständig. Man muß immer zu Pferd sehr schwierige Pfade nehmen, die mir gar oft Anlaß gaben, mich dem heiligen Josef und unseren Verstorbenen zu empfehlen, wie ich es immer tue, um nicht zu stürzen. Und ich stürzte nie. Ich war dort drei Tage, jeden Tag wenigstens fünf Stunden zu Pferd oder zu Maulesel: deshalb zerschlagene Knochen, obendrein schlechtes Essen, auf hartem Lager schlafen usw. Dennoch hat mir diese Ablenkung gut getan. Die Harnsäure ist verschwunden. Ich bin elastischer als je nach Athen zurückgekehrt.

Im übrigen war für mich dieser Mai in Griechenland arbeitsreich wie kaum je. Natürlich bringt die Arbeit Rosen und Dornen mit sich. Doch so muß unsere Krone gefertigt werden.

Von Istanbul habe ich gute Nachrichten. Wie es scheint, geht es den beiden Damen, meinen Schwestern, recht gut. Einerseits muß ich sagen: die Glücklichen. Ich hoffe, daß auch ich, wie ich sagte, am Sonntagmorgen dort ankomme. Meine Kathedrale ist dem Heiligen Geist geweiht. Deshalb werdet Ihr verstehen: Hochamt, Festpredigt und Festessen mit etwa dreißig Gästen. Diese Woche ist eine Woche großen Gebets. Ihr, meine liebe Mutter, betet für mich und mit mir und laßt die kleinen Neffen und Nichten bei ihrem „Gegrüßet seist du Maria" ihres Onkels gedenken. Vielleicht gewährt mir der Herr einen befriedigenden Abschluß. Vielleicht kommt aber auch nichts heraus. Und immer gilt es, Geduld zu haben. Wenn man gehorsam seinen Dienst tut, arbeitet man immer für etwas.

Vor einiger Zeit habe ich im „Eco" gelesen, daß die Visitation in Sotto il Monte auf den 23. Mai, also auf gestern, festgelegt war. Und ich habe es für gut gehalten, Seiner Exzellenz Monsignore Bernareggi ein Telegramm zu senden, um ihm zu sagen, daß ich mich mit dem Klerus, meiner Familie und mit unserem ganzen guten Volk vereinige, ihn verehrungsvoll zu begrüßen. So war es doch recht?

Wie schön sind bei uns die christlichen Feste! Es fehlt nie an irgendeinem kleinen Elend auch bei uns zuland. Aber da ist doch die katholische Erziehung. Nun gut. Ich hoffe, daß alle in der Familie und in der Pfarrei Freude erlebt haben. Wenn ich nach Konstantinopel komme, hoffe ich, gute Nachrichten vorzufinden.

Ich bin unterrichtet, daß es mit der Gesundheit zu Hause gut steht. Von den Schwägerinnen hatte Maria ein wenig zu leiden, die Arme. Sie ist nunmehr daran gewöhnt. Alle arbeiten für das Wohl einer Familie, ob arbeitend, ob betend, ob leidend. Die Leiden bereiten den größten Segen vor. Ich gedenke aller Schwägerinnen mit ihren Söhnen und Töchtern, auch mit Rita, der es zu meiner großen Freude besser geht. Ich erinnere mich an die lieben Schwestern Teresa und Assunta mit ihrem ganzen Rudel Nachkommenschaft. Was soll ich von den Brüdern sagen? Für einen jeden ein Gedenken, ein besonderes Gebet und einen Segen!

Ich stelle mir vor, daß Ihr in diesen Tagen die Arbeit mit den Seidenraupen habt. Große Mühe und wenig Verdienst. Doch immerhin etwas.

Liebe Mutter, während ich Euch grüße und schreibe, weiß ich, daß ich allen schreibe, von Zaverio, dem obersten Gebieter, bis zum Letztankömmling, das heißt Angelino. Beten wir miteinander! Auch Ihr, die Ihr bescheiden arbeitet und nach meinen Meinungen betet, werdet wahre Diener der heiligen Mutter Kirche. Ich segne Euch.

† a. g. r.

277. An den Bruder Giuseppe

Istanbul, 17. Februar 1937

Lieber Giuseppino,
ich freue mich mit Dir, mit Deiner Ida, mit Deiner Familie und mit unserer ganzen Familie über das frohe Ereignis der Geburt Deiner Zwillinge. Und was besonders drollig ist, es ist ein Bübchen und ein Mädelchen.

So ist wiederum die Freude der Mutterschaft für Deine gute Frau aus den Schmerzen erblüht. In fernen Jahren, wenn Du einmal alt bist, werdet Ihr beide, Du und Deine Ida, Euch mit Freude daran erinnern, wieviel Ihr gelitten habt und wie der Herr wahrhaft der Natur geholfen hat.

Ich schreibe an die Schwestern, damit sie Dir in meinem Namen Lire 200,— (zweihundert) als mein Taufgeschenk für die beiden kleinen Geschöpfe geben. Wie hast Du sie genannt? Ich hätte sie Josef und Maria genannt. Doch welchen anderen Namen Du ihnen auch immer gegeben hast, er wird gut gewählt sein. Ich habe schon in einer Messe, die ich hier eigens dafür in meiner kleinen Kapelle zelebriert habe, den reichsten Segen des Herrn auf diese beiden neuen Engelchen herabgerufen, die gekommen sind, Deine Familie zu beschützen.

Bei solchen Gelegenheiten wiederhole ich gern, was der selige Gregorio Barbarigo zu sagen pflegte: „Der Herr segnet die Kochtöpfe, wenn sie groß sind."

Zweifle nicht am Segen des Herrn und an seiner Vorsehung, und laß Dir den Schlaf nicht stören durch den Gedanken an das, was in ein paar Jahren kommen wird. Leben wir von einem Tag zum anderen, denn jeder Tag gehört dem Herrn. Unser lieber Vater hatte recht, als er zu mir ins Seminar mit der Nachricht kam, daß wieder ein kleiner Roncalli in der Colombera eingetroffen sei, und es handelte sich gerade um Dich: „Der Herr ist groß, und er ist gütig. Um uns herum sind die Wälder, über uns die schöne Sonne und in uns die Gnade Gottes. Das genügt."

Der Heilige Vater Pius XI. hat recht, wenn er gern das lombardische Sprichwort gebraucht: „Jedem Kind, das zur Welt kommt, gibt die Vorsehung auch seinen Brotkorb mit."

Was mich angeht, kennst Du mein Herz. Meine Möglichkeiten sind begrenzt, und außerdem trage ich eine sehr schwere Last auf den Schultern, insofern ich, um der Familie zu helfen, zwei schwere Verpflichtungen auf mich nehmen mußte: eine bei der Bank und eine bei der Lebensversicherung. Und dann kennst Du die anderen Opfer, die ich mir auferlege: diese sind für Dich und Dein Haus wie für unsere anderen lieben Brüder. Ich gebe all das wenige, über das ich verfüge, und für alle mit gleichem Herzen. Bei meinem Tod wird nichts vorhanden sein, und dies, arm zu sterben, wird meine große Ehre sein.

Du aber beunruhige Dich nicht! Die Vorsehung wird Dich nicht verlassen. Rufe sie immer an und bewahre die Ruhe! Inzwischen segne ich Dich erneut wie auch Deine gute Ida, die über diese ihre so fruchtbare Mutterschaft sehr froh und stolz sein muß.

Es hat mir auch sehr gut gefallen, wie Deine Freude, lieber Giuseppino, und die Sorgen, die Du und Deine Ida hatten, von allen Unseren daheim vollkommen geteilt wurden. Beweis dafür ist mir der schöne Brief, den mir gestern unser Bruder Giovanni geschrieben hat.

Welch ein großer Schatz ist der häusliche Friede und die Liebe der Brüder! Selbst das Leiden wird süß und freundlich.

Hier im Haus sagten mir Monsignore Testa und Luigi, die sich sehr gefreut haben und Dir und Ida gratulieren, ich möge Dir Grüße und Glückwünsche senden. Genug. Wer weiß, ob der Herr gerade diesen beiden zuletzt Angekommenen das Geheimnis seiner größten Barmherzigkeit und Deiner größten Freude bereitet?

Von Herzen grüßt Dich Dein Bruder
† Angelo Gius. Erzb.

286. An die Schwestern Ancilla und Maria

Istanbul, 19. Juni 1937

Ich habe Euren Brief vom 25. Mai erhalten. Nun denke ich, daß die Arbeit mit den Seidenraupen zu Ende sein wird, und ich hoffe, gut zu Ende. Auch ich bin in guter Gesundheit und zufrieden von Griechenland zurückgekehrt. Hier geht für mich eine Arbeit, die keinen Stillstand kennt, immer weiter. Ich erwarte stündlich den Aushilfesekretär Don Antonio Spina. Ich sehe wohl, daß Monsignore Testa nicht zum August hierher zurückkehren kann, wie ich hoffte. Er wird kaum bis Mitte Oktober zurückkommen. So haben wir Gelegenheit, ein wenig Ferien miteinander zu verbringen. Gerade deshalb war ein Aushilfesekretär hier nötig, der den Posten hält.

Ich glaube, daß ich den Juli in Prinkipo verbringen werde. Am Fest des heiligen Jakobus werde ich wahrscheinlich einen Bischof[21] weihen, der nach Griechenland geht, nach Syra. Ende Juli werde auch ich wiederum nach Griechenland gehen und vermutlich bis Anfang September dort bleiben. Ich werde gegen den 10. September zu Hause sein. Vorher kann ich nicht, leider. Ich würde gern auch eine Wasserkur hier in Lutraki machen. Um es genau zu sagen, ich fühle mich wohl, so daß ich auch wieder nicht mit diesen Kuren anfangen möchte, ohne die ich immer ausgekommen bin. Anläßlich der Weihe Monsignore Gregorio Vuccinos zum Bischof von Syra muß ich noch ein großes Essen geben. Doch nunmehr versteht es Luigi, alles hier im Haus gut zu bereiten und zu organisieren.

Morgen wird hier in der Kathedrale ein großes Fest gefeiert zur zweiten Jahrhundertfeier der Heiligsprechung des heiligen Vinzenz von Paul, des großen Heiligen der Caritas, wie Ihr wißt. Das Festessen wird jedoch in St. Benedikt bei den Lazaristenpatres gehalten, nahe beim Haus von Don Nikoloff. In Prinkipo hoffe ich mich etwas ausruhen zu können.

Dieses Jahr werde ich auch das Radio und den Kühlschrank dorthin bringen, die Ihr im vergangenen Jahr so sehr vermißt habt. Ich sehe wohl, daß sowohl Luigi wie die Schwestern es vorzögen, hier in der Stadt zu bleiben. Doch es wäre noch schöner, wenn man, um den Dienstboten gefällig zu sein und es ihnen bequem zu machen, so schwach würde, daß man eine Villa geschlossen ließe, die der Neid der großen Herren wäre und in der ich mich gesundheitlich wohler fühle und besser arbeiten kann. Was meint Ihr dazu? Im übrigen versteht Luigi das sehr gut, und es wird sich alles gut regeln.

Die guten Nachrichten von zu Hause und von Mutter freuen mich sehr. Wenn Ihr etwas braucht, wendet Euch immer an Tiraboschi. Nun bin ich auch bei ihm in Schulden. Doch ich schreibe ihm sofort und werde ihm zugehen lassen, was nötig ist. Die Vorsehung hilft mir tropfenweise, aber die Tropfen bleiben nicht aus. So werdet Ihr im Juli noch einmal hingehen, um abzuholen, was unser Bruder Severo für seine Brüder in Acqui braucht. Jetzt muß ich an die Genossenschaft zahlen gemäß der Übereinkunft mit Rechtsanwalt Zilocchi. Ich werde sofort mit Lire 3000.— beginnen. So ist auch diese lästige Sache in zwei Jahren erledigt. Aus Dankbarkeit gegen den Herrn für seine Vorsehung wollen wir ihm zulieb beständig Geduld üben. Auch ich, wißt Ihr, habe daran zu tragen. Hier machen mir meine Priester, Ordensleute und Gläubige viel Freude. Auch am Sonntag war die Feier in der Antoniuskirche wirklich glanzvoll. Doch fehlen mir die Kreuze nicht, was sonst noch meinen Dienst am Heiligen Stuhl angeht.

Mit den Türken wißt Ihr, wie ich stehe. Aber mit den Griechen sind die Schwierigkeiten größer. Diese wackeren Leute geben mir schöne Worte. Doch was die Taten angeht, wißt Ihr, wie die Orthodoxen den Papst fürchten. Ich brauche also große Geduld. Ihr wißt, es ist am besten, man hat sie im Überfluß. Eine einzige Unüberlegtheit kann alles verderben. Betet für mich, daß der Herr mir mit dieser Gnade der Geduld weiterhin beistehe, um die auch ich ringen muß. Und Ihr ringt auf Eure Art, denn Ihr wißt, daß dann alles in einem großen Segen endet.

Grüßt mir die Schwägerinnen und die Neffen und vor allem macht Mutter viel Freude. Welche Gnade, sie noch zu haben, und in so guter Verfassung. Ihr seht, daß auch der Papst seine Beschwerden hat. Er zieht die Beine nach: er will schaffen, will schaffen. Doch dem Alter muß man sich beugen.

Eines Tages werdet Ihr überaus glücklich sein, sagen zu können, daß Ihr unserer lieben Mutter alle Sorgen vergolten habt, die sie auf sich nahm, als wir Kinder waren. Was waren das für Jahre! Wenn wir recht überlegen, waren sie viel drückender als die, die wir jetzt durchmachen. Denkt immer an jene, die ärmer sind als wir!

Hier ist die Armut unzähliger Menschen, die sich mir anvertrauen, für mich ein beständiger Kummer. Genug. Der Herr segne uns alle. Jede Nachricht, die Ihr mir schickt, wird mir immer sehr lieb sein.

† a. g. r.

292. An die Familie

Rom, 6. November 1937

Liebe Mutter und Schwestern und alle zu Hause,
ich erhielt Nachricht von Euch durch den Brief vom 30. Oktober. Heute mittag werde ich vom Heiligen Vater empfangen, und

heute abend reise ich nach Brindisi ab. Von dort morgen mittag Abfahrt zur See nach Athen und dann nach Istanbul, wo ich Mittwoch, den 10., um 8 Uhr ankommen werde.

Gesundheitlich geht es mir weiterhin sehr gut. Allerdings immer getreulich der mageren Diät, die mir, wie ich sehe, recht gut tut.

Den Heiligen Vater werde ich um den Segen für meine ganze liebe Familie bitten, insbesondere für Mutter.

Vorgestern sah ich den Heiligen Vater in San Giovanni im Lateran bei der Eröffnung der neuen Unterrichtsräume des Römischen Seminars. Wer ihn krank sah, sagt, daß er jetzt wiederaufgelebt aussieht. Doch mir, der ich ihn seit einem Jahr nicht mehr gesehen habe, erscheint er dagegen sehr, aber sehr herunter. Bitten wir den Herrn, daß er ihn uns noch lange erhalte, denn die ganze Kirche und die Welt haben ihn sehr nötig.

Um wieviel geht es unserer Mutter besser im Vergleich mit dem Heiligen Vater. Auch ich spüre am Morgen, gleich nach dem Erwachen, ein wenig Atemschwäche. Natürlich wird mit dem Alter die Atmung schwieriger. Doch zum Sterben, da braucht es noch einiges. Macht ihr Mut auch in meinem Namen! Und freut Euch an ihrer Gesellschaft!

Wie ich Euch sagte, hat Monsignore Giacomo Testa seine Prüfungen gut bestanden. Er hat aber noch zwei Jahre Studium vor sich. Nun wird er ein paar Tage nach Cenate kommen. Ich habe ihm den Auftrag anvertraut, Severo einen Briefumschlag mit Geld abzugeben, Giuseppino einen anderen und Euch einen dritten, meinen Absichten entsprechend, die ich Euch wissen ließ.

Es sind große Anstrengungen für mich. Doch ich nehme sie gern auf mich, damit für alle der Winter kommen kann, ohne die Last der Kaufmannsrechnungen für das Brot und das Öl. Fahrt jedoch fort, für mich zu beten und die Kinder beten zu lassen! Ich vertraue mich der Vorsehung an. Sie möge mich und Euch immer beschützen. Ich segne Euch alle miteinander. Gleich nach meiner Ankunft in Istanbul werde ich Euch einen Gruß schicken.

† A. G. R.

296. An den Bruder Giovanni

Istanbul, 17. Januar 1938

Lieber Giovanni,

Dank für Deinen lieben Brief vom 21. Dezember, der mir besonders willkommen war wegen der guten, ja sogar sehr guten Gesinnung, die er ausdrückt. Auch mir tat es leid, was Deiner guten Caterina zugestoßen ist. Doch was mir jetzt noch mehr leid tut, ist, daß sie sich übermäßig grämt. Dazu ist wirklich kein Anlaß. Man tut ganz schlicht alles, was dem Gesetz der Natur entspricht, das das Gesetz des Herrn ist. Doch was den Erfolg angeht, dürfen wir uns nicht beunruhigen. Es ist sicher, daß der Herr allen die Gnade gibt, das Heil zu erlangen; es ist sicher, daß keiner verlorengeht, wenn nicht aus eigener Schuld. Am allersichersten ist aber, daß der Herr den Glauben der Verwandten gnädig annimmt als Anrecht auf Segen auch für die Geschöpfe, die nicht zur Vollendung kommen. Ihr habt also eher Grund, Euch zu freuen, daß auch dieses Kreuz Euch zur Heiligung dient, und nicht Euch wegen der Ungewißheit über die verpaßte Taufe zu beunruhigen. Das ist nun ein Fall, in dem Euer Bruder, der ohne sein Verdienst „Doktor der Theologie" und überdies Bischof, folglich Lehrer in Israel ist, wohl verdient, daß Ihr auf ihn hört und ihm glaubt. Wenn man einmal dem Herrn das Opfer dargebracht hat, kommt man nicht mehr darauf zurück. Caterina möge an ihre Gesundheit denken und daran, ihre Kinder mit dem gewohnten Eifer gut zu erziehen, und mit dem Frieden die vollkommene Fröhlichkeit wieder gewinnen. Ich höre nicht auf, sie zu segnen und sie dem Herrn auf besondere Weise zu empfehlen.

Ich bin froh, daß Ihr den Nutzen der Hilfe gespürt habt, die ich Euch im vergangenen November geschickt habe. In dem Maße, wie die Vorsehung mir helfen wird, werde ich auch Euch daran teilnehmen lassen. Wir müssen aber davon überzeugt sein, daß das, was dem Herrn am meisten gefällt, unsere einfache und vertrauensvolle Armut ist.

Wenn ich in Bergamo in den Reihen des Klerus geblieben wäre, hätte ich vielleicht reichlichere Einkünfte aus meinem Dienst haben können. Als Vertreter des Papstes bin ich ein großer Herr in den Augen der Welt; aber alles, was ich erhalte, dient dem Vertreter des Papstes, und für Don Angelo, den Bruder und Onkel usw., bleibt nichts mehr übrig. Wenn ich mitunter an die

Zukunft denke, fühle ich mich versucht, ein wenig unruhig zu werden, aber ich wehre es ab und preise den Herrn. Ihr fahrt fort zu beten, daß ich am Leben und gesund bleiben kann, wenn dies das Beste ist. Wenn ich stürbe, könnte ich sogar auf noch wirksamere und großzügigere Weise ein Helfer und Beschützer meiner Familie sein, die ich nur im Herrn liebe und nicht in anderer Gesinnung.

Du verstehst diese Dinge wohl und erläßt es mir, mehr zu sagen.

Meine Gesundheit ist immer sehr gut. Was mir fehlt, ist die Zeit. Ich bräuchte sehr viel mehr davon und auch mehr Ruhe, um zu allem zu kommen. Ich tue, was ich kann, und gebe mich zufrieden.

Welch ein Schlag der Tod des lieben Herrn Ambrogio. Er ist übrigens glücklich zu preisen, hat er es doch vermocht, alles, was er tat, gut zu tun. In Sotto il Monte wird sein Andenken immer gesegnet sein. Es ist uns zu wünschen, daß seine Tätigkeit als Seidenindustrieller weitergeführt werden kann. Ich habe seiner armen Cherubina geschrieben. Ihr seht, daß Reichtümer nicht das Leben glücklich machen. Wie viele leiden in seinem Haus! Es ist das Geheimnis der Vorsehung, die immer Güte des Herrn ist, auch wenn es uns allen hart scheint.

Du sprichst mir von möglichen Neuerungen für die Gemeinde usw. Ich habe Dir keinen anderen Rat zu geben, als allen Gutes zu tun, jedoch keine Verantwortung zu übernehmen und besonders Dich nicht durch Unterschriften zu verpflichten, die nachher entweder durch Mißgeschick oder Bosheit der Menschen teuer zu stehen kommen. Denk an den Fall Togni, der mir heute noch auf dem Magen liegt. Was die Neuerungen in den kirchlichen Dingen angeht, weiß ich Dir nichts zu sagen. Doch auch dort ist es besser, das Gute mit der größten Vorsicht zu tun.

Im übrigen immer Mut, lieber Giovanni. Fahre fort, dem Geist des Herrn zu folgen und nicht dem der Welt. Die Welt betrügt und bleibt dann betrogen.

Ich habe Frau Marietta Ambrosioni zum Tod ihres lieben Carlo geschrieben. Unser armes Leben, es steht unter dem Gesetz des Todes. Doch der Tod ist für uns Leben und Seligkeit. Von neuem Grüße und Segen Dir, Deiner guten Caterina, Deinen lieben Söhnen und Töchtern.

306. An die Schwestern Ancilla und Maria

Istanbul, 2. Juli 1938

Liebe Schwestern und liebe Mutter,
ich erhielt Eure letzte Nachricht. Die über Mutter beunruhigt mich ein wenig. Doch habe ich gute Hoffnung und bete, daß der Herr mir die Gnade gebe, sie gesund und heiter wiederzusehen. Natürlich hat das Alter seine Gebrechen. Doch auch so haben wir unsere Mutter gar sehr lieb. Es wird gut sein, daß sie sich nicht anstrengt. Wenn es ihr schwer fällt, jeden Morgen der Messe beizuwohnen, möge sie im Bett bleiben und sich ruhig so im Geist mit dem heiligen Opfer vereinigen. Sie möge daran denken, daß ich um 6 Uhr morgens Eurer Zeit mich am Altar befinde und für sie und für die ganze Familie bete.

Gesundheitlich geht es mir weiterhin sehr gut. Jetzt endet auch die große Arbeit der Zeremonien und der Visitationen. Sie verschafft mir zwar sehr viel Freude, aber auch viel seelische und körperliche Anstrengung. Am Montag werde ich mich nach Prinkipo begeben, wo ich mich den ganzen Monat aufhalten möchte. Auf Mariä Himmelfahrt möchte ich zu Hause sein. Hoffen wir!

Gestern ist mir ein schönes Gemälde des heiligen Josef in die Hände gekommen: 2,43 x 1,47 m. Ich habe es erworben. Es wird für unsere Pfarrkirche sein, wo sich, wie mir scheint, überhaupt kein Bild des heiligen Josef befindet. Ich werde darüber dem Herrn Pfarrer schreiben. Wartet zunächst ab, bis er davon spricht. Doch ich versichere Euch, daß alle von dem Bild angetan sein werden und daß es Verehrung für diesen lieben Heiligen, den Patron der christlichen Familien, wecken wird.

Was Eure Bedürfnisse angeht, meine lieben Schwestern, wißt Ihr immer, was tun. Jetzt schreibe ich Signor Tiraboschi.

Über das, was Ihr mir von der guten Lucia von der Predazzi schreibt, laßt es gut sein. Gewiß waren die Absichten der Signora Sommariva gut und recht. Und in aller Schlichtheit konnte man etwas für diese gute Nichte unternehmen. Doch in diesen Dingen muß ein gutes Werk eher ausgeführt als ausgedacht sein. Man tut es und spricht nicht mehr davon.

Ich freue mich, daß die Einbringung der Seidenraupen einigermaßen gut ging. Die Vorsehung wird uns weiterhelfen.

Es kommt mir in den Sinn, daß in Camaitino wirklich kein anständiges Klosett vorhanden ist und keine Badewanne, die so notwendig wäre. Vielleicht wird während dieser Ferien Kardinal Pellegrinetti ein paar Tage mit mir kommen. Ich sage: vielleicht. Seht einmal, ob es möglich wäre, alles einzurichten, und was es kosten würde.

Inzwischen grüße ich Euch alle, groß und klein, besonders aber Mutter. Es genügt, daß sie ißt, schläft, sich ausruht und für uns betet. Ich segne sie mit Euch sehr herzlich.

Hier für Euch zwei Momentaufnahmen, die letzten! Sagt Severo, daß wenn er wieder nach Acqui zu gehen wünscht, um Bäder zu nehmen, ich ihm sehr gern, wie im vergangenen Jahr, helfen werde. Dies ist für mich eine reine Übung der Nächstenliebe. Soweit ich gehen kann, stoße ich sehr gerne vor.

318. An den Bruder Giuseppino

Istanbul, 1. Februar 1939

Lieber Giuseppino,
entschuldige die verspätete Antwort auf die Weihnachtswünsche von Dir, von Deiner Ida, von Anna und von allen Deinen Kindern. Ich habe mich darüber wie auch über die im großen und ganzen guten Nachrichten, was Deine Ida betrifft, sehr gefreut. Die Vorsehung hat Dir bis jetzt so gut beigestanden und wird Dir auch weiterhin eine gute Mutter sein.

Unsere Schwester Ancilla wird Dir Lire 300.— für die Operation geben, der sich Ida unterziehen mußte. Im Augenblick kann ich nicht mehr geben. Wenn es notwendig sein sollte, bin ich immer Dein Bruder. Schreibe mir, und ich werde Dir im Rahmen meiner Möglichkeiten helfen.

Du weißt ja, daß meine Belastungen groß sind und die Hilfsquellen begrenzt. Aber habe Mut! Ich bin sicher, daß es für mich keine schönere Caritas gibt, als Euch zu helfen, die Ihr die ersten Armen seid. Und Ihr seid die Armen, die der Herr liebt und segnet, damit Ihr darauf bedacht seid, ihm treu zu sein.

In einem getrennten Brief an Giovanni lege ich meine Gedanken zur Pacht des Grundstücks der Vettern aus Mailand dar. Er möge sie Dir, Alfredo und Severo mitteilen. Die Pacht wäre ratsam. Der Herr wird Tag für Tag helfen.

Sei gegrüßt, mein lieber Giuseppino. Reichen Segen Dir, Deiner guten Ida und all Euren Kindern.

320. An die Familie

a) [Istanbul, 20. Februar 1939]

Familie Roncalli/Carvico Sotto il Monte / Ich trauere mit Euch um unsere innigst geliebte, verehrte Mutter. Erweist ihr Ehre. Allen Dank und Segen, die im Gebet an unserem christlichen Schmerz teilnehmen. Telegraphiere an Piccolo Credito wegen Beerdigungskosten/ Angelo Giuseppe Erzbischof / Cedidjié Sokak 87.

b) [Istanbul] 21. Februar 1939

Meine Lieben, Brüder, Schwestern und alle Verwandten,
die schmerzliche Nachricht vom Tode unserer lieben Mutter hat mich nicht überrascht. Ist ein gewisses Alter erreicht, wird der Organismus äußerst anfällig und wegen einer Kleinigkeit schwindet er dahin. So ist das, was geschah, in der Ordnung der Natur. Wenn ich sofort aufgebrochen wäre, um sie noch einmal zu sehen, hätte ich sie kaum noch grüßen können und hätte dabei eine der günstigsten Gelegenheiten, der heiligen Kirche einen wertvollen Dienst zu erweisen, preisgegeben. Wir sind in der Tat wie Soldaten, die einen Auftrag erhalten haben. Dagegen hat das gemeinsam gebrachte Opfer unserer lieben Mutter gewiß geholfen, die nun mit einem Verdienst mehr in den Himmel eingegangen ist; es hat mir geholfen, der ich die Früchte ihres Gebetes einer christlichen Mutter bei meiner Tätigkeit hier gespürt habe. Als sich am Sonntag der Zustand unserer Mutter verschlechterte, zelebrierte ich hier das Totenamt für den Heiligen Vater; eine wohlgelungene Zeremonie, von der ich Euch ein andermal berichten werde. Sie brachte Eurem Bruder und damit dem Heiligen Stuhl mehr Ehre und Vorteile, als ein Jahr und mehr an Arbeit unter gewöhnlichen Verhältnissen.

Wie oft ich aber in diesen Tagen an sie, unsere liebe Mutter, gedacht habe, das fragt mich nicht. Immer war sie mir gegenwärtig, Tag und Nacht, beim Gebet, bei Gesprächen, bei der Arbeit, während des kurzen nächtlichen Schlafs, und ich sagte mir: sie leidet fern von mir, und ich leide hier beim Gedenken an sie. Aber unser Opfer wird sich vereinigen, wird dem Herrn wohlgefällig sein und uns allen Segen bringen. Wenn mir gestern Ancilla schrieb, *daß sie mich sehr gerne gesehen hätte, doch wenn dies nicht möglich sei, wir uns im Himmel wiedersehen würden* [so sind dies Worte], die mich sehr gestärkt haben und stärken[37].

Ja, wir werden uns alle gewiß im Himmel wiedersehen, wenn wir den Belehrungen treu bleiben, die unsere liebe Mutter uns erteilt hat. Einfachheit und Güte waren ihre vornehmsten Tugenden, in denen ihr so langes und gesegnetes Leben schließlich ganz aufging.

Denkt man zurück, besinnt man sich, wie ist die Mutter Marianna Roncalli gewesen, was für ein Gewissen hatte sie, was für einen Glauben, welche echte und heilige Liebe zu den Ihrigen, was für einen Geist der Frömmigkeit, der Großmut, welche Heiterkeit des Herzens in allem und welche Bereitwilligkeit, alles auf den Herrn auszurichten, so ist man wirklich ergriffen. Und welch ein Herz, welch offenes Herz sie für alle hatte, die geliebte Mutter! Aber laßt es gut sein. Ich gedenke ihrer und trauere mit Euch, aber zugleich spüre ich eine Zärtlichkeit und Milde, die mir das sicherste Zeichen dafür ist, daß sie schon bei den seligen himmlischen Chören weilt, zusammen mit unserem geliebten Vater, zusammen mit den ihrigen und allen unseren alten und jungen Toten, die, während wir weinen, zum Fest versammelt sind und uns erwarten und uns ermutigen und uns segnen.

Sicher habt Ihr mein gestriges Telegramm erhalten. Auch was die Beerdigungskosten betrifft, so ist alles gut geregelt, da ich schon früh ein Telegramm von Buchhalter Bertulessi und ein anderes von Notar Locatelli erhielt. Ich hoffe, daß Ihr sie in der Grabstätte oben nahe bei unseren anderen Lieben beigesetzt habt. Es liegt mir daran, daß Ihr sofort und ohne Aufschub den Betrag bezahlt. So ist es richtig und anständig, auch wenn man weiß, daß ich es bin, der alles begleicht. Schließlich ist sie die Mutter eines Bischofs. Die Ehrfurcht und die Achtung vor den Eltern ist etwas vom Heiligsten auf Erden. Stellt Euch vor, wenn ich nicht mit gutem Beispiel voranginge. Dies um so mehr, da alles, was man für die Eltern tut, dem ganzen Haus zu großem Segen gereicht.

Mit der Bank werde ich schon einig werden. Die Vorsehung kommt zur rechten Zeit und Tag für Tag. Das Notwendige und das meiner Stellung Angemessene, die ich wenn auch unverdient einnehme, wird nicht fehlen.

Um Euch noch eine Probe der Güte und außerordentlichen Gewissenhaftigkeit unserer lieben Verstorbenen zu geben, sage ich Euch, daß ich ein Schriftstück gefunden habe, das sowohl sie wie auch unser lieber Vater mir zur Aufbewahrung gaben, damit ich ihren Willen ausführe. Das Papier enthält eine Bemerkung, die wie folgt lautet: „Da ich meinem Sohn Alfredo, der ledig geblieben ist, nicht die Vergünstigungen gewähren konnte, wie sie hingegen meinen Söhnen, seinen Brüdern, Zaverio, Giovanni, Giuseppino, zuteil geworden sind, bestimme ich, daß bei meinem Tode Alfredo mein ganzes Bett, das heißt: Bettgestell, Federmatratze, Matratze, 8 (acht) Bettücher und Decken usw., und die Möbel, die in meinem Schlafzimmer sind, gegeben werden. Ich bitte meinen Sohn, Mons. Angelo, diesen meinen Willen ausführen zu lassen. Roncalli Mazzola Marianna."

Ich bin sicher, daß diese Anordnungen von Mutter für Euch alle heilig sind und daß das gute Band des Friedens, das uns immer verbunden hat, nicht zerreißt.

Ich denke, daß die Beerdigung gut verlaufen ist. Alle Nachrichten, die Ihr mir über die letzten Tage und Stunden dieses für uns so kostbaren Lebens schicken werdet, werden mir teuer sein. Die Erinnerung an unsere Eltern müssen wir bewahren, denn sie sind der Schatz unserer guten Familien. Das, was bei Gott und ein wenig auch bei den Menschen zählt, besonders bei den ernsthaften Menschen, sind nicht Reichtümer, sondern Güte. Gerade sie ist die große Tugend unserer seligen Mutter gewesen.

Ich werde wieder schreiben und Euch die Worte mitteilen, die Ihr auf den Grabstein auf dem Friedhof schreiben lassen sollt. So werden wir auf wenig Raum die sterblichen Reste unserer lieben engsten Verwandten beisammen sehen.

Es würde zu weit führen, Euch zu erzählen, wie die Nachricht vom Tode unserer Mutter hier Eindruck und Ehrfurcht erweckt hat. Wenn man Bischof ist und sich der Liebe der guten Katholiken erfreut, hat das den Vorteil, daß sich alle auch für das, was die Person betrifft, interessieren. Ich mußte in der Zeitung bekanntgeben, man möge von Besuchen absehen, sonst hätten sie nicht mehr aufgehört. Heute abend habe ich in der großen Basilika des heiligen Antonius, wo die Aussetzung des Allerheiligsten zu Ende ging und die voller Menschen war, selbst gepredigt, und alle haben für den Papst und für unsere verstorbene

Mutter gebetet. Donnerstag wird in der Heilig-Geist-Kathedrale ein Totenamt für Mutter gelesen, das sicher sehr feierlich werden wird, weil eine große Zahl von Geistlichen, Schwestern, Abordnungen und Gläubigen daran teilnehmen wird. Es wird nicht so feierlich werden, wie das am Sonntag für den Papst; aber vielleicht wird es feierlicher als das, auch sehr schöne, Totenamt für unseren lieben Vater, denn damals waren schon viele Leute in Ferien.

Die Selige möge vom Himmel auf uns herabsehen und uns alle beschützen. Laßt uns alle zusammen versuchen, den guten Frieden unter uns zu bewahren, so als ob unsere beiden Eltern immer noch leben würden. Sie leben tatsächlich, wenn auch für unsere Augen unsichtbar. Sie leben in der Freude und im Frieden und segnen uns. Auch ich segne Euch in ihrem Namen, und mit Euch segne ich den Schwager Marchesi und alle Schwägerinnen.

321. An die Familie

Istanbul, 28. Februar 1939

Meine lieben Schwestern und alle Brüder,
beim Lesen Eures Briefes vom 22., den ich sehnlichst erwartet habe, habe ich wieder Tränen vergossen; aber im Grunde wird unser Schmerz durch den Gedanken gelindert, daß alles nach dem Willen des Herrn geschehen ist und daß das Lebensende unserer lieben Mutter eine Krone der Tugend und der Verdienste gewesen ist, die diese gesegnete Frau sich in langen Jahren der Treue zu den christlichen Grundsätzen verdient hat. Sie wurde dazu erzogen, und so hat sie alle ihre Kinder ohne Ausnahme erzogen.

Ihr habt gut daran getan, sie durch ein schönes Begräbnis zu ehren, so wie ich es gewünscht habe. Ich habe darüber auch den Bericht im „Eco“ gelesen. Wirklich, der gute Professor Donizetti hat sich wieder einmal als der gute Freund des Hauses erwiesen, der er schon seit meiner Kindheit ist. Ich habe ihm deswegen einen Dankesbrief geschrieben und versucht, sehr liebenswürdig zu ihm zu sein, so wie es ihm gebührt. Ich bitte auch Euch, ihm immer mit Achtung und Wohlwollen zu begegnen: stellt Euch nicht auf die Seite derer, die Kritik üben, denn kritisieren ist leicht, aber handeln ist schwer. Und außerdem bringt Kritik dem, der sie übt, keine Ehre, und der Herr segnet nicht den, der die anderen kritisiert. Wenn es eine Bemerkung zu machen gibt, so geht darüber hinweg. Was die Steuern betrifft, wenn welche zu bezahlen sind, so wißt Ihr, wie ich darüber denke. Besser bezahlen und Schluß damit. Auch das ist ein Verdienst, das der Herr sieht und segnet. Und so müssen wir es stets mit unserem Nächsten machen, besonders mit dem, der uns vorgesetzt ist. Eben weil der Herr uns so gute Eltern gegeben hat wie unsere beiden lieben Verstorbenen; gerade weil der Herr durch diese beiden Eltern eine Berufung erblühen ließ, die Anlaß für viele Gnaden war und bleibt, für mich und für Euch, darum muß sich unsere ganze Familie um so mehr durch Güte, Friedfertigkeit und Geduld auszeichnen.

Da unsere Eltern tot sind, ist es nun an uns, Ihnen und uns Ehre zu machen, wie es übrigens schon geschehen ist und ohne Ausnahme geschieht.

Auch der Herr Pfarrer hat mir geschrieben und alles genau erzählt und viele schöne und priesterliche Worte hinzugefügt. Auch er schätzte unsere liebe Mutter sehr. Dankt ihm und auch dem Herrn Kurat, der ihr mit so viel Liebenswürdigkeit beigestanden hat.

Ihr habt recht daran getan, sie zur Colombera bringen zu lassen, wie es ihr Wunsch war, und es war ebenfalls gut, daß sie in Camaitino, im Hause ihres Sohnes, des Erzbischofs, starb. Ich hätte mir sogar gewünscht, daß sie in meinem Bett und in meinem Zimmer gestorben wäre. Aber das sind unwesentliche Dinge, die nicht zählen.

Es zählt hingegen das Beispiel der Güte, der Einfachheit und der Liebe zu ihrer Familie, das sie allen gegeben hat, indem sie von der Colombera, statt von Camaitino, den Weg zur letzten Segnung und zum Friedhof antrat. Der Propst Dentella von Cenate schrieb mir darüber in bewegten Worten und wies auch auf die vielen Kinder von uns hin, die von den Fenstern aus dem Leichenzug zuschauten.

Hier fand am Donnerstag, dem 23., ein sehr feierliches Totenamt in der Heilig-Geist-Kathedrale statt. Diesmal war auch das italienische Konsulat anwesend. Der ganze Klerus, die Abordnungen aller religiösen Häuser und sehr viele andere Leute waren da. Ich glaubte, daß man jenes für unseren lieben Vater zelebrierte Amt nicht mehr überbieten könnte. Und doch wurde es überboten, sowohl hier wie bei meinen Bekannten in Bergamo, in Rom und Italien. Ich habe von vielen Kardinälen und Prälaten Beileidsschreiben bekommen, zahlenmäßig sehr viel mehr als beim Tode unseres lieben Vaters. Die Anzeige, die im „Osservatore Romano" erschien, genügte.

Heute wurde eine weitere Totenmesse gelesen — *in die septima* [zum siebten Tag] — in der Basilika des heiligen Antonius, die Ihr kennt. Sie war sehr würdig, und viele Leute waren dort. Ich nahm privat daran teil. Das Amt zum dreißigsten Todestag wird hingegen in der Marienkirche zelebriert werden; die, zu der man hinuntersteigen muß, erinnert Ihr Euch? Kapuziner halten dort den Gottesdienst ab, wie die in Baccanello.

Natürlich wollte ich unsere verstorbene Mutter mit großzügigen Almosen für die Armen ehren und unterstützen, denn hier gibt es viele und so erbarmungswürdige. Ich werde auch für die Armen von Bergamo und von Sotto il Monte etwas tun, aber laßt mich das in Ruhe und auf meine Weise tun, so als ob Ihr von überhaupt nichts wüßtet. Aber auch Ihr solltet nicht vergessen, nach Euren Kräften, als Arme zu den Armen wohltätig zu sein. Die Wohltätigkeit bringt Gnade und Segen in die Häuser. Habt keine Sorge, das Geld abzuheben, das Ihr für den „Eco" benötigt, für den Grabstein und für die kurze Inschrift auf dem Friedhof, für die Grabnische und für alle anderen Ausgaben. Ich werde mich mit dem „Piccolo Credito" in Verbindung setzen.

Und waren auch unsere lieben Schwestern Assunta und Teresa bei der letzten Ehrung für unsere Mutter dabei? Nein? Wenn sie nicht dabei sein konnten, so werden sie sehr gelitten haben. Jetzt beschützen uns unsere seligen Eltern und trösten uns vom Himmel aus.

Ich fahre nun fort, 30 heilige Messen — sogenannte Gregorianische — zu lesen, mit denen die gute Meinung verbunden ist, daß sie die völlige Befreiung von den Qualen des Fegefeuers bewirken mögen.

Nun habe ich viel Arbeit, um allen zu antworten, die mir wegen des Trauerfalles geschrieben haben.

Wie Ihr Euch vorstellen könnt, bereitet mir auch die Ernennung des neuen Papstes viel Arbeit. Beten wir zum Herrn, daß der Erwählte seiner unmittelbaren Vorgänger würdig sei, von denen einer größer als der andere war. In dieser Zeit Papst zu sein, ist jedoch eine Angelegenheit, die einem die Haare weißer als das Gewand werden läßt. Aber der Herr wacht über seine Kirche. Wir beten in geistiger Gemeinschaft mit den guten Seelen der ganzen Welt.

Nun, wo Ihr Schwestern so gut die Kindespflichten bei der Mutter erfüllt habt, könnte man an einen neuen Besuch von Euch in Istanbul denken. Wie ich Euch schon andeutete, sähe ich es gerne, wenn auch unsere gute Nichte Enrica einmal käme. Aber drei Frauen auf einmal sind etwas zuviel, schon weil man jetzt die Nonnen nicht nach Hause schicken kann, von denen ich auch schon drei hier habe; man kann eine oder die andere auswechseln, aber nicht alle zurückschicken. Hinzu kommt, daß in nächster Zeit auch die Instandsetzungen in Camaitino gemacht werden müssen; und es ist notwendig, daß zur Zeit der Renovierungsarbeiten wenigstens eine von Euch zu Hause ist. Vielleicht könnt Ihr zu zweit kommen, das heißt, eine von Euch und Enrica. Das sind Dinge, die von Euch überlegt und entschieden werden müssen. Ihr wißt, wie gerne ich Euch sehe. Vorläufig ist noch Zeit: denkt darüber nach und sagt mir, was Ihr dazu meint.

Ich schließe, indem ich Euch grüße und segne. Auch das betrübt mich, weil ich daran denke, daß Vater und Mutter nicht mehr auf Erden sind. Aber jetzt sind sie es, die mich und Euch vom Himmel aus segnen.

Vor mir habe ich das Foto, das vor etwa zwei Jahren von Solza in Camaitino gemacht wurde, auf dem mit Mutter, den Tanten und dem Onkel alle unsere Neffen bis zum neugeborenen Angelino zu sehen sind. Ich betrachte diese Menschen und bin gerührt. Hoffen wir, daß alle gut aufwachsen und daß keine dieser Seelen auf einen schlechten Weg gerät.

Einen besonderen Segen erteile ich unseren drei lieben Schwägerinnen, Maria, Caterina und Ida. Unsere verstorbene Mutter soll nun in ihnen weiterleben.

Ich wäre froh, wenn ich das kleine Foto unserer Mutter bekommen könnte, das, wenn ich mich nicht irre, im Jahre 1929 gemacht wurde. Ich glaube, es ist in ihrem Reisepass, den sie benötigte, als sie nach Lourdes fuhr. Dann werde ich auch den Text für das Erinnerungsbildchen vorbereiten.

Ich lade Euch und die Brüder ein, für mich zu beten. Ich

hoffe, daß die Ernennung des neuen Papstes für mich keine Veränderung bringen wird. Um so mehr, weil es mir hier gut geht und ein Wechsel mir nicht gefallen würde. Ihr kennt meine Auffassung. Aber die Zukunft ist immer ungewiss. Es genügt, wenn ich bei allen Ereignissen den Willen des Herrn erfülle und seinen Segen verdiene.

† a. g. r.

325. An die Schwestern Ancilla und Maria

Istanbul, 22. April 1939

Meine lieben Schwestern,
soeben habe ich Euren Brief vom 18. erhalten. Es ist alles klar. Ich habe sofort an den Verwalter Gioacchino geschrieben und ihm meine Ansicht gesagt, die mit der Euren genau übereinstimmt und die Ihr kennt. Das heißt: entweder richtet sich der gute Gaetano und seine Familie annehmlich und seinen Wünschen entsprechend ein oder ich verzichte darauf, die Zimmer zu mieten.

Als Bischof muß ich der Vater der Armen sein, und es würde mir nicht gefallen, gut und mit allen modernen Annehmlichkeiten zu leben, während eine ganze Familie meinetwegen in der Enge ist. Gaetano Biffi verdient, gut behandelt zu werden, schon weil er in diesen Monaten gelitten hat und mehr als alle anderen leidet. Wie ich Euch schon gesagt habe, müßt Ihr versuchen, ihn nach besten Kräften zu ermutigen. Auch unser Bruder Giovanni schreibt mir in diesem Sinn.

Die Werke der Barmherzigkeit sind da, damit sie erfüllt werden, alle vierzehn. Selig jene, die diese Lehre verstehen, die so ziemlich das ganze Evangelium enthält.

Ich bin jetzt froh, weil ich sehe, daß der Himmel heller wird. Ich glaube, wir werden keinen Krieg bekommen. Laßt uns für unseren Teil versuchen, mit allen Frieden zu halten, über niemanden etwas Böses zu sagen und uns nicht in politische Fragen einzumischen.

Sicher redet man gerne schlecht über Italien, aber zu Unrecht. Es gibt Anmaßende unter uns, und es fehlt nicht an Übertreibung, aber Italien ist als geordnetes und die Religion respektierendes Land, immer noch das Land, wo es sich am besten lebt.

Man braucht sich nicht darum zu kümmern, was dieser oder jener tut.

Wie Ihr wißt, stehe ich außerhalb der Politik, aber das, was ich weiß und höre, kann ich nicht verleugnen.

Ich habe mich über den Brief gefreut, den der Heilige Vater an Giuseppina geschickt hat. Die katholische Kirche ist wie eine Familie, wo alle sich gut verstehen und die Kleinen vom Vater bevorzugt werden.

Ich grüße und segne Euch alle zusammen. Auch Mons. Testa und Luigi grüßen Euch. Hier ist alles wohlauf. Nochmals Grüße an Gaetano und an seine Familie.

334. An den Bruder Giovanni

Istanbul, 25. Oktober 1939

Mein lieber Giovanni,
gerade bin ich von einer langen Reise ins Landesinnere der Türkei mit einem Abstecher nach Syrien, wo ich schon im vergangenen Juni war, zurückgekehrt. Ich konnte also nicht sofort den Brief der Schwestern mit den Nachrichten über Battistino lesen, der den Brief von Hochwürden Farina, dem Rektor des Seminars in Clusone, enthielt.

Beim gegenwärtigen Stand der Dinge, glaube ich nach reiflicher Überlegung, daß der Rat von Don Farina vorzuziehen ist: das heißt, laß Dir vom Seminar den Lehrplan für die erste Klasse des Gymnasiums geben und laß den Jugen zu Hause nach diesem Lehrplan unter Aufsicht eines Priesters, von dem er jeden Tag seinen Unterricht erhalten müßte, lernen. Er muß so angeleitet werden, daß er im nächsten Jahr in der Lage ist, in die zweite Gymnasialklasse in Clusone einzutreten.

Ich werde dem Herrn Pfarrer schreiben und ihm diese Aufgabe anbieten, wenn sie ihm gefällt. Sonst könnte sie auch unser guter Kurat, Don Volpi, übernehmen. Wenn auch dieser nicht annehmen sollte, könnte man sehen, ob in Fontanella, in Terno oder in Villa d'Adda nicht ein guter Priester zu finden ist, der jung, ordentlich und geduldig ist. Natürlich wird man ihm ein Geschenk machen müssen, als gerechte Anerkennung für die Verpflichtung, die er übernehmen würde.

Was das Studium angeht, so könnte Battistino von Camaitino und von der Hilfe der Tanten und seiner Schwester Enrica profitieren. So würde er von den Zerstreuungen der Colombera ferngehalten, und es würde ihm leichter fallen, sich zu konzentrieren und sich in geeigneter Weise als zukünftiger Seminarist verhalten zu lernen, sich an das Gebet, die gute Lektüre, an den Gehorsam und an die Nächstenliebe zu gewöhnen. Um ehrlich zu sein, nach all dem, was mir berichtet wird über die Notwendigkeit, sofort neue Prüfungen zu absolvieren, des Eintritts auf Probe und der Verpflichtung diesen oder jenen Professor zu bemühen, halte ich es wirklich für das beste, den gewöhnlichen und glatten Weg einzuschlagen. Wer diesem folgt, wird schließlich gewisseren und größeren Segen finden.

Habe ich es übrigens nicht auch so gemacht? Ich bin in die dritte Gymnasialklasse des Seminars eingetreten, nachdem mir der Pfarrer von Carvico ein Jahr und einige Monate lang Unterricht und Kopfnüsse erteilt hatte und nach einigen Monaten in Celana, wo ich in Wirklichkeit ziemlich wenig fertiggebracht habe, auch weil ich noch nicht alt genug war, um zu verstehen und vernünftig zu denken. Ich wurde viel zu schnell zum Studium ins Gymnasium geschickt[43]. Man braucht keine Eile zu haben. Ein Jahr mehr oder weniger zählt kaum. Was zählt, ist die Güte des Jungen und der Anfang auf guten Grundlagen. Das Gerede der Leute, die mit dieser Sache überhaupt nichts zu tun haben, muß man übergehen. Redeten sie nicht auch über mich, daß ich Priester werden wollte, um nicht auf dem Felde zu arbeiten? Das passiert zu allen Zeiten, und man braucht sich deswegen wirklich nicht zu beunruhigen. Ein Junge, der Neigungen zum Priestertum zeigt, ist eine heilige Person in der Familie; man darf ihn nicht leichtfertig abtun und ohne Aufmerksamkeit behandeln. Die Eltern und die Brüder wissen, wie sie sich verhalten müssen: die anderen übersieht man oder erträgt sie und Schluß damit. Ich unterlasse es, den lieben Brief der Schwestern vom 7. d. M. zu beantworten.

Sage ihnen, daß alles, was sie mir schreiben, in Ordnung geht. Ich habe das Erinnerungsbildchen unserer guten Nichte Lucia gesehen. Es scheint mir, daß es gut so ist; der Ehemann und die Mutter dieses ausgezeichneten Mädchens werden zufrieden sein. Ich komme immer etwas spät mit meinen Dingen, aber ich komme.

Das Bildchen unserer Mutter scheint auch gut zu werden, sogar sehr gut. Natürlich wird es etwas anderes sein ... und es wird auch einen anderen Preis haben.

Mir geht es gut. Meine Reise ist vollkommen glatt verlaufen. Denkt nur, daß die Entfernungen so weit wie von Istanbul nach Mailand waren und daß ich tagelang im Zug oder mit dem Auto reisen mußte. Zum Begleiter hatte ich Mons. Testa, den Sekretär, der mich nun verläßt. Ich bedauere diese Trennung, aber so ist das Leben. Außerdem bin ich mit dem neuen Sekretär, der schon seit fast zwei Monaten hier ist, zufrieden, und so hoffe ich das beste. Unten in Zilizien und in Antiochia, in Alexandrette und dann in Konya und in Smyrna (Izmir) hatte ich stets herrliches Wetter; und es war sogar zu warm. Ja, der Himmel im Orient ist fast immer bezaubernd.

Mit Dir grüße ich von Herzen Deine Caterina, Deine Kinder und schließlich unsere ganze übrige Familie in der Colombera und in Camaitino.

Jetzt kommen die heiligen Tage, die der Verehrung der Toten gewidmet sind. Ihr könnt Euch wohl vorstellen, daß ich oft mit Euch im Gedanken und im Gebet verbunden sein werde. Offengestanden, ich bin noch nie zu diesem Anlaß hier gewesen, bei dem der Bischof besondere Aufgaben hat. In diesem Jahr sind alle zufrieden, daß ich hier bin. Unsere Schwestern wissen, daß es hier auch einen schönen Friedhof für die Katholiken gibt, der sehr ehrwürdig und feierlich ist.

Grüß Dich, lieber Giovanni. Sprich Dich stets gut mit dem Herrn Pfarrer ab, dem ich ebenfalls schreiben werde. Ich segne Euch alle.

338. An die Familie

Istanbul, Weihnachten 1939

Meine lieben Brüder und Schwestern und alle Verwandten,
die Schreiben von allen habe ich erhalten, von Ancilla, von Zaverio, von Giovanni, von Enrica. Nach dem soeben beendeten Weihnachtsgottesdienst, habe ich die Glückwünsche an den Heiligen Vater abgeschickt, und möchte ich jetzt Euch allen zusammen ein paar Zeilen senden, wobei ich wohl weiß, daß Ihr es mir nachsehen werdet, wenn ich nicht jedem einzelnen besonders schreiben

kann. Diese Briefe sind mir eine Freude, aber auch eine Qual, weil ich sehr viele erhalte und es mir nicht gelingt, alle zu beantworten, wenigstens nicht so, wie ich es möchte und nicht bloß mit einem Kärtchen.

Ich freue mich, daß es Euch allen gut geht, auch wenn die Gesundheit der Frauen zu wünschen übrigläßt. Die Krankheit ist ein Kreuz, aber im Vergleich zu anderen Kreuzen, die es in so vielen Familien gibt, ist sie noch ein Segen. Habt Ihr außer acht gelassen wie Ihr und ich im Szenenwechsel dieser Welt alt werden, und daß wir uns jetzt nach der Trennung von unseren verehrten Eltern auf weitere Trennungen gefaßt machen müssen? Wenn ich Bilanz ziehe und um mich sehe, bin ich trotz der ständigen Armut unserer Familie getröstet, und ich danke mit Euch dem Herrn. Ja, arm seid Ihr immer, aber im Augenblick habt Ihr keine nennenswerten Schulden. Man muß also für den Tag leben. Und wenn Maria, Rica oder Rita oder jemand anderer zeigen, daß sie Schmerzen leiden, muß man denken, daß ihr Leiden Opfer ist, das allen zu materiellem Wohle gereicht; und zudem ist sicher, daß nichts von dem verlorengeht, was man mit dem verbunden hat. Also nur Mut. Der Segen und die Fürsorge des Herrn haben bis heute nicht gefehlt und werden auch morgen dasein.

Ich wünsche Euch ein gutes neues Jahr. Wer weiß, welche Ungewißheit es für uns bereithält. Denkt an die Armen, die im Kriege stehen! An die Polen, an diese armen Finnen, selbst an die Deutschen und an die Russen. Was können die Soldaten schon dafür? Sie leiden und sterben zum großen Schmerz so vieler Familien. Die Verantwortlichen sind die Oberhäupter. Sie sind es, die den Dickschädel haben, und sie sind alle gleich. Ein Glück, daß wir in Italien sind. Man muß diesmal wirklich sagen: es ist eine Hand da, die den Duce zum Wohl der Italiener führt[44]. Ich glaube, daß der Herr Regierende und Untertanen für den mit der Kirche geschlossenen Frieden belohnen will. Bei den Vorfällen darf man dann nicht auf dieses oder jenes schauen, auf das, was in einem kleinen Dorf oder auch in einem großen Land geschieht. Es sind immer Einzelfälle und -personen.

Und jetzt diese Friedensfeier mit der Begegnung zwischen dem Papst und dem König![45] Wer hätte jemals gedacht, daß es so gut ausgehen würde? Das Hauptverdienst gebührt jedoch dem verstorbenen Heiligen Vater Pius XI. und seiner Seelenstärke. Er hat bewiesen, daß er nachgeben und sich wehren kann, ohne sich vor irgend jemandem zu fürchten. Der Selige! Jetzt hat er in der Bewunderung der Menschen einen Lohn, und einen noch größeren im Paradies beim Herrn, der alle auf sich genommenen Opfer, um der Wahrheit und Gerechtigkeit zu dienen, zählt. Und man muß Mussolini dankbar sein[46]. Wie viele Staatsmänner gab es vor ihm in Italien! Die Päpste waren immer zur Versöhnung bereit, aber es fehlte immer der Mann, der fähig gewesen wäre, von seiten des Staates darauf einzugehen.

Beängstigend sind die Lasten der Abgaben: kurz gesagt die Steuern. Wißt Ihr aber, daß alle darunter leiden, daß wir hier in Konstantinopel einen schrecklichen Mangel an Lebensmitteln und Waren haben? Ach, wenn Ihr sehen würdet, wie viele Arme hier um mich herum sind! Und wie viele Arme, die ich nicht kenne, leiden im stillen Hunger und vergießen bittere Tränen!

Ich freue mich, Euch mitteilen zu können, daß es mit meiner Gesundheit immer gut steht. Je weniger ich esse, desto besser geht es mir. Dies ist eine auch für mich unsichere Zeit; die Zeit, in der viele Bäume stürzen. Denkt an Mons. Radini und an viele, viele andere in diesem Alter. Die Festtage habe ich sehr gut verbracht. Immer schöne Gottesdienste hier in der Heilig-Geist-Kathedrale: viele und gute Leute, die Zuneigung zum Apostolischen Delegaten zeigen. Nach Epiphanie werde ich einen Besuch in Griechenland machen; ich werde aber auf dem Landwege reisen. Meer und Luft bieten in dieser Jahreszeit keine sicheren Straßen. Am 2. Januar hoffe ich, wieder in Istanbul zurück zu sein, wo ich mich natürlich wohler fühle. Auch ich muß kleine Opfer bringen, damit meine Angelegenheiten zum Wohl der Heiligen Kirche und der Seelen vorankommen.

Betet weiterhin für mich und laßt auch die Kinder beten! Erwidert die Grüße an alle. Sicherlich wollte mir diesmal auch die kleine Teresa schreiben. Ist sie nicht auch schon groß geworden, und hat der Onkel nicht alle seine Nichten und Neffen gleich lieb? Ich segne alle und denke besonders an Euch. Für den Bruder Giuseppino und für seine Kinder füge ich einen Brief bei. Alfredo schreibt wenig. Ich denke aber immer an ihn, um so mehr, als er wie ich *barba* [Junggeselle] ist, und wir Junggesellen müssen zusammenhalten.

Beste Grüße auch von Mons. Righi, den ihr noch kennenlernen werdet. Er ist unscheinbar, aber tüchtig und leistet mir gute Gesellschaft. Auch Luigi und meine Schwestern lassen grüßen und beten für Euch. Auch im Haus ist Frieden, und das ist der größte Reichtum.

349. An den Bruder Giuseppe

Istanbul, 28. Mai 1940

Lieber Giuseppino,
schnell ein paar Zeilen für Deine Raffaella. So nehme auch ich an Deinen Familienfreuden teil. Das sind die echtesten, reinsten und gesegnetsten.

Nur Mut. Dies sind Tage des Wartens. Vielleicht spürt man das in Italien mehr als hier. Wir kommen jetzt ins Tal, ins Tal des *Salve Regina*. Möge der Herr uns allen beistehen und besonders unser geliebtes Land im Frieden und im Krieg segnen.

Ich denke, daß mein neuer Sekretär Euch meine Nachrichten überbracht hat. Sie sind weiterhin gut. Vor allem bin ich ruhig und gelassen. Macht es ebenso, erinnert Euch immer an das, was Manzoni geschrieben hat: „Der Herr trübt nie die Freude seiner Kinder, es wäre denn, um ihnen eine größere und gewissere zu bereiten."[51] Ich segne Euch alle: und ich segne auch Eure Seidenraupenzucht.

In inniger Zuneigung
† Angelo Gius. Erzb.

Besonderen Segen Deiner Ida.

356. An den Bruder Saverio

Istanbul, 16. September 1940

Lieber Severo,
die Schwestern werden Dir Lire 7650 geben, zum Ausgleich der Schulden für den Haushalt, entsprechend der Aufstellung, die Du mir durch Rica geschickt hast. Nimm es an, bezahle, danke dem Herrn und gut so. Aus verschiedenen Gründen seid Ihr für mich die Ersten der Armen. Und ich helfe Euch gerne, obwohl auch ich im Grunde arm bin.

Natürlich müßt Ihr Euch weiterhin anstrengen, damit Ihr eines Tages in der Lage seid, Euch selber zu helfen. Vielleicht bin ich bald nicht mehr da, weil ich mich nun auch schon den Sechzigern nähere. Vielleicht fehlen mir, auch wenn ich gesund bin, die Mittel, die die Vorsehung Gottes mir jetzt gibt. Ihr wißt, daß ich kein Geld anhäufe. Ich lebe in den Tag hinein und gebe alles, was ich besitze.

Aber vor allem liegt mir daran, daß meine Brüder weiterhin das gute Beispiel einer Familie geben, wo der Friede und die Gottesfurcht herrschen. Ich weiß, daß Ihr in Frieden lebt, und das tröstet mich. Lebt immer so, auch in Zukunft: liebt Euch, versteht einander und bewahrt immer die Achtung voreinander. Wenn die Männer vorangehen, so folgen Ihnen die Frauen aus Liebe oder zwangsläufig: die Kleinen haben ein großes Vorbild, und so werden die Familien stark. Als wir klein waren, welchen Eindruck machten da die alten Brüder Roncalli auf mich und wie bekümmerte es mich, weil sie nie miteinander sprachen oder wenn, dann recht garstig. Und doch waren es so gute Leute. Und dann, habt Geduld: seid zufrieden mit Eurem niedrigen Stand und lebt für den Tag.

Wieviel Leid gibt es doch heute in der Welt, sehr viel schlimmeres als das unsere.

Wenn ich dies schreibe, so spreche ich zu allen vieren, zu Euren Frauen und zur ganzen Familie. Ich segne Euch alle und denke besonders an Rita, die in ihrer Ergebung in den Willen des Herrn das finden wird, was sie auch bei ihren Krankheiten glücklich machen wird.

In inniger Zuneigung
† Ang. Gius. Erzb.

366. An die Familie

Istanbul, 1. April 1941

Meine lieben Schwestern und alle Verwandten,
zunächst sende ich Euch die Osterwünsche. Ich weiß nicht, wann und ob sie ankommen werden. Ich fürchte, daß in einigen Tagen die Postverbindung von Istanbul nach Italien noch schwieriger werden wird. Wir sind hier noch immer vom Krieg verschont: aber die Wolken ballen sich wieder zusammen, und es kann sein,

daß auch hier ein Unwetter losbricht. Wie ich Euch schon schrieb, braucht Ihr Euch um mich überhaupt keine Sorgen zu machen. Betet: ja das tut, so wie auch ich es immer für Euch tue; und laßt die Kinder beten.

Wegen der Zahlungsaufforderung der Versicherung, die jetzt abgelaufen ist, braucht Ihr Euch keine Gedanken zu machen. Die Police finde ich hier nicht, sie muß noch in Camaitino sein. Wie Ihr wißt, habe ich von hier aus nie die Beiträge für diese Police bezahlt. Damit Ihr, was auch immer geschehen mag, nicht in Sorge seid, habe ich schon alles richtig veranlaßt. Dankt der göttlichen Vorsehung, das genügt. Geht zum „Piccolo Credito" und nehmt das, was Ihr braucht, jetzt und immer. Natürlich sage ich auch zu Euch das, was der Heilige Stuhl mir sagt: die Zeiten sind traurig, man muß sparsam sein, aber laßt es Euch nicht am Notwendigen fehlen, und vertraut auf Gott, der immer gütig und großzügig ist.

Der Vetter Giovanni aus Mailand hat mir mitgeteilt, daß sein Sohn Peppino als vermißt gemeldet wurde. Ich bin dabei, Nachforschungen anzustellen, aber ich fürchte leider, daß er im Meer umgekommen ist. Ich kann mir den Schmerz der armen Eltern vorstellen. Hier gehen die Namen unserer lieben Soldaten in die Tausende, deren Familien über den Heiligen Vater nach ihnen forschen lassen. Ich leite diese Namen nach Ägypten an Mons. Testa und nach Griechenland weiter. Aber die Nachforschung ist schwierig, besonders in Griechenland, wo nur Don Martino zurückgeblieben ist, den Ihr kennt, da er 1937 zu uns nach Hause kam.

Und Angelino, der Sohn von Assunta? Der Ärmste! Wie jung ist er gestorben. Aber in diesem Fall muß man sagen, daß *der gute Tod das ganze Leben ehrt.* Sein letzter Brief, den er an seine Eltern schrieb, und dann die Nachricht, daß er nach Empfang der Kommunion und mit dem Gedanken an den Herrn in den Tod ging, geben uns die Gewißheit, daß er sich nicht nur den Dank und die Achtung des Vaterlandes verdient hat und sich selber Ehre gemacht hat, sondern daß er auch seine Seele gerettet hat. Dann gibt es noch den Umstand, daß er fortging, um seinen Bruder zu retten. Das ist eine Tat der Liebe, die im Himmel mehr als jedes andere Verdienst zählt.

Ich habe an seine Eltern geschrieben, sie zu trösten, und hier habe ich viele Fürbitten für die Seele des Verschiedenen beten lassen. Der Herr hat ihn gegeben, und der Herr hat ihn genommen: er sei gepriesen. Ich glaube gerne, daß Angelino sich schon jetzt am Ort der Barmherzigkeit und der Freude befindet.

Gesundheitlich geht es mir immer gut. Aber die Arbeit hält an und nimmt mir den Atem. Besonders das Briefeschreiben quält mich. Meine Amtsgeschäfte gehen natürlich vor und die der Familie müssen warten. In Gedanken jedoch besuche ich Euch oft, und immer seid Ihr in meinem Gebet zugegen.

Der Herr hat beschlossen, daß auch unser liebes Vaterland einige Schwierigkeiten durchmachen muß. Man darf sich aber trotz allem nicht entmutigen lassen. Ihr werdet sehen, daß das Ende zufriedenstellend sein wird. Wolle der Herr, daß es bald kommt.

Ich habe mich auch an das Versprechen wegen des Radios erinnert. Aber um ehrlich zu sein, abgesehen davon, daß es viel kostet, möchte ich lieber, daß Ihr einfach lebt. Man hört weniger unangenehme Dinge: man redet weniger unnützes Zeug und jeder leistet seinen Dienst fürs Vaterland besser, wenn er schweigt, arbeitet und betet im Opfergeist, als wenn er die Sachen beredet oder Befürchtungen nährt, die den Frieden und die Gelassenheit stören.

Anläßlich des Festes Mariä Verkündigung habe ich in meinem Gebet besonders an Euch Schwestern gedacht, die Ihr den schönen Namen Maria und Ancilla tragt. Entschuldigt, daß ich keine Glückwünsche geschickt habe. Wir sind erzogen worden, nicht viele schöne Worte unter uns zu machen: aber wir haben uns aufrichtig gern. Ich grüße alle, alle in der Colombera und alle, die sich meiner erinnern.

Ich füge eine Fotografie bei, die an den Eucharistischen Kongress von Gazzaniga 1939 erinnert. Die beiden Bischöfe mit Bart sind Mons. Belotti und Mons. Marinoni, Bischof von Asmara; die beiden anderen sind Mons. Macchi aus Como und Mons. Drago. Die Fotografie wurde mir von Herrn Emmanuele Maffeis zugeschickt.

Habt Mut und verbreitet Mut um Euch. Alles was der Herr gewährt, ist zu unserem Wohl, zum Wohle Italiens. Eines Tages werden wir uns trösten, daß wir alle ein wenig für unser Land gelitten haben. Die Vaterlandsliebe ist ein Zweig der Liebe zum Herrn. Und für den, der für das Vaterland stirbt, hält der Herr eine besondere und reichere Gnade bereit. Ich segne Euch alle zusammen. Jetzt werde ich auch an Battistino und an seinen Rektor schreiben. Versucht den Schwestern Teresa und Assunta und ihren Familien Mut zu machen, die ich zusammen mit Euch segne.

† a. g. r.

371. An die Schwestern Ancilla und Maria

Sofia, 5. Juli 1941

Meine lieben Schwestern,
wie Ihr dem Briefkopf entnehmen könnt, bin ich auf der Durchreise hier in Sofia, da es jetzt keinen anderen Weg gibt, um nach Griechenland einzureisen. Mons. Mazzoli[61] hat mich mit brüderlicher Güte aufgenommen und wollte, daß ich wieder mein Schlafzimmer bezöge. Erinnert Ihr Euch? Hier hat sich nichts, wirklich nichts neues getan oder verändert. Zimmer, Möbel, Kleider, Utensilien sind alle noch so, wie ich sie Anfang Januar 1935 zurückließ. Verändert ist das Zimmer von P. Metodio und von Don Giacomo, das zum Empfangszimmer geworden ist. Der Sekretär wohnt jedoch oben, in Eurem Schlafzimmer. Ich verhalte mich hier sehr zurückhaltend. Aber ich kann Euch kaum sagen, welche festliche Aufnahme mir hier bereitet wurde: von S. M. König Boris, der mich 1 1/2 Stunden zur Audienz empfing; von I. M. der Königin, die mich zusammen mit Mons. Mazzoli in ihre Villa in Vranya einlud, wo sie mir ihre Kinder vorstellte; von Männern der Regierung und von alten Bekannten. Die Familie Pampuri, die jetzt irgendwo anders in der Stadt wohnt, habe ich nicht gesehen. Von den beiden Söhnen muß einer Soldat sein. Der andere hilft dem Vater, der nun sehr alt ist, aber sich noch wacker hält.

Sofia ist jetzt viel schöner: alle Straßen sind gut asphaltiert und von Bäumen gesäumt, die einen Eindruck von Grün und Frische vermitteln.

Dienstag werde ich mit dem Flugzeug nach Saloniki in Griechenland fliegen und von dort nach Athen, wo ich mich wahrscheinlich den ganzen Monat über aufhalten werde, wie ich Euch bereits schrieb. Dann werden wir sehen, was die göttliche Vorsehung anordnen wird.

Wenn man für den Herrn und für die Heilige Kirche arbeitet, ist man in Sicherheit. In Athen werde ich das Ergebnis der Nachforschungen, die ich für unsere Vettern Roncalli aus Mailand und aus Mapello gemacht habe, erfahren und ich werde nochmals welche einleiten. Leider muß man, wenn andere Hinweise fehlen, mehr fürchten als hoffen. Möge der Herr Erbarmen mit so vielen Schmerzen haben und das Herz der Regierenden bewegen und der Welt ihren Frieden wiedergeben.

Ich segne Euch alle zusammen.

† a. g. r.

375. An die Familie

Athen, 4. September 1941

Meine lieben Schwestern und Brüder und alle Verwandten,
soeben erhalte ich Euren Brief vom 24. August, der im Grunde noch schnell angekommen ist.

Ich fürchte, daß mein Brief an Rica nicht rechtzeitig zu ihrem Eintritt in den Orden des Heiligsten Herzens Jesu eintrifft. Aber wir haben uns inzwischen so sehr ans Opferbringen gewöhnt; und außerdem ist es mit dem Gebet wie mit dem Segen: sie durchqueren die Luft schneller als das Radio.

Ein besonderes Wort des Grußes und der Ermutigung an Giovanni und seine Caterina. Dies sind Festtage für gute christliche Eltern. Sie sind noch glücklicher, als wenn eine Tochter heiratet. Also habt Mut und nehmt meine Glückwünsche entgegen. Gestern war ich ein bißchen betrübt, weil ich seit langem keine Briefe mehr aus Rom erhielt. Ich habe die Messe für unsere lieben Verstorbenen zelebriert. Kaum zwei Stunden später kam der erste Brief, der mich tröstete und mir den Weg erhellt.

Was wollt Ihr, meine Lieben? Der Herr hat mir in diesen Monaten eine so intensive und so schöne Arbeit im Dienste des Heiligen Stuhls gegeben, daß die Vorgesetzten in Rom mich bitten, solange wie möglich hierzubleiben. Es ist wahrscheinlich, daß es nach dieser Anstrengung dann endlich gelingen wird, hier die Niederlassung des päpstlichen Vertreters fest einzurichten. Und ich werde glücklich sein, diesen Punkt nach sieben Jahren des Opfers erreicht zu haben. Dann werde ich nicht mehr diese Mühe in Griechenland auf mich nehmen müssen, und ich werde mich mehr an Konstantinopel erfreuen können, wo ich mich, wie Ihr wißt, immer sehr wohl befinde dank der Gnade des Herrn. Man hört auch Stimmen, daß der Krieg auch in die Türkei kommen soll. Es ist daher um so angebrachter, daß ich nicht fortgehe. Es ist aber durchaus nicht ausgeschlossen, daß ich vor Weihnachten einen Besuch in Sotto il Monte machen werde.

Inzwischen laßt uns in den Tag hineinleben. Mir geht es immer gut. Abends bin ich müde wie ein Gepäckträger. Aber jetzt ist es kühler geworden, und ich schlafe die ganze Nacht durch.

Ich schreibe nicht mehr weiter, weil wir auch jetzt schon wieder eine Stunde nach Mitternacht haben. Ich werde wegen allem übrigen, was notwendig ist, für Battistino und für die Ausgaben der beiden Familien, bald wieder schreiben. Bereitet mir die Aufstellungen wie in den anderen Jahren vor.

Klagt nicht, wenn Ihr etwas leidet, auch wenn es in diesem Jahr größeres Leid gibt. Unsere Familie wurde im Vergleich zu Millionen anderer Familien, die in Angst und Jammer leben, verschont. Hier erfreuen mich die Besuche unserer lieben Soldaten. Mit großem Vergnügen habe ich den Unteroffizier Ettore Carissimi del Nota gesehen, außerdem die Artilleristen Guerra Giovanni und Stanislao Ghisleni; und noch verschiedene aus Carvico. Der Propst Padrinelli schreibt mir, daß der Soldat Comi Giovanni, der hier in Athen begraben ist, mit mir weitläufig verwandt sei. Wieso? Ist er vielleicht ein Sohn von einer der Kusinen Magni aus Fornace?

Schreibt mir oft, weil es, wie Ihr seht, viel Zeit braucht, um etwas voneinander zu erfahren; die Post dauert lange und ist unsicher. Ich segne Euch alle. Einen besonderen Segen für Zaverio. Er möge sich sehr schonen, denn die Bronchitis ist gefährlich. Aber man kann sie gut heilen: wenn man nur ein bißchen Geduld aufbringt. Jetzt hat auch er sein Kreuz. Wir alle müssen eines tragen.

Am Fest Kreuzerhöhung hoffe ich, die Messe im Lager nahe bei Athen zu zelebrieren, wohin die Artilleristen aus Bergamo, die zuerst in Theben waren, verlegt worden sind.

In inniger Zuneigung

† a. g. r.

378. An die Nichte Enrica Roncalli

Istanbul, 3. Januar 1942

Meine liebe Nichte Enrica,

noch befinde ich mich mitten in den großen Weihnachtsfeierlichkeiten, die eigentlich erst mit Epiphanie ihr Ende nehmen. Ich habe viele Briefe erhalten, die von mir eine Antwort verlangen. Aber abgesehen von den Briefen, die ich bei solchen Gelegenheiten von Amts wegen an die obersten Vorgesetzten in Rom zu senden gehalten bin wie auch an die wichtigsten Diplomaten hier und anderswo, die mit meinem Amt, das ich als Apostolischer Delegat innehabe, in Verbindung stehen, habe ich in meinem privaten Briefwechsel Dir den Vorrang geben wollen. Du verdienst diesen Vorzug vor allem deshalb, weil Du Dich vor kurzem dem Ordensleben geweiht hast, und dann deshalb, weil ich in Deinem Brief vom 8. Dezember, über den ich mich sehr gefreut habe, sehe, daß Du auf kleine Versuchungen in Form von Entmutigung und Heimweh anspielst, was ich sofort merkte.

Der Schritt, den Du getan hast und von dem ich denke, daß Du ihn bis zum Ende vollziehen willst, ist von so großer Wichtigkeit und Bedeutung vor den Augen des Herrn, den Du wie auch ich zum Erbteil gewählt hast, daß man nur zu gut versteht, warum so etwas zwischen Hindernissen, Anfechtungen und Widerstreben reifen muß. Die Welt und der „Fürst dieser Welt" können sich nicht so einfach, als merkten sie nichts davon, eine Seele entgehen lassen, die in der Einfachheit des Ordenslebens vielen Seelen nützen und den Interessen des Reiches Jesu Christi dienen kann. Aber glaube mir, Dein Widerstreben, das Dich manchmal überrascht, ist nichts gegen die mühevollen Kämpfe, die so viele Mädchen auf sich nehmen mußten und auch bestanden haben, nichts vor allem verglichen mit den reinen Freuden, die das Ordensleben bereithält.

Was nun die Entsagungen betrifft, so liegen diese in der Ordnung der Natur. Ich erinnere mich an Weihnachten 1891[66] — Du siehst, das liegt 50 Jahre zurück —, unser Vater begleitete mich zu den Wäldern von Faida hin, oberhalb von Villa d'Adda, und ließ mich dann allein nach Pontida weitergehen, wo ich im Hause unserer Verwandten, Ca' de Rizzi, wohnte, um dann von dort aus als ordentlicher Schüler nach Celana zu gehen: wie ich da allein im Wald und in der Kälte stand und an die Wärme daheim zurückdachte, in der Familie, die ich gerade verlassen hatte, da weinte ich und war noch mehr ergriffen als beim ersten Abschied.

Und willst Du noch etwas hören? Die Eltern — Deine lieben Großeltern — sind nun tot. Aber solange sie lebten, griff mir jedes Jahr der Augenblick bedenklich ans Herz, da ich bei der Colombera vorbeikam, um von ihnen Abschied zu nehmen, bevor ich nach Sofia oder Konstantinopel zurückkehrte, und ich mußte es eilig tun, um nicht die innere Bewegung zu verraten. Und es ist recht so, daß uns das überkommt. Wir sind geschaffen, uns ewig zu lieben. Es versteht sich von selbst, daß dieses Gefühl sich Ausdruck verschafft, uns dadurch aber auch Schmerz antut. Auf diese Weise verdienen wir uns die Freude der endgültigen Wiedervereinigung. Also Mut, liebe Enrica. Du mußt Deines göttlichen Gemahls würdig sein, der Dich auserwählt hat. Zuweilen werden ein paar verstohlene Tränlein, wie Du es gut sagst, die Du dem Herrn darbringst, Dir mehr Frieden geben als viele Überlegungen.

Du mußt Dich in aller Ruhe bemühen, jenen Gleichmut zu gewinnen, der die Blüte der Gnade und der dauernden Fröhlichkeit ist. Du freust Dich darüber, daß Mons. Giacomo Testa wieder mein Mitarbeiter geworden ist. Ich mag ihn wirklich sehr gern. Hier im Orient hat er bei allen einen ausgezeichneten Eindruck hinterlassen. Man erinnert sich seiner, und er ist gern gesehen hier in Konstantinopel. Auch in Athen, wo ich ihn einen Monat in seine neue Arbeit eingeführt habe, ist er schon recht geschätzt und beliebt. Weißt Du warum? Eben wegen der Einfachheit seines Geistes und der stetigen Heiterkeit seines Gemüts, wegen der Liebenswürdigkeit seines Benehmens, dem viel Charme und Geduld beigegeben sind. Das ist das Geheimnis unseres Erfolgs. Große Hingabe an Gott, der uns liebt und dem in seiner Kirche zu dienen eine große Ehre ist: Demut und Einfachheit zu jeder Zeit und mit allen, dann eine lautere, brennende Liebe zu Jesus, den Du immer mehr in den Tiefen seines Herzens kennenlernen wirst. Wie ich Dir schon sagte, kann ich es Dir nachfühlen, wie schwer es Dich ankommt, daß Du schon bald weg mußt von den bekannten Orten, die in Dir die heiligen Zuneigungen Deiner Kindheit wachrufen. Aber da es nun der Herr anders fügt und einmal sehen möchte, wie Du Dich zusammenreißen kannst, so preise ihn auch dafür und warte in Frieden auf die Stunde Deiner Abfahrt nach Florenz. Und wenn diese gekommen ist, zahle einen letzten Tribut an Tränen, die die lieben Engel des Herrn als symbolische Gabe für viel größere Opfer auffangen, und dann fährst Du ab wie ein Vogel, der seinem Frühling entgegenfliegt.

Inzwischen bringe Du willig dar, was Du zu erleiden hast, und lege es zu den vielen Leiden der Kriegsopfer, die in erschreckendem Maße ansteigen. Wenn Du wüßtest, was für Dinge ich mit eigenen Augen gesehen habe und was Hunger ist, Hunger, der täglich Hunderte und aber Hunderte von Toten fordert und schließlich auch jedes heilige Empfinden erstickt. Gott möge Italien vor einer solchen Geißel schützen.

Seit dem 16. Dezember bin ich wieder an meinen Sitz nach Istanbul zurückgekehrt und habe Mons. Testa in Athen gelassen. In der Türkei ist kein Krieg und demzufolge ein anderes Leben. Hier fehlt nichts. Ich fühle mich wie daheim und besser als daheim unter all diesen Gläubigen, die mir doppelt Söhne und die so gut zu ihrem armen Bischof sind. Bete für mich und für sie. Ach, wenn ich mich eines Tages von ihnen trennen müßte, das würde mir schwerfallen. Aber mich treibt es ganz spontan, immer den Willen des Herrn zu tun, ohne mich um anderes zu kümmern, so daß mir jede Mühe zu einem wahren Vergnügen wird.

Jetzt habe ich ein wenig Ferien für Mons. Righi, meinen Sekretär in der Türkei, bewilligt bekommen. Auch er ist für seine Mutter und die Seinen wie ein Kind. Bei seiner Rückkehr Ende Januar werde ich, wenn es möglich ist, wieder nach Athen fliegen und das soziale Hilfswerk für die armen und unglücklichen Griechen leiten. Es scheint bei ihnen, als brächten die Bedrängnisse ihnen etwas Gutes mit in dem Sinne nämlich, daß sie sie erkennen lassen, was der Papst ist und wie groß seine Mildtätigkeit. Um schneller zu sein, bin ich in meinem Alter, das man langsam spürt, noch unter die Flieger gegangen. Dieses Jahr bin ich achtmal geflogen, insgesamt fünfzehnmal. Glaube nur nicht, daß es mir sehr viel Spaß macht, vor allem in dieser Jahreszeit. Aber wenn ich so fliege, glaube ich den Willen Gottes zu sehen, und ich tue es ganz einfach, wobei ich auch bereit bin, in einem Unfall den Tod zu finden, sollte dies mein Schicksal sein.

Praktisch habe ich die Hilfe des Herrn in dem Maße feststellen können, indem ich mich von mir selber befreie und auf alles aus Liebe zu ihm verzichte; erst kürzlich stellte ich es wieder in wunderbarer und bewegender Weise fest. Mut also, meine liebe

Enrica. Auch der stachelige Büßergürtel wird köstlich, wenn man ihn mit Liebe trägt, um so mehr wollen wir die kleinen Opfer, die kleinen Loslösungen, die kleinen Verzichte, die gegen unser Gefühl gehen, auf uns nehmen; sie werden sogleich mit soviel innerem Trost vergolten, daß er alle Freuden der Welt übertrifft.

Wie ich Dir versprach, denke ich treulich beim täglichen Gebet in der Prim an Dich. Denke auch Du in einem *Ave Maria* Deines Rosenkranzes an mich. Ich nehme an, Du wirst einen Brief von mir aus Athen mit der letzten Fotografie erhalten haben, die man von mir in Rom aufgenommen hat, um meine 60 Jahre im Bild festzuhalten. Ich sende Dir heute eine Fotografie unserer lieben Großmutter[67], die ich hier zusammen mit anderen habe. Es scheint mir, als müsse diese einfache Seele, die so sehr auf den Herrn vertraute, Dich aus der Fotografie heraus ermutigen. Denke immer daran, was sie dem sagte, der sie am Ende der Ferien bemitleiden wollte, als ich abreisen und sie verlassen mußte: „Aber gewiß muß er abreisen. Ich könnte ihn hier im nächsten Jahre nicht wieder so lange bei mir haben und mich darüber freuen, wenn er nicht zu seiner Arbeit abreisen würde. Was sollten wir hier auf dem Lande mit einem Bischof, wenn im Winter nichts zu tun ist? Man müßte ja sagen, da stecke etwas dahinter." Welch heilige Einfalt, die sogar dem Weisen der Welt einen Stich versetzt.

Noch einmal, meine liebe Enrica, meine Grüße und Wünsche und einen Segen dazu.

† a. g. r.

382. An die Schwestern Ancilla und Maria

Athen, Odos Omirou 12, 15. März 1942

Meine lieben Schwestern,
wie ich in dem beigefügten Brief schreibe, den ich Euch zu lesen und an unsere liebe Enrica weiterzugeben bitte, habe ich erst spät bei meiner Ankunft in Athen Euren Brief vom 8. Februar erhalten. Heute nun erreicht mich der andere Brief — vom 4. Februar —, den mir zwei brave Soldaten, Colleoni und Mandelli aus Baccanello, überbrachten. Heute habe ich auch den Soldaten Ermanno Farina

aus Carvico gesehen, dem es immer noch gut geht und der sich wohl fühlt. Er hatte das Grab des guten Basilio Comi, des Sohnes unserer Kusine Magni, besucht. Er wird ihr sogar eine Fotografie des Grabsteines senden, sie ist gut geworden.

In meinem Brief an Enrica findet Ihr Nachrichten von mir, gute wie immer. Ich habe viel Arbeit, glaubt mir; es darf Euch nicht beunruhigen, wenn ich selten schreibe. Seid sicher, daß Ihr es sofort erfahrt, wenn mir irgend etwas zustößt. Keine Nachricht, gute Nachricht. Gesundheitlich geht es mir in der Tat sehr gut, und geistig bin ich sehr ruhig. Auch mir machen die Schwierigkeiten beim Reisen etwas zu schaffen. Diesmal ist z. B. Mons. Testa nach Istanbul gekommen, um mich abzuholen. Samstag, den 7. d. M., fuhren wir zusammen ab. In drei Stunden waren wir mit einem deutschen Flugzeug, das immer in den Wolken flog, in Sofia. Dort aber bekamen wir keinen Anschluß mit einem Flugzeug nach Athen. Da kann man nichts machen. Die Prinzessin Eudossia besuchte mich in der Delegatur. Ich bat sie, mir vom König, ihrem Bruder, ein Auto nach Saloniki zu beschaffen. Sofort wurde uns ein Mercedes mit einem Chauffeur des Palastes zur Verfügung gestellt. In acht Stunden kamen wir so nach Saloniki, wobei wir die Straße längs dem Strumafluß überquerten, die im vergangenen Jahr von der deutschen Armee benutzt worden war. In einem Dorf — Delcevo — hielten wir an, um eine Kleinigkeit zu essen, und fanden dort drei Eucharistiner-Schwestern. Stellt Euch vor, welche Freude für sie und für uns!

In Saloniki ruhte ich ein paar Stunden aus, und am Morgen des Dienstags, 10. d. M., waren wir wieder in einem Auto, das mir das italienische Militärkommando stellte. Mittags hielten wir in Larissa an, wo General Ruggiero, der Kommandant der Division Forli, uns zum Essen einlud und sehr freundlich zu uns war. Um 10 Uhr abends waren wir in Athen, nach 15 Stunden wilder Fahrt. So waren es von Sofia bis Athen 23 Stunden Autofahrt, während wir mit dem Flugzeug in nicht einmal eineinhalb Stunden und ohne jede Mühe an Ort und Stelle hätten sein können. Mir lag daran, auf jeden Fall bei der feierlichen Totenmesse für den Herzog von Aosta[70] anwesend zu sein, die am Tag danach, Mittwoch, den 11., hier im St.-Dionysos-Dom gefeiert wurde und zu der man mit meiner Anwesenheit gerechnet hatte. Ich danke dem Herrn wirklich und stelle fest, daß mir jemand beisteht: der heilige

Joseph, mein Schutzengel, unsere lieben Verstorbenen oder auch alle miteinander.

Am 26. dieses Monats rechne ich damit, wieder abzufahren. Mit dem Flugzeug von Athen nach Sofia und dann am 27. wieder mit dem Flugzeug von Sofia nach Istanbul. Jedesmal, wenn ich mich der Luft anvertraue, habe ich etwas Angst. Da ich aber nicht meinen Willen, sondern den des Herrn ausführe und nicht zum Vergnügen reise, sondern aus reiner Pflicht in meinem apostolischen Amt und aus Nächstenliebe, gewinne ich meinen Frieden wieder, obwohl ich mich auf alles gefaßt mache. Ich sehe, daß es dem Herrn gefällt, wenn man ihm so dient, indem man sich restlos seiner heiligen Fürsorge überläßt.

Wenn ich dann sehe, was so viele und aber viele in dieser schrecklichen Stunde der Menschheit erleiden müssen, dann muß ich mich noch als Bevorzugter bezeichnen und bin um so mehr gehalten, mich aufzuopfern und auch ein wenig zu leiden.

Ich kann noch nicht sagen, was ich nach Ostern machen werde und ob ich wieder hierher zurückkehre, wo mein Herz mich hinzieht, um etwas Licht und Trost im Namen des Heiligen Vaters für so viele Seelen zu bringen. Ich bin froh, daß ich Mons. Testa hierlassen kann, der sich gut eingearbeitet hat und mit dem alle zufrieden sind.

Jetzt werde ich Battistino schreiben. Daß er so hintendran ist mit dem Lernen, macht mir schon etwas Sorgen. Aber ich vertraue darauf, daß er es schließlich schafft. Das, was wichtig ist, ist, daß er das Klassenziel erreicht und sich weiterhin im Seminar gut führt. Sagt seinen Eltern, daß sie sich keine Sorgen machen sollen, weder um Enrica noch um Battista. Was ich dem Mädchen sage, das möchte ich Ihnen wiederholen, es ist die Richtschnur meines Lebens. Wenn man den Willen des Herrn in Ruhe und Frieden sucht, dann wird alles gut werden.

Während der vergangenen Monate konnte ich aus Bergamo keine Nachricht erhalten. Ich wußte von Euch, daß Mons. Carminati aus Stezzano gestorben war, und nur zufällig erfuhr ich aus einer Ausgabe des „Eco“, das seit den letzten Tagen wieder eintrifft, vom Tode des Mons. Re[71]. Das war mir ganz besonders schmerzlich. Aber für jeden kommt der Tag. Und der Tag für Mons. Re kam später, als es seine schwache Gesundheit hätte erwarten lassen.

Bei diesen Trennungen empfinde ich es immer mehr, wie die Szene wechselt: neue Menschen, eine neue Welt, wir gehören nunmehr zu den Alten. Aber was soll das bedeuten? Sind wir nicht dazu bestimmt, uns im Paradies wieder mit denen zu vereinen, die wir gerechterweise auf Erden so sehr geliebt haben? Ich weine den vergangenen Tagen durchaus nicht nach und bedauere auch nicht, daß ich nun alt werde.

Euch und allen in der Colombera wünsche ich schöne Ostern. Ich schreibe wenig, aber ich denke immer an Euch und bete für alle und für jeden einzelnen. Ich habe Euch schon gesagt, daß ich hin und wieder beim Rosenkranzgebet in Gedanken jeden einzelnen mit einer Perle meiner Kette vorübergleiten lasse. Mons. Testa und Don Martino Biscara lassen von Herzen grüßen. Don Giovanni von Lernia, der gute Priester, der zu Allerheiligen nach Camaitino kam, konnte noch nicht nach Griechenland zurückkehren. Ich hoffe aber, daß auch er bald wieder kommt. Einen besonderen Gruß an Alfredo. Er und wir drei ... sind vier, die wir uns gegenseitig unterstützen müssen. Und lassen wir die Welt reden.

† a. g. r.

386. An die Nichte Enrica Roncalli

Istanbul, 22. Mai 1942

Liebe Nichte Enrica,
ein besonderes Wort für Dich. Du kennst bereits meine Gedanken. Tränen hast Du schon genug vergossen. Weine nicht mehr, sondern sei fröhlich und zufrieden im Herrn.

Der Herr hat Deinen guten Willen gesehen und sieht ihn. Wende Du Dein Eselchen dahin, wo er es haben will, wie der heilige Josef, der nach Judäa gehen wollte, als er aus Ägypten zurückkam, und statt dessen nach Galiläa gehen mußte.

Das, was Dir geschehen ist, war gewiß zu Deinem Wohle. Beschäftige Dich jetzt nicht mit Plänen, sondern lebe Deinen Tag ruhig dahin, mit der Einfalt Deiner Maria Grazia[72]. Halte Dich immer für dem Herrn geweiht, auch wenn Du zu Hause bist. Wenn der Herr etwas anderes von Dir will, dann wird er mit starker und entschiedener Stimme sprechen. Lies gute geistliche Bücher. Die, siehst Du, tun auch mir gut. Und behalte Deine enge Verbindung zum Herrn, aber mit großer Unbefangenheit, mit großer Einfachheit, das möchte ich noch einmal sagen, und mit großer Bescheidenheit und Milde. Die Heiligkeit besteht nicht in Bußen und in merkwürdigen Dingen, sondern darin, in allem den Willen des Herrn zu suchen, im Gehorsam, in der Milde.

Wenn Du glaubst, daß ich Dir irgendwelche Zweifel beseitigen und irgendeine Richtung weisen kann, dann schreibe mir ruhig. Ich werde mein möglichstes tun, Dir schnell zu antworten.

Inzwischen laß Dich angesichts der großen Opfer, die der Krieg der Welt, die ihn wollte, auferlegt, vom allgemeinen Geist der Reue durchdringen und vereinige Deine Leiden mit denjenigen aller Leidenden des Krieges, seien sie Soldaten oder nicht.

Du mußt der Trost Deiner Familie sein und die Stütze und das Beispiel für Deine Brüder und Schwestern. Kümmere Dich nicht um das Gerede der Welt. Es ist leer und lächerlich. Man muß es verachten lernen. Jeder geht seinen Weg. Ich trage Dir Grüße und Segen auf für Deine Eltern und Verwandten.

390. An die Schwestern Ancilla und Maria

Athen, 25. Juni 1942

Meine lieben Schwestern,
ich habe Euren letzten Brief erhalten. Ich füge ein Briefchen für Emma, die Frau unseres Neffen Virginio, bei. Ich bete immer für sie und ihre Familie.

Manchmal trifft die Trübsal die Familien hart, und nur ein fester, vertrauender Glaube läßt uns die Prüfung ertragen. Ich denke an unseren lieben Neffen Virginio und an seine ganze blühende Familie und an unsere Schwester Teresa. Genug, es ist die Zeit großen Opfers. Es in Frieden ertragen zu können gibt die Gewißheit, daß der Herr eines Tages seinen Segen und Wohlergehen gibt. Ich weiß nicht, was ich sonst noch sagen soll. Für Euch nur füge ich hinzu, wenn irgendeine Hilfeleistung meinerseits notwendig wäre, so ist genau dies der Augenblick, in dem ich gerne ein Opfer bringen würde. Hört, Ihr drei Schwestern Teresa, Ancilla und Maria, ohne viel außerhalb davon zu sprechen, stimmt Euch untereinander ab, was ich Nützliches für Virginio und seine Familie unter diesen Umständen tun könnte. Und dann verfügt, und schaut nur auf den Gesichtspunkt der Nächstenliebe. Der Herr gibt dem in Fülle, der Liebe übt. Ich tue so viel an denen, die ich nicht einmal mit Namen kenne hier in Griechenland und in der Türkei. Es ist gerecht, wenn ich mich in angemessener Weise auch für die verwende, die mir nahestehen.

Von mir kann ich Gutes berichten. Eine gute Flugreise von Istanbul nach Sofia und von Sofia nach Saloniki. Am 3. Juni bin ich dann per Auto hier in Athen eingetroffen. Ich wollte an Peter und Paul zurückfahren, statt dessen aber habe ich beschlossen, den ganzen Juli über hierzubleiben. Es wird zwar etwas heiß werden, aber Mons. Testa wird mir helfen, es zu ertragen. Und dann, was ist das schon, etwas Hitze zu ertragen bei der Ausübung der Liebe am Nächsten, mitten unter all den armen Leidenden, bei der Ermutigung all dieser unserer guten Soldaten? Hier gibt es viel zu tun. Aber wenn man in Eintracht und mit gleichbleibendem Diensteifer für Kirche und Seelen arbeitet, dann wird die Mühe einem erfreulich und lieb.

Und dann, es fehlt mir nichts. Im allgemeinen sind auch die Leiden des griechischen Volkes etwas gelindert. Natürlich schreckt der Gedanke an einen neuen Winter alle ein wenig. Aber die Vorsehung wird helfen.

In diesen Tagen denke ich an die Feste daheim. Gestern der Johannistag, das Fest der Pfarrgemeinde, dann des Giovanni, unseres lieben Bruders, seines Battista und des Battistino aus dem anderen Nestchen. Ich habe alle die kleinen Wildfänge vor Augen. Grüße mir alle die Giovannis und alle die Seelen, die in der Colombera wohnen. Wahrscheinlich seid Ihr nun beim Dreschen. Und wie ist die Seidenraupenkampagne gelaufen?

Wenn ich Euch allen einen Rat geben darf, dann diesen: besonders in diesen harten Zeiten seid auf jeden Fall den Gesetzen des Staates treu. Brecht die Zivil- oder Militärverfügungen der Kriegszeit in keiner Weise. Diejenigen, die schlau sein wollen und den heute geltenden Gesetzen zu entgehen versuchen, was die Lebensmittelverteilung, das Abliefern, die Preise angeht, sind unglückselige Menschen. Glaubt nicht an die aufgehäuften Reichtümer der Ausbeuter, die nicht nur ihre Ehre verlieren und das Zeugnis des guten Gewissens preisgeben, sondern schließlich vor Gott, vor den Menschen, für jetzt und für die Zukunft alles kompromittieren.

Ich weiß nicht, ob ich in diesem Jahre einige Tage Urlaub in

Sotto il Monte werde bekommen können. Ich würde gerne von Mitte September bis Mitte Oktober kommen. Aber es ist noch alles ungewiß. Ich bin froh, daß Rica meinen Brief erhalten hat. Gewiß, sie muß in den Tag leben. Für jeden Tag den Willen Gottes tun, ohne Unrast, ohne Ungeduld. Je weniger wir uns um unsere Zukunft sorgen, um so mehr wird der Herr sich unser annehmen. Und dann sollte all unser Trachten dem Krieg gelten, im Gebet, in inniger Opfergemeinschaft mit all denen, die mehr leiden als wir, damit der Krieg bald enden möge, enden möge zur Zufriedenheit und zum besonderen Vorteil unseres teuren Landes, mit dem Frieden für die ganze Welt.

O die Wunder der Vorsehung! Hier in Griechenland zum Beispiel haben die italienischen Besatzungstruppen durch die schlichte Güte unserer lieben Soldaten, durch die italienische Wesensart, die achtungsvoll, liebenswürdig, großmütig ist, das Wunder bewirkt, daß sie sich beim Feind von gestern angenehm gemacht haben und so einen Vorgeschmack der guten Beziehungen bieten, die der Friede von Morgen den Nationen bringen wird.

Nochmals also Grüße und Segen für alle. Auch Mons. Testa schickt frohe Grüße mit einem Gedanken der Ermutigung für Rica. Schreibt mir bis zum 20. Juli hier nach Athen — Omirou 12.

401. An die Schwestern Ancilla und Maria

Istanbul, 3. Januar 1943

Meine lieben Schwestern,
ich habe Euren Brief vom 24. Oktober mit denen von Giovanni vom 10. und vom 22. von Giuseppino erhalten. Ihr werdet meine Briefe vom 1. Oktober und vom 14. November aus Istanbul und vom 11. Dezember aus Athen erhalten haben. An Giovanni antworte ich mit einem Brief, den er Euch zeigen wird. Das mir vorgeschlagene Geschäft ist ein wenig groß und läßt mein Geld zusammenschmelzen. Aber darin liegt nicht unser Reichtum. Und dann sind Grundstücke und Häuser mehr als Geld. Ihr zwei Schwestern werdet dann im Falle meines Todes etwas mehr Sicherheit haben durch den Platz, den Ihr in diesem neuen Besitztum einnehmt, genau denselben wie wir Brüder.

Mein Gedanke war es, das Anwesen von Camaitino zu kaufen,

um dort den Kinderhort einzurichten, als ein wohltätiges Werk für meine liebe Pfarrgemeinde zum Andenken an mich. Bittet den Herrn, daß er mir noch weiteres Leben schenkt und mir seine Vorsehung sendet. Wie Ihr wißt, will ich nicht als Reicher leben noch sterben. Das, was passend ist zu Ehren des Heiligen Stuhles, dessen Diener ich bin, und sonst nichts. Auch in dieser Form übe ich Liebe, vor allem denen gegenüber, die meine engsten Nächsten sind. Wenn dann das Notwendige für ihre zahlreiche Familie beschafft ist, dann ist es genug. In Zukunft wird dann jeder für sich selber sorgen. Ich ahme den verstorbenen Card. Gasparri nach, der ein Hirte war. Er half den Seinen ein wenig zu seinen Lebzeiten, dann verfügte er es so, daß sie selbst sehen mußten, wie sie weiterkamen. Sie waren gute Christen, einfache Leute und hatten Glück.

Meine Rückreise von Athen nach Istanbul war sehr gut. Der hl. Josef beschützt mich. Stellt Euch vor, in Athen konnte man mit dem Flugzeug nicht in Richtung Saloniki und Sofia starten, weil schwere und stürmische Wolken am Himmel waren. So flogen wir in Richtung Belgrad. Und als ich glaubte, wir hätten schon die Hälfte des Fluges nach Belgrad zurückgelegt, da landeten wir. Wo? In Sofia. Ja, der hl. Josef! Ich rufe ihn immer an, und er hilft mir immer. Von Sofia fuhr ich im Zug nach Istanbul. Ich kam noch rechtzeitig an, um Weihnachten zu feiern. Und es war in der Kirche ein herrliches Fest, mit viel Arbeit für mich, aber auch mit großen pastoralen Tröstungen. Aber draußen, in den Familien, auch in den Familien der Reichen, oh, wieviel Kummer. Stellt Euch vor, Leute, die Besitz haben für 5, für 500 besteuert; wer 1 Million besitzt, für 2 besteuert. Kein Kommentar dazu. Aber ich leide mit denen, die leiden und noch nicht einmal den Mund aufmachen können.

Ihr werdet daran gedacht haben, für die Brüder zu zahlen, für die Miete und für Battistino. Ich werde mich dann mit dem Piccolo Credito einigen. Ich möchte noch zu den Büchern für die Seminaristen beisteuern. Macht Ihr das. Natürlich nur für die streng notwendigen Bücher.

Meine Gesundheit ist weiterhin ausgezeichnet. So auch bei Mons. Righi, Luigi, Carlo und den Ordensschwestern. Sie alle erinnern sich an Euch und grüßen Euch alle, einschließlich Mons. Mazzoli aus Sofia.

Haltet Ihr Euch weiterhin gut und unterstützt mit Gebeten und gutem Rat zusammen mit Enrica die Arbeit der Brüder für die bewußte Sache. Interessiert Euch dafür, aber hängt Euer Herz an nichts. Die Vorsehung, das genügt. Ich segne Euch

† a. g. r.

408. An die Familie

Istanbul, 1. Juli 1943

Liebe Schwestern und alle von der Familie,
ich erhielt die Briefe von Giuseppino vom 24. April, Eure vom 28. und die Karte von Alfredo und den Neffen Zaverio, Flaviano und Privato aus Madonna del Bosco, über die ich mich sehr freute. Ihr werdet meinen Brief vom 28. April erhalten haben. Die Zeit vergeht wie der Wind. In meinen Gedanken bin ich immer bei Euch und bitte Gott, daß er Euch von jedem Übel verschont, auch wenn die Zeiten jedem irgendwelche Opfer auferlegen. Meine Opfer sind gering im Vergleich zu den Freuden, die der Herr mir bei der Ausübung meines Amtes gibt. Ich habe tatsächlich immer über und über zu tun. Was mein Amt verlangt, ist große Ruhe, Klugheit und Nächstenliebe. Wenn ich bei all den Schwierigkeiten meinen Platz behalten kann, dann muß man wirklich froh sein.

Wie Ihr wohl verstanden habt, habe ich meine Reise nach Griechenland zurückgestellt, und zwar einem Wink des Vatikans zufolge. In Griechenland gehen die Dinge gut, was die Apostolische Delegation betrifft. Mons. Giacomo Testa macht es in meinem Namen und an meiner Stelle sehr gut. Hier hingegen ist es nötig, daß ich immer anwesend bin. Jetzt kommt das ganze Diplomatische Corps aus Ankara zum Sommer hierher. Ihr werdet verstehen, wieviel Aufmerksamkeit das von mir erfordert. Genug. Betet zum Herrn und laßt die Neffen und Nichten für mich beten. Zu diesen Gebeten einfacher Seelen füge ich noch das wenige hinzu, das ich an Gutem zu tun vermag.

Jetzt bin ich ohne Sekretär geblieben. Mons. Righi hat sich nach Rom begeben, um die vatikanische Post zu überbringen, aber er kommt nicht mehr zurück nach Istanbul. Die Trennung tut mir leid, einerseits, denn er war immer treu, leistete mir gute Gesellschaft und wir mochten einander gern. Aber wie Ihr wißt, müssen diese jungen Untergebenen wechseln und Mons. Righi war schon 4 Jahre bei mir. Jetzt wird er im Staatssekretariat bleiben, und dann bekommt er eine andere Stelle. Mir wird ein neuer Sekretär geschickt. Wie Ihr wißt, wende ich bei mir selbst, so gut ich kann, das Prinzip an: Gehorsam und Friede, in allem. Dabei bin ich immer gut gefahren. So wird es auch mit dem neuen Sekretär werden. Noch weiß ich nicht, wer es sein wird, und ich suche es auch nicht herauszubekommen.

Mein Wunsch, ein wenig nach Hause zu kommen und Euch alle zu sehen und Euch Mut zu machen, ist sehr lebhaft. Wenn es zu machen geht, werde ich nächste Woche nach Prinkipo gehen, wo es mir, wie Ihr wißt, immer gut geht, weil ich dort mit mehr Ruhe arbeiten kann. Inzwischen wird dann, nehme ich an, der neue Sekretär kommen. Wenn ich ihn dann etwas eingewiesen habe, kann ich wohl die Gelegenheit zu einem Besuch in Sotto il Monte ergreifen. Es werden vielleicht kurze Ferien sein, aber wir werden uns wenigstens sehen und können uns über verschiedene Dinge aussprechen. So fahre ich noch einmal über Athen, wo ich erlauben möchte, daß auch Mons. Testa mit in die Heimat fährt, um ein wenig Ferien zu machen. Seine Gesundheit hat es nötiger als die meine.

Was muß ich dem Herrn danken, daß er mich in einem so guten Gesundheitszustand erhält! In diesen Tagen habe ich ordnungsgemäß und auch um ein gutes Beispiel zu geben, eine Impfung gegen Typhus über mich ergehen lassen. Keinerlei Beschwerden, keinerlei Schmerzen. Ich denke an den armen Don Nicoloff. Seine Nichte Angelica, an die Ihr Euch erinnert, ist auch heute gekommen und hat mir gesagt, daß eine weitere Operation notwendig ist. Gerne sorge ich für alles, was ihm nötig ist. Aber wieviel muß er leiden, der Ärmste, und unnütz leiden, mit wenig oder keiner Hoffnung auf Heilung. Nicht unnütz allerdings vor den Augen Gottes. Den Willen des Herrn im Leiden zu tun, das ist der Höhepunkt christlicher Vollkommenheit.

In der Kindergartensache sehe ich, daß die Frau Baronin keine Zustimmung zum Abtreten des ganzen Gebäudes geben kann, und ich kann ihr nicht Unrecht geben. Sie ist nur Vormund der Minderjährigen, dann ist Krieg, der alles verhindert, dann ist da die Gefahr der Entwertung allen Besitztums. Leben wir also von einem Tag zum andern. Der Kindergarten wird nur provisorisch im Haus von Camaitino eröffnet. Ich bin zufrieden, dazu beizutragen, wie ich es getan habe, und zwar nun zu den Kosten der provisorischen Unterbringung. Die guten Bewohner von Sotto il Monte werden meinen guten Willen sehen, zum Wohle der Familien beizutragen. Für die Zukunft wird die Vorsehung helfen. Ich gehe am liebsten Arm in Arm mit der Vorsehung und ihr nicht voraus.

Macht auch Ihr es so. Man muß der Zeit entsprechend leben, sich nicht beklagen, wie es alle ein wenig tun; wenig reden, denn beim Reden irrt man oft, beten und auf Gott vertrauen, der alles für unser liebes Italien zum Guten wenden wird.

Ich erhalte viele Briefe mit der Bitte um Suche nach Gefangenen in Rußland. Es ist schmerzlich, aber leider sind die Tore Rußlands bis jetzt geschlossen. Ich habe alles nur Erdenkliche getan. Weder der Vatikan, noch das Rote Kreuz oder der Rote Halbmond konnten über die Kriegsgefangenenfrage eine Verbindung mit der russischen Regierung herstellen. Aber man darf noch nicht verzweifeln.

Ich schließe, es ist nach Mitternacht. So bin ich nun ins Fest des heiligsten Herzens Jesu eingetreten, dessen Verehrung unserer Familie so lieb und heilig ist. Denkt Ihr noch an unseren alten Zaverio guten und heiligen Angedenkens. Dem Herzen Jesu empfehle ich Euch alle zusammen, groß und klein. Das Herz Jesu ist wahrlich die Quelle aller Freude. Grüßt mir die Verwandten, die nicht im Hause wohnen; und sendet mir Nachrichten über den Neffen Enrico Marchesi. Wie Ihr seht, vergesse ich keinen. So denke ich auch — und dachte immer — an Euch zu Euren Namenstagen.

† a. g. r.

410. An den Bruder Giovanni

Istanbul, Pangalti, 4. August 1943

Mein lieber Giovanni,
ich erhielt Deinen Brief vom 16. Juli, und mein Telegramm hat Dir sofort meine Meinung und meinen Rat mitgeteilt. Es ist besser, dem Rat zu folgen und zu dem Salesianer-Kolleg nach Treviglio zu gehen, um so mehr als Battista damit zufrieden ist.

Solange man mir sagt, daß es mit ein wenig mehr gutem Willen gelingen könnte, muß man sich darauf stützen. Wenn aber gesundheitliche Gründe vorhanden sind, wie mich auch der Herr Pfarrer glauben macht, dann muß man diesen Rechnung tragen und sich nach dieser Seite wenden. Wenn diese Gründe in Zukunft weiterhin da sein sollten, und Dein Sohn auch in Treviglio nicht durchkommen sollte, so erkennen wir darin den Willen Gottes, der diesen Weg für ihn nicht wünscht und uns einen anderen Weg zeigen wird. Man ist nie auf dem falschen Wege, wenn man das tut, was Gott anordnet.

Ich möchte keine Predigt über diesen Punkt halten. Ich hatte aus seinen Briefen, auch aus dem letzten, den er mir aus Clusone schrieb, einen guten Eindruck seiner glücklichen Neigung zur Güte und zum Dienste des Herrn. Ihr habt ihn unter den Augen und könnt daher besser urteilen. Meiner Ansicht nach braucht man nichts zu fürchten, solange alles spontan kommt und nicht erzwungen oder künstlich zustande gebracht wird. Kann Battista wirklich nicht Priester werden? Nun gut, was schadet es? Dann gibt es andere Wege, heilig zu werden und viel Gutes zu tun oder wenigstens würdig und anständig zu leben. Ich nehme an, daß auch die Umgebung im Salesianer-Kolleg ihm, der das Seminar kennt, gut tun wird. Ich verehre den heiligen Johannes Bosco sehr und bin gut befreundet mit den Salesianer-Patres. Sie haben auch hier in Istanbul ein Kolleg. Ich wäre glücklich, wenn einer meiner Neffen Salesianer würde, und habe auch mehrere junge Leute ermutigt, es zu werden. Doch denken wir erst einmal nicht daran, sondern vielmehr an die Möglichkeit, Battista das Jahr zu ersparen, damit er nicht noch mehr Zeit verliert. Er kann gut darüber nachdenken, beten und sich immer mehr zur Frömmigkeit erziehen, zur Tugend und zum Apostolat.

Solange ich lebe, werde ich ihm immer gerne materiell und moralisch unter die Arme greifen. Und dies, mein lieber Giovanni, möge Dir und Deiner guten Caterina ein Trost sein, und ich bitte Euch, die Ruhe auf keinen Fall zu verlieren.

Ich verfolge von hier aus die Ereignisse in Italien[92]. Du kennst meine Einstellung und kannst erraten, was ich darüber denke. In allen Dingen und menschlichen Einrichtungen gibt es Gutes und Klägliches; Höhen und Tiefen. Wenn es Fehler gab, so folgt nun die Buße. Man muß alles mit Milde in Urteil und Wort aufnehmen. Wir alle können Fehler machen in der Wahl der Mittel, die zum Ziele führen sollen, das an und für sich sehr gut und erhaben ist. Manchmal hängt das Schicksal des Krieges von Kleinigkeiten ab. Eine Bananenschale kann auch einen Riesen ausrutschen lassen und zu Fall bringen. Daß Italien innerhalb zwei oder drei Tagen ohne Erschütterungen von einer politischen Konstitution zu einer anderen hat übergehen können, bedeutet, daß in Italien noch ein solcher Reichtum von gesundem Menschenverstand vorhanden ist, und von Würde, daß das mehr zählt, als jeder mit brutalen und überlegenen Waffen erzielte Sieg. Man darf also keine bitteren Worte sagen, zu niemandem und über niemanden.

Der Augenblick ist ernst und gefährlich. Man muß sich führen lassen und fest bleiben. Durchhalten, auch wenn einige neue Opfer notwendig sein sollten, und auf Gott vertrauen, der am Ende mächtig eingreifen wird. Ich kenne den neuen Außenminister, Exzellenz Raffaele Guariglia, gut. Er war vor kurzem noch italienischer Botschafter in der Türkei. Er ist ein sehr guter Katholik, und wir sind gute Freunde. Vergangenen Mittwoch hatte ich die letzte Aussprache mit ihm, ehe er nach Rom abreiste. Seine Anwesenheit in der neuen Regierung gibt mir großes Vertrauen.

Es hängt vom Gang der Ereignisse ab, ob ich in den nächsten Monaten werde nach Hause kommen können oder nicht. Wie ich den Schwestern in meinem Brief vom 14. Juli mitteilte, ist nun mein neuer Sekretär eingetroffen. Ein tüchtiger Priester, zweimal so groß wie Mons. Righi und vor allen Dingen sehr gut, tüchtig und ernsthaft. Ich bin sehr zufrieden mit ihm. Seine Anwesenheit erleichtert die zu treffenden Entscheidungen. Aber noch kann ich nichts Endgültiges sagen.

Von neuem, lieber Giovanni, Dir, Deiner ganzen Familie, den Schwestern und allen Gliedern unserer ganzen Großfamilie in Camaitino und in der Colombera Grüße und Segen.

† a. g. r.

414. An die Familie

Istanbul, 16. Oktober 1943

Meine lieben Schwestern und alle von der Familie,
ich habe Eure Briefe vom 30. Juni, vom 20. Juli und vom 1. September erhalten. Ihr habt gewiß die meinen vom 1. und vom 14. Juli, sowie vom 23. August erhalten. Mein letzter Brief, der vom 23. August, sagt Euch, wenn Ihr ihn noch einmal lest, dieselben Dinge, die ich Euch jetzt wiederholen würde, wenn die Zeit vorhanden wäre, lange Briefe zu schreiben.

Mir geht es weiterhin sehr gut. Anfang Oktober habe ich Prinkipo endgültig verlassen, wo ich in diesem Jahre mehr als zwei Monate verbracht habe. Die auch hier immer schwieriger gewordenen Geschäfte machen meine Anwesenheit in der Stadt nötiger. Nach Griechenland brauche ich nicht zu gehen. Im übrigen macht dort Mons. Testa sehr gut weiter, und ich hoffe nur, daß er keine Schwierigkeiten bekommt, wo nun die Italiener das Land verlassen haben. Meine Beziehungen zu den Deutschen waren in Griechenland und in der Türkei immer gut und sind es noch. Durch die Art meiner Funktionen, die überwiegend aus Wohltätigkeit bestehen, und zwar allen gegenüber, und in Vertretung des Heiligen Vaters, der außerhalb des Konfliktes steht und der Vater aller ist und bleiben muß, ohne Unterschied von Nationalität, Sprache und Religion, komme ich sowohl an die eine Seite wie an die andere heran und kann allen zusammen Gutes tun. Ich bedarf natürlich der großen Gnade absoluter Ruhe, Geduld und kluger Einfühlung, damit mir das gelingt. Betet Ihr weiterhin für mich und laßt die Kinder für mich beten. Ich sehe, daß der Herr diese in Einfalt und guter Meinung gesprochenen Gebete erhört.

Hinsichtlich der Ereignisse, die das Leben unseres lieben Vaterlandes beunruhigen, habe ich keine Ratschläge zu wiederholen. Es ist unnötig Kommentare abzugeben, jetzt ist Krieg, die große Strafe des Herrn, die auch die Italiener sich ins eigene Haus gezogen haben. Es ist jetzt nicht die Stunde, nach den Verantwortlichen zu suchen. Man muß leiden, schweigen, und jeder muß seine Pflicht tun, den augenblicklichen schmerzlichen Umständen entsprechend. Aber vor allem muß man immer den Verfügungen der rechtmäßigen Regierung folgen, und wie die Ameisen weiterarbeiten, auch wenn ein Gewitter hereinbricht, bedacht sein auf seine eigenen Pflichten daheim, in dem kleinen Kreis, in dem Ihr Euch befindet. Laßt die Arbeit des Soldaten dem Soldaten und die Politik den Politikern: Ihr aber arbeitet, betet, leidet, gehorcht und schweigt, schweigt und schweigt noch einmal. Dieses innere und aktive Opfer wird Euch eines Tages Segen einbringen.

Ich erinnere mich an den Wunsch, den ich hatte, Euch eines Tages ein Radio anzuschaffen. Jetzt bin ich zufrieden, daß Ihr es nicht habt. Ich habe es aus meinem Zimmer weggestellt und höre es nur selten. Mir genügen die Zeitungen, die hier natürlich alle Stimmen bringen, da wir ja ein neutrales Land sind; aber auch in den Stimmen der einen und der anderen Seite, was findet sich da nicht alles, was Euch den Kopf heiß macht, was einen deprimiert, was Verwirrung stiftet. Auch der Krieg wird vorbeigehen, und wenn er vorbei ist, dann werden wir mit Händen greifen, daß der Herr nicht schlief, auch nicht in der Kriegszeit, als sei er den vielen Gebeten guter, unschuldiger Seelen gegenüber taub gewesen, sondern daß er alles zu unserem Besten zugelassen, verfügt und geordnet hat. Ich für meinen Teil sage Euch, daß ich mich auch zum Sterben bereithalte, wenn der Herr von mir dieses Opfer wünscht, und ich würde es für Euch alle tun, für die Heilige Kirche, für mein Vaterland, für den Frieden. Nun da ich mich täglich so bereithalte, sehe ich, daß mir alles leichter und einfacher wird. Gibt es doch jenes andere Leben, das unser wahres Leben ist, es erwartet uns und ist schöner als dieses Leben hier. Dieser Gedanke gibt mir Ruhe und flößt mir Mut ein. Aber Ihr werdet sehen, daß der Herr sich mit dem guten Willen zufriedengeben wird und uns die Gnade gewähren wird, daß wir uns alle wiedersehen und ihn nach soviel Sturm lobpreisen können.

Was Eure Bedürfnisse, soweit ich dazu beitragen kann, betrifft, bleiben meine guten Verfügungen bestehen. An Giovanni schreibe ich wegen Battista getrennt. Was die Korrespondenz anbetrifft, so denke ich, können wir diese wieder etwas aktivieren. Indessen schickt Eure Briefe an mich zum Vatikan. Außen darauf schreibt Ihr nur die Anschrift: An Seine Exzellenz den hochwürdigsten Monsignor Gustavo Testa, Staatssekretariat, Vatikanstadt. Innen auf einen weiteren Umschlag setzt Ihr einfach die Worte: mit der Bitte um Weiterleitung an S. E. Mons. A. G. Roncalli in Istanbul. Ich erhalte hier mehrmals in der Woche Pakete von

Korrespondenz aus dem Vatikan und bin eine Art Postdirektor geworden. Man weiß nie, was man im Leben alles tun muß.

Laßt die Briefe offen. Es kann sein, daß Mons. Gustavo Testa Euch entsprechende Hinweise gibt, wenn Ihr ihm ein paar Worte schreibt.

Ich habe einen Gruß vom hochwürdigsten Herrn Bischof erhalten, und alle Geistlichen, die bei der Pastoralvisitation in Sotto il Monte zugegen waren, haben unterschrieben. Daß sie an mich dachten, hat mir große Freude gemacht. Dann bekam ich auch zwei Briefe vom Herrn Propst. Ich antworte ihm dann einmal. Sagt den guten Ordensschwestern von Gandino einen Gruß von mir, sobald sie für den Kindergarten kommen. Ich bin sehr glücklich darüber, daß die Vorsehung es so gewollt hat, daß sie nach Sotto il Monte kommen. Wie Ihr wißt, habe ich ihre Kongregation sehr gern und habe sie jedes Jahr gerne in ihrem Mutterhaus besucht. Ihre Niederlassung in Camaitino ist nur vorübergehend, also müssen sie sich einfügen, so gut es eben geht. Versucht Ihr ihnen die Nachbarschaft angenehm zu machen, indem Ihr sie in ihren Dingen nach ihren Regeln und Gebräuchen leben laßt, aber macht Euch zugleich nützlich und seid ihnen gefällig wie gute Schwestern. Ich nehme an, daß Ihr Euch gerne haben werdet und schon Freude darin findet, an einem Wohltätigkeitswerk und an einem Apostolat mitzuarbeiten, das für den Ort ein großer Segen werden wird.

Was dann auch immer das Künftige sein wird, das Italien in den nächsten Monaten bevorsteht, möge Euch nie das Gottvertrauen verlassen. Während ich Euch schreibe, habe ich vor meinen Augen das Bild unserer guten „Madonna delle Caneve". Ich sehe sie immer an und denke an Euch, an einen jeden von Euch, und so vereinige ich mich mit Euch im Gebet und im Gefühl während der Wintermonate. Wer weiß? Vielleicht werden es die entscheidenden Monate des ganzen Krieges. Und empfehlen wir uns immer unseren lieben Toten an. Sie beschützen die Lebenden. Vorgestern dachte ich an unsere Schwester Enrica, da es nun 25 Jahre her sind seit ihrem Tode: diese wahrhaft gute und gesegnete Seele.

Fürchtet nichts für mich. Meine Arbeit dauert im Dienste der Kirche an. Ich bin ein kleiner und bescheidener Diener, aber alles wird groß, wenn das Herz rein und gerade ist. Dies sind die Zeiten, in denen ein Priester, ein Bischof, sich selbst vergessen muß, um ganz in der Ausübung der Nächstenliebe und des guten Apostolates aufzugehen.

Ich grüße Euch und segne Euch, einen nach dem anderen, groß und klein und alle miteinander.

† a. g. r.

424. An die Familie

Istanbul, 7. Dezember 1944

Meine lieben Schwestern, Brüder und alle von der Familie,
gestern war ein Tag großer Ergriffenheit für mich. Ich erhielt einen Brief von Enrica und einen von Battista mit den Nachrichten über die Familie, auf die ich schon so lange wartete, nach Euren Briefen, die ich fast alle erhielt, und die mir die anderen Nachrichten brachten über die gute Arbeit, als Verwalter, der sich Giovanni verschrieben hat, und über die Gesundheit des Bertramino, sowie im allgemeinen darüber, daß es Euch allen gut geht, trotz der so kritischen Zeiten. Danken wir Gott dafür.

Und gestern abend traf vom Vatikan ein Telegramm ein, das mir ankündigt, daß der Heilige Vater mich zum Apostolischen Nuntius in Paris bestimmt hat. Ich traute meinen Augen nicht, so fern lag mir der Gedanke an eine so große Ehre und eine so hohe Verantwortung. Nun wartet man darauf, daß die französische Regierung ihre Zustimmung gibt, und dann müßte ich auch sofort abfahren, um am Neujahrstag in Paris zu sein. Ich kann euch nicht sagen, was ich empfinde. Ein großes Mißtrauen gegen mich und Angst vor mir selbst und vor meinen Kräften, ob sie eine so schwere Bürde tragen können, und gleichzeitig ein noch größeres Vertrauen auf den Herrn, der mir helfen wird, denn es ist nur zu wahr, vor ihm und vor den Menschen, daß ich von diesem hohen Posten nie geträumt und ihn auch nicht gewünscht habe. Daß der Heilige Vater unter so vielen reifen, gelehrten und heiligen Prälaten gerade auf mich hier verfallen ist, wo ich mich im übrigen so wohl fühlte und wo ich gerne noch lange gelebt hätte, ist gewiß ein Akt der Vorsehung, die sich der bescheidensten Kreaturen bedient, gerade soweit sie keine Ansprüche haben, um sie nach ihrem Plan zur Ehre Gottes arbeiten zu lassen.

Wieviel dringender muß ich mich nun bemühen, heilig zu werden, und welche Hilfe werden mir gerade nun Eure einfachen Gebete sein! Es kann sein, daß Paris mein Kalvaria ist, und daß es eines armen Mannes, wie ich es bin, bedarf, daß er sich dort aufopfernd im Dienste des Heiligen Stuhles verzehre, in so ungewissen und so schwierigen Zeiten religiöser Erneuerung.

Ich kann Euch den Schmerz nicht sagen, den ich empfinde, wenn ich mich nun von meinen Kindern und Brüdern in Istanbul trennen muß, wo ich nun volle 10 Jahre Vater und Hirte war. Nun in Paris gibt es keinen seelsorglichen Dienst mehr, der mir doch so liegt und um dessentwillen ich Priester geworden bin, sondern fast nur religiöse Angelegenheiten, die sich oft mit der Politik berühren, die eine so häßliche Sache ist. Dies um Euch zu sagen, daß ich mich nur mit der Absicht, zu arbeiten und mich zu opfern, nach Paris begebe. 10 Jahre jünger hätte ich für den Auftrag sein müssen, den man mir da anvertraut. Ich werde mein Bestes tun und solange, wie mich meine gute Gesundheit dabei unterstützt. In ihrem lieben Brief sagt mir Enrica, daß die Neffen und Nichten nun groß geworden und in die Höhe geschossen sind und daß die Brüder etwas gealtert scheinen. Nun denn, es ist nicht schlimm, älter zu werden, wenn auch dies Dienst und Opfer für den Herrn ist. Bei der Erscheinung in den Ghiaie im vergangenen Mai, die mir Battistino so schön beschrieb, sehe ich, daß auch der hl. Josef dabei ist, und er nicht in weiß oder rosa, sondern in braun gekleidet. Aber welchen Dienst, meine Lieben, leistet der heilige Josef für die Pläne der Vorsehung! Empfehlen wir uns alle diesem lieben Heiligen. Er wird nun mehr als je in Paris inmitten der Politik und der religiösen Angelegenheiten mein Beschützer sein.

Ich nehme an, daß ich schon in Paris sein werde, wenn Ihr diesen Brief erhaltet. Hier in Istanbul bin ich nun allein, und das gerade jetzt, wo mir etwas Gesellschaft so nötig wäre. Mein Sekretär Mons. Tommaso Ryan, mit dem ich mich so gut verstand, mußte nach Kairo, um dort Mons. Carlo Perico zu vertreten, der ein wenig unpäßlich war und nun nach Rom zurückkehren wird. Hier erwarte ich Mons. Paolo Pappalardo, der aus Sofia kommt und den ich gut kenne. Er wird die Delegatur solange verwalten, bis mein Nachfolger ernannt ist. Ach, wie alles hienieden vorbeigeht. Ich hatte so viele schöne Ausgaben gemacht, um das Haus in Istanbul und die Villa in Prinkipo zu verschönern. Nun muß man sich von allem trennen und sich nur an den Himmel halten. So muß ich auch Mons. Giacomo Testa verlassen in Athen, wo er schon seit gut zwei Jahren alles allein so gut macht.

Unser Luigi Bresciani, der immer reifer geworden ist, denkt wenigstens im Augenblick nicht daran, mir nach Paris zu folgen. Später wird man sehen. Ich würde mich übrigens sehr freuen, wenn er käme. Aber ich möchte ihn nicht zwingen, mir nachzukommen, wenn ihm das im Augenblick nicht zusagt.

Im übrigen ist es auch gut, wenn er hierbleibt und mir so meine wenigen Dinge aufbewahrt und nach Sotto il Monte schickt, oder nach Paris.

Mögen uns unsere Anstrengungen und unsere gemeinsamen Bemühungen, die Last des Krieges mit Geduld und Ruhe und im Gebet vereint zu ertragen, solange helfen, bis das Ende des großen Leidens kommt. Dann werdet auch Ihr, meine lieben Schwestern, die Reise nach Paris machen können, wo der Nuntius ein großes Palais bewohnt, das wie ein kleiner Königspalast ist. Alles Dinge übrigens, die wenig zählen für den, der dauerhafteren und schöneren Dingen, wie dem Dienst an der Kirche und an den Seelen, zugewendet ist.

Ihr müßt wissen, daß in normalen Zeiten die Strecke Mailand–Paris kurz ist, wenig mehr als Mailand–Rom. Und somit sind wir uns unversehens wieder näher gekommen. Ich füge nichts weiter hinzu, denn morgen ist das Fest der unbefleckten Empfängnis und ich muß das Amt halten und vielleicht zum letzten Male hier predigen. Ich stelle Euch alle unter den Schutz der Erscheinung von Ghiaie: Jesus, Josef und Maria. Auch alle segne und ermutige ich, groß und klein auf der Colombera und in Camaitino.

Von Paris aus werde ich Euch, wenn ich wirklich dorthin gehe, sehr bald schreiben. Grüßt mir den Herrn Propst, dem ich auch schreiben werde. Meinen Segen auch den guten Ordensschwestern des Kindergartens, den Kindern und allen, die nach mir fragen.

† a. g. r.

IV

Nuntius in Paris (1945–1953)

425. An die Familie

Paris (XVI), Avenue Président Wilson 10,
Apostolische Nuntiatur, 20. Februar 1945

Meine lieben Geschwister und alle Angehörigen,
ich hoffe, daß Ihr meine Weihnachtsbriefe erhalten habt. Ich schrieb Euch gleich nach meinem Eintreffen in Paris einen Brief und später einen zweiten[1].

Ich erhielt den Brief, den Rica am 21. Dezember nach Istanbul schickte, und einen von S. E. Mons. Bernareggi, ebenfalls zu Weihnachten.

Nun benütze ich ein anderes Mittel, dessen auch Ihr Euch bedienen könnt, um Euch und allen, die nach mir fragen, meine Grüße erneut zugehen zu lassen. Gott sei Dank, es geht mir immer besser. Wir haben in Paris einen rauhen und nebligen Winter gehabt, der jetzt schon das Feld räumt. Ich bin so beschäftigt, daß ich keine Zeit habe, an anderes zu denken. Ich glaube, ich habe es Euch schon gesagt, daß ich hier alles habe, was man sich nur wünschen kann, um menschlich befriedigt zu sein. Weil ich aber Gott sei Dank hierbei nicht stehenbleibe, sage ich Euch darüber hinaus, daß es für das Herz eines Priesters und eines Bischofs und eines Vertreters des Papstes auf Erden nichts Anziehenderes und Angenehmeres gibt. Fahrt also fort zu beten und unsere Kleinen beten zu lassen, daß der Herr mich außer in guter Gesundheit auch in Einfalt und Demut bewahre. In Paris schlafe ich besser als in Istanbul. Nun genügt mir weniger, weil es ein ruhiger Schlaf ist. Hier gibt es schwere Fragen zu behandeln, von denen das Wohl der katholischen Kirche in Frankreich abhängt. Ich tue mein Bestes, und weil ich weiß, daß ich auf ausdrücklichen, persönlichen Wunsch und mit dem Vertrauen des Heiligen Vaters hier bin, fühle ich mich unbeschwert und heiter in allem.

Ich habe keine pastoralen Aufgaben wie in Istanbul; es handelt sich hier um größer angelegte Formen, den Seelen Gutes zu tun. Meine Arbeit ist ganz darauf gerichtet, den Frieden vorzubereiten. Ich habe die großen Widerwärtigkeiten noch nicht zu spüren bekommen. Ich erwarte sie mit Vertrauen. In meinen Verdrießlichkeiten, die ich mit denen des Heiligen Vaters vereinige, liegt das schönste Anrecht, der reinsten Tröstungen teilhaft zu werden. Wenn ich mich in diesem großen fürstlichen Palast sehe, der mir ganz zur Verfügung steht, mit einem prächtigen Auto, mit zwei Sekretären, drei Schwestern, drei Personen, ja sogar fünf Personen zur Bedienung, ist keine Gefahr, daß ich mich in Hochmut versteige. Ich denke an die Colombera, an Brusicco und an Camaitino. Und ich werde traurig beim Gedanken, daß Ihr in dieser Zeit viel leiden müßt. Und vielleicht wird es in Zukunft für einige Zeit noch mehr zu leiden geben. Doch der Herr, der mir die Ruhe und den guten Erfolg schenkt, weil ich seinen Willen und nicht den meinen zu erfüllen strebe, und mich mitten in den Schwierigkeiten meines Amtes fröhlich erhält, wird auch Euch die Geduld und Gnade geben, alles zu ertragen. Ich sehe, daß Ihr jetzt eine Schreiberin habt[2]. Laßt sie also schreiben, und verfügt über mich, was die Hilfe betrifft, die ich Euch leisten kann und sehr gerne leisten werde. Verlaßt Euch auf Euren Bruder, indem Ihr ihn dem Herrn empfehlt. Und damit genug. Ich danke Euch für die Nachrichten, die Ihr mir geschickt habt. Schickt sie mir weiterhin. Die Fotografien, die ich für Euch beilege, zeigen meine Übergabe der Beglaubigungsschreiben an General De Gaulle, den vorläufigen Präsidenten der Französischen Republik. Ich werde Euch weitere schicken.

Mit Vergnügen habe ich wieder die Schrift der „regiura"[3] und dann des Seminaristen gesehen, an den ich stets im Gebet und mit guten Wünschen denke und den ich segne. Außerdem freue ich mich mit Giovanni und Caterina über ihre silberne Hochzeit. Und Giuseppina, hat sie mein Schreiben erhalten?

Ich füge einige Briefe bei, die ich Euch schon im vergangenen Jahr geschrieben hatte, die Euch aber nicht erreichen konnten.

431. An die Nichte Enrica Roncalli

[Paris] 8. August 1945

Meine liebe Nichte Enrica,
gewiß, diesmal richte ich den Brief, der alle angeht, an Dich, weil ich mich über die schönen Gedanken Deines soeben angekommenen Briefes vom 18. Juli so sehr gefreut habe. Du sprichst mir von so viel Gutem, das ich für die Brüder, für die Tanten, für die Neffen und für die ganz Kleinen usw. tun kann, wenn ich nach Sotto il Monte komme. Indessen, wie sehr haben wir den Herrn zu preisen für alle unsere Lieben! Den Schrecken des Krieges entronnen zu sein, denen Millionen und aber Millionen Menschen und Familien zum Opfer fielen, welch eine große Gnade ist das! Alle unsere Leiden, einschließlich der kleinen Leiden Deiner Tanten, was sind sie schon? Freilich stechen und schmerzen auch die kleinen Kreuze. Man muß sie aber mit großer Geduld zu tragen suchen. Meistens hängen sie ein wenig von den Fehlern der anderen und ein wenig von unseren eigenen ab. Der Herr hat mir in meinem Leben viele Freuden beschert, weil ich mich seit langem daran gewöhnt habe, nicht die Fehler der anderen unter die Lupe zu nehmen, sondern daran zu denken, daß auch ich meine Fehler habe; zu schweigen, sofort und von Herzen zu verzeihen, Böses mit Gutem zu vergelten; vor allem demütig im Herzen und im Verhalten den Weg zu gehen, den die Vorsehung vor mir aufgetan hat, mich begnügend mit dem je heutigen Tag und heimisch in dem Gedanken an den Tod und den Himmel.

Wenn ich nach Hause komme, werde ich sicher überall frohe Gesichter finden, alle werden guten Mutes und im Frieden sein. Das wird dazu beitragen, daß ich mich wirklich erhole und mich nicht herumärgern muß mit Kleinigkeiten, die mitunter mehr zusetzen als große Belastungen. So werde ich mehr Ruhe haben, in der Familie und außerhalb mit Rat und Tat zu helfen, soweit ich dazu Anlaß und Bedarf sehe.

Weil ich nicht weiß, ob ich noch einmal zum Schreiben komme, da ja Briefverkehr aus Frankreich nach Italien immer noch schwierig ist, und weil ich ohnehin dem Herrn Pfarrer zu schreiben hatte, habe ich ihn gebeten, Euch das Nähere über meine Ankunft mitzuteilen. Dann hatte ich Gelegenheit, auch einen Brief von Battista zu beantworten, der immer wenig froh ist, soviel ich sehe, und immer unsicher. Auch er muß heiterer werden und sich über nichts Sorgen machen. Der Wille des Herrn und damit genug. Wenn der Herr ihn zur Erkenntnis bringt, daß das Studium nicht sein Weg ist, wird er ihm sicher einen anderen zeigen. Die größte Krankheit ist die, traurig zu sein, dem Herrn nicht zu vertrauen und ihm gleichsam unseren Willen aufzwingen zu wollen. Dies mußt Du ihm und seiner guten Mutter immer wieder sagen. Ich habe den Eindruck, daß Du, Enrica, frohen Mutes bist, obwohl der Herr Dir gezeigt hat, daß das Klosterleben nicht das Deine ist. Darauf kommt es an. Wie ich, soviel ich weiß, schon geschrieben habe, geht es dem Vetter Enrico Marchesi in England gut. Ich habe ihm den Brief geschickt, den seine Mutter mir geschrieben hat. Sage Assunta, sie möge mit ihrem Giovanni den Herrn preisen. Der Sohn wird heimkehren, und ich hoffe, daß er ihr bester Trost sein wird.

Sage den Schwestern von Peschiera, daß ich ihre Bücherwünsche zu befriedigen suche, sie aber zu bedenken bitte, daß ich, da ich im Auto komme, wenig Platz für das Gepäck habe. Doch ich wiederhole, es würde mich sehr freuen, sie zufriedenstellen zu können. Ich bin sehr froh, daß ich in Sotto il Monte im Sohn des Bäckers von Brusicco einen guten Kraftfahrer finden werde. Und noch mehr freut es mich, daß der Neffe Martino selbst das Fahren lernt. Man muß ihn dazu ermutigen. Wie Ihr wißt, sind mir alle meine Neffen Roncalli gleich lieb, und nichts gefällt mir mehr, als den Söhnen Giuseppinos zu zeigen, daß sie mir alle genausoviel gelten wie die Söhne Giovanninos und umgekehrt. Das gute Einvernehmen und die Liebe der beiden Familien meiner Brüder ist meine Freude. Wir fünf nunmehr schon alternden Brüder werden miteinander unsere ernsten Gespräche führen, aber nicht ohne die gewohnte Prise Humor. Und wir werden uns über alles einig werden. Etwas Heiterkeit in der Familie ist ein großer Trost für alle.

Das Auto, mit dem ich fahren werde, hat nur vier Plätze. Wie ich Battista geschrieben habe, komme ich mit meinem Kammerdiener Giulio, der aber dann in die Toscana weiterfährt, um seine Frau zu besuchen. Auch der Fahrer muß weiter nach Brescia. Eben deshalb brauche ich zu Hause einen Fahrer. Ich habe Sandrino geschrieben und ihm Nachricht von seiner Mutter gegeben. Nun werde ich Erkundigungen einziehen anhand der Anschriften, die ich von Dir habe und von Signor Comm. Cane, dem ich sehr verpflichtet bin, zudem für einen langen Brief — den zweiten —, den er mir vor einiger Zeit geschrieben hat und der mir sehr willkommen war.

Nun habe ich Dir weiter nichts zu sagen als „auf frohes Wiedersehen“. Man hat mir gesagt, daß ich in zwei Tagen von Paris nach Sotto il Monte kommen kann. Man muß aber immer auf alles gefaßt sein. Hier kann sehr viel passieren. Vertrauen und beten wir! Ich segne Euch alle miteinander.

432. An den Vetter Alessandro Roncalli

[Paris] 8. August 1945

Mein lieber Allessandro,
ich schreibe Dir direkt und in unserem schönen Italienisch. Ich erhielt Nachricht aus Sotto il Monte unterm 18. Juli. Meine Nichte Enrica, die Tochter meines Bruders Giovanni, schreibt mir, daß sie meinen Brief und die Bitte um Nachrichten Deiner guten Mutter Angelina in die Cornalida gebracht hat. Unter Lachen und Weinen rief sie aus: „O wenn doch dieser mein lieber Sohn mir noch ein paar Zeilen schriebe! Dies wäre das größte Geschenk, das er mir machen könnte.“ Die Nachrichten über Deine Verwandten sind also alle erfreulich. Es geht allen gut: keine Krankheit, kein Todesfall. Die Familien Deiner Brüder und der Schwestern wachsen kräftig und vermehren sich jedes Jahr. Sie dachten schon, ihr Sandrino sei tot, weil er so viele Jahre nichts hören ließ. Deine Mutter zählt 83 Jahre. Sie arbeitet noch wie ein junges Mädchen, geht jeden Morgen zur Messe und betet mit lauter Stimme für alle, aber besonders für ihren lieben Sandrino in der Ferne.

Dies sind die Nachrichten von den Deinen. Auch ich freue mich, daß sie so gut sind. Gegen Ende August hoffe ich wieder nach Sotto il Monte zu fahren, wo ich seit über vier Jahren nicht mehr gewesen bin. Ich denke, Mitte Oktober nach Paris zurückzukehren. Wenn Du glaubst, daß ich einen Brief von Dir mitnehmen könne, bin ich bereit, ihn selbst Deiner Mutter in die Cornalida zu bringen. Schreib ihn und schicke ihn mir sofort hierher nach Paris (XVI), 10 Avenue Président Wilson.

Dank für den zweiten Brief Deiner Tochter. Ich würde mich freuen, sie eines Tages hier in Paris mit Dir zu sehen, wie Du mich hast hoffen lassen. Ich grüße Deine Frau und wünsche Dir alles Gute. Wenn Du glaubst, daß ich Dir einen Gefallen erweisen kann, werde ich mich sehr freuen, Dich zufriedenzustellen.

† a. g. r.

440. An die Familie

Paris, 17. Februar 1946

Alle meine lieben Familienangehörigen,
laufend erhalte ich Eure Briefe, insbesondere jene so schön geschriebenen Enricas. Signor Bianchi kommt leibhaftig wieder zu Euch. Ich dagegen kann mich kaum durch ein paar Worte bemerkbar machen. Und ich weiß nicht einmal, was aus ihnen wird. Wenigstens mögen sie Euch bestätigen, daß, Gott sei Dank, meine Gesundheit ausgezeichnet ist. Desgleichen meine innere Verfassung: wieviel Arbeit! Ich lasse mich nicht umbringen, doch fühle ich mich wie ein Ertrinkender. Ich kann beinahe den Kopf nicht über Wasser halten. So bleibt mir keine Zeit mehr, irgendjemand zu schreiben außer der geschäftlichen Korrespondenz, die selbstverständlich fortlaufend an den Heiligen Stuhl abgeht. Wie Ihr wißt, hat hier das Regierungsoberhaupt gewechselt; aber ich komme sehr gut auch mit dem neuen zurecht, und ich hoffe, daß es auch weiterhin so sein wird. So hoffe ich. Aber man muß sich immer auf alles gefaßt halten. Auch Frankreich hat seine Schwierigkeiten, und zwar ernste und erschreckende. Da droht das Gespenst des Hungers; es fehlt oft der gute Wille, die Opfer auf sich zu nehmen, die der Krieg allen Nationen auferlegt hat. Und es ist nicht vorauszusehen, was in ein paar Monaten, ja vielleicht in ein paar Wochen herauskommt. Ich vertraue auf den Herrn, der uns Tag für Tag beistehen wird.

Ich erinnere mich ständig an alle. Oft verknüpfe ich Euren Namen mit den Perlen des Rosenkranzes, und mir scheint, daß der Herr und die Mutter Gottes mich hören, wenn ich für einen jeden von Euch bete. Ich habe alle Eure Briefe erhalten, und es verlangt mich immer danach, einem jeden zu antworten. Verflixt! Es fehlen mir nicht die Worte — nicht einmal in Französisch —, um so viel gute Seelen, selbst von hohem Rang, zu ermutigen, die sich an den Apostolischen Nuntius wenden. Sollen sie mir für Euch fehlen? Ich überlege mir gerade, wie ich meine täglichen Obliegenheiten besser ordnen und meine Arbeit besser einteilen könnte. Zweifelt nicht daran, daß es mir gelingen wird. Dann schreibe ich allen ein Wort, die mir geschrieben haben, beginnend mit Battista, der mir als erster einen Brief schickte, den ich mit Freude las.

Über die Hausangelegenheiten, von denen mir Giovanni schrieb, möchte ich gern zuerst die Meinung der Schwestern und der übrigen Brüder hören, bevor ich Euch mitteile, was ich endgültig darüber denke. Grundsätzlich vertrete ich die Ansicht, daß es angebracht ist, den Anteil Giuseppinos gut aufzubessern, damit er mit seinen zahlreichen Kindern zufrieden leben kann und ihm auch mehr zugewendet wird, als ihm zuständе. Er ist zwar *einer* von sieben, aber *einer*, der zehn Kinder, davon fünf Buben, hat. Dann sind wir die Sorge los. Er wird stets unser lieber Bruder sein, und man kann ihm stets nach Bedarf helfen. Aber in der Anlage soll er sein Haus und das, was sein Eigentum sein wird, selber bestimmen, nicht daß morgen Unsicherheiten entstehen. In dieser Sache seid alle miteinander hochherzig und handelt nach dem Sinn meiner Absichten. Wenn einmal der Tausch der seinem Haus anliegenden Felder getan ist, möge Giovanni zusehen, daß er das Grundstück Ravasio erwerben kann. Für die Kosten werde ich aufkommen. Wie froh wäre ich, wenn das ganze Gelände Corni gekauft werden könnte, vom Friedhof abwärts, jenes, das auf die Straße geht. Dann muß man bald daran denken, Giuseppinos Haus zu vergrößern, nämlich so viele Zimmer anzubauen, daß sie bequem für alle genügen. Zu diesem Zweck könnte man ein Stück Boden verkaufen und mit dem Geld den Maurer bezahlen.

Was das zerstörte Haus Boarolos angeht, hätte ich gerne, daß es wieder aufgebaut würde und dann den Schwestern Ancilla und Maria auf alle Fälle zur Verfügung stünde. Warum sollen wir, solange der Herr uns das Leben gibt, nicht seine Gaben benützen? Es kommt nur darauf an, daß wir nicht so viele Pläne auf lange Sicht machen, sondern von einem Tag zum anderen leben. In den Händen des Herrn lebt man besser als in den Händen der Menschen. Seht, in diesen Tagen hatte ich unter anderem viel zu tun, um etwa zehn künftige Kardinäle zu empfangen, wirkliche oder künftige, die hier vorbeikamen und vielleicht nach dem Konsistorium zurückkehren werden. Wie schön ist es, so vielen gut gesinnten Dienern der heiligen Kirche zu begegnen. Der munterste ist der Erzbischof von St. Louis in Amerika[10], der 83 Jahre alt ist und sich aufrecht hält wie eine Stange, die nicht nachgibt. Er kam im Flugzeug von Amerika und fühlte sich sehr wohl. Der Jüngste der Ernannten[11] zählt jetzt kaum 40 Jahre. Ich habe ihn nicht gesehen. Es fehlte wenig, daß er in der Luft verlorengegangen wäre. In der Tat hatte man einige Tage keine Nachricht von ihm. Da seht Ihr. Wenn man daran denkt, daß unsere wahre Ruhe der Himmel ist, zählen die irdischen Dinge, Ehren und anderes nichts mehr. Mir zum Beispiel, auf dessen Unwürdigkeit der Herr nicht geschaut hat und der ich sicher lieber etwas länger Nuntius in Paris bleibe, als Kardinal in Rom zu werden, fällt es jetzt zu, nach Toulouse zu fahren, um im Namen des Heiligen Vaters dem Erzbischof[12] jener Stadt das Kardinalsbirett aufzusetzen. Er ist ein vortrefflicher und sehr gescheiter Mann, kann sich aber nicht auf den Beinen halten und auch kein Wort deutlich aussprechen. Er ist 76 Jahre alt. Ihr seht, wie die Rollen wechseln. Bittet den Herrn, daß er mir die Gesundheit und die geistige Frische erhalte, und dann geschehe Tag für Tag sein Wille und damit fertig. Wie gut befindet man sich in dieser Gelassenheit. Ich hatte schon Gelegenheit, Euch zu sagen, wie ich über meine Zukunft denke. Ich kann es nicht hören, wenn jemand meinethalben vom Kardinalat spricht. Wenn mir dies zustoßen sollte, könnte es mir nur eine große Eitelkeit und eine große Melancholie bedeuten. Ich lege wirklich keinen Wert darauf. Deshalb ist es mir lästig, wenn jemand, um mir etwa Freude zu machen, darauf anspielt. Macht Ihr es genauso. Sprecht nicht davon und laßt nicht zu, daß man davon spricht. Ich könnte für das wenige, das ich tauge, auf Erden keine größere Ehre bekommen als diese, die der Dienst in Paris meiner armen Person verleiht. Es könnte mich irgendein großes Unglück treffen, das alles Geschwätz der Menschen in Rauch aufgehen ließe. In Gottes Hand möge dieses große Unglück stehen, denn es könnte nur zu seiner Ehre und zu meinem wahren Wohl sein.

Ich grüße besonders die beiden Nichten, die sich dem Herrn weihen wollen. Ich sage noch einmal, daß ich an die Mitgift für die eine wie für die andere denken werde. Sagt mir, was sie brauchen. Dann werde ich Euch alles schicken. Natürlich müssen wir im Auge behalten, daß wir so vorgehen, wie es bescheidenen Leuten ansteht. Wie Ihr wißt, hilft mir die Vorsehung, allerdings tropfenweise. Mein Segen begleitet die beiden. Sie werden die Schutzengel und die Ehrengarde unserer Familie sein.

Giovanni möge Comm. Cane sagen, daß ich seinem Sohn Virginio in Saida den Betrag von 50000 frs. zugehen ließ, den er wünschte und von dem er selbst, der Junge, mir schrieb. Die Wohltätigkeit des Heiligen Vaters kommt überallhin. Was das übrige betrifft, wovon mir dieser wackere Herr vom Canto schrieb, kann ich gut seine Verdienste während des Krieges zur Geltung bringen, aber es stimmt nicht, daß hier den Ausländern Entschädigungen gegeben wurden. Wie bekannt, ist De Gaulle gegangen, und sein Nachfolger hat sich ganz auf Sparmaßnahmen verlegt. In Frankreich lebt es sich nicht besser als in Italien.

Mut also, immer Mut alle miteinander, Saverio, Alfredo, Giovanni, Giuseppe und dann die Schwestern zu Hause und draußen bei ihren Familien, die Schwägerinnen und die Neffen alle zusammen. Überall herrscht viel Not, und überall muß Geduld geübt werden: Geduld und Ruhe sowie Vertrauen auf Gott, der alles sieht und für alles sorgt.

In inniger Zuneigung Euer
† Angelo Gius. Erzb. Ap. Nunt.

448. An die Kusine Agnese Formenti

Paris, 4. März 1946

Meine liebe Kusine Agnese,
hier hast Du ein kleines Geschenk für Guido zu seiner Erstkommunion. Ich lege 1000 (tausend) frs. dazu, die ihm für irgendeinen kleinen Wunsch oder auch als erster Anfang zu einer Sparbüchse dienen können, ein gutes Erziehungsmittel, wenig auszugeben und etwas für die späteren Bedürfnisse beiseite zu legen.

Dieser Bub hat auf mich einen guten Eindruck gemacht. Ich hoffe zuversichtlich, daß er gut heranwächst, als wäre er in Pontida. Doch muß man in ihm den Geist der Frömmigkeit und der Religion erhalten, der so wertvoll ist für dieses und das andere Leben.

Auch in Reims gibt es Gruppen der Katholischen Aktion, z. B. die „Cœurs vaillants", die den Jugendlichen gute Gelegenheiten bieten, den guten Geist der Familien und der Kirche zu spüren und selbst zum Ausdruck zu bringen; zugleich erziehen diese Gruppen zur Liebe zu Frankreich, das nunmehr, wie ich glaube, Guidos Vaterland geworden ist. Dies wird seine Liebe zu Italien, dem Vaterland seiner Eltern, durchaus nicht mindern.

Bevor ich schließe, möchte ich gerne für den Besuch danken, den Ihr mir gemacht habt und der in mir eine so große Freude hinterlassen hat. Es ist nicht ausgeschlossen, daß ich eines Tages in Reims auftauche und Euch besuche. Mein kirchlicher Beruf hat mir eine soziale Stellung verschafft, die sich von jener meiner Brüder in Sotto il Monte und von der Eurigen unterscheidet. Wie Ihr aber gesehen habt, kümmert mich dies nicht. Es drängt mich im Gegenteil, gut und gefällig zu den Meinen und zu den kleinen Leuten überhaupt zu sein, denn wir sind ja alle Brüder, und wer in der Kirche eine Würde trägt, muß um so mehr den Einfachen und Armen zugeneigt sein. Was Würde verleiht, ist nicht das Vermögen oder der Adel der Geburt, sondern die Würde des Lebens, der Tugend, die Würde der Arbeit.

Diese Worte schreibe ich, damit sie Euch Freude bereiten und Euch alle zusammen und einem jeden im besonderen Mut machen. Nochmals danke ich Euch für den lieben Besuch. Ich bitte Euch, mich wieder einmal zu besuchen, und segne Euch mit Guido im besonderen mit allen, die den beiden Familien Colombo und Re angehören.

458. An die Nichte Anna Roncalli

Paris (XVI), 10 Avenue Président Wilson,
14. Dezember 1946

Meine liebe Anna,
Dein Brief hat mir große Freude bereitet. Es ist der erste, den Du mir vom gesegneten Ort Deiner Berufung schickst. Er bringt mir glückliche Nachrichten über Deinen guten Anfang und ist noch ganz durchweht von den Erinnerungen an Deinen Rombesuch, an die Verherrlichung der seligen Teresa Eustochio Verzeri, unserer großen Bergamaskerin, an die Begegnung mit Deiner Kusine, Schwester Maria Angiola, und an unzählige kostbare Erlebnisse, die besser empfunden als ausgedrückt werden können. Dann gefällt mir vor allem Deine hochherzige Gesinnung, die Dir, solange sie dauert, die beglückendsten Tröstungen und Erfolge im Ordensleben sichern.

Tapfere Anna! Man muß es wie die Sterne des Himmels machen:

Der Herr ruft sie, einen nach dem anderen, und sie antworten: Hier bin ich. Ich bin bereit. Wenn wir einmal im Gefühl unserer Weihe von uns gelöst sind, erheben wir uns nach und nach immer mehr und gelangen zwar nicht ohne Mühe, aber schnell genug zur Vollkommenheit, die darin besteht, daß der Wille des Herrn in uns völlig geschieht. Es ist der Vorgeschmack des Himmels.

Auch ich bin diesen Weg gegangen. Ich erinnere mich noch an meine Romeindrücke, als ich zum erstenmal im September 1900 dorthin kam und dann einen Zeitabschnitt von vier Jahren bis zur Priesterweihe am 10. August 1904 dort blieb und auch wie ich als 40jähriger Mann zurückkehrte, um von 1921 bis 1925 dort zu bleiben. Ach, diese Basiliken, diese Altäre, diese Zeremonien, diese Lehren der Martyrer und Bekenner! Im Rom altert man nicht, oder das Altern wird immer durch den Eifer der Jugend verklärt.

Dein Abschied und der Abschied Giuseppinas stehen im Zeichen eines neuen Wendepunkts in der Geschichte unserer ganzen Familie. Das heißt, ein jeder der Brüder hat sein Zelt vergrößert: Es haben sich so drei Familien, sogar vier gebildet, ohne meine zu rechnen, die immer unterwegs ist wie jene der alten Patriarchen. Die Trennung fällt nicht leicht. In der Stunde der Trennung fehlen nicht die kleinen Dornen. Doch das gehört zum Leben. Ein jeder ist nun bei seinem eigenen Herd: Brüder, Vettern, Schwestern, Schwägerinnen, alle lieben einander um so mehr ... Und dann geht man, man geht, wohin der Herr ruft, bis zu dem Tag, an dem einer nach dem anderen sich von der Erde löst und sich im Himmel wiederfindet, in der wahren Ruhe, wo die Freude vollkommen sein wird. Siehst Du, meine liebe Anna, ich bin vor wenigen Tagen in mein 66. Lebensjahr eingetreten, und wenn ich mich nicht im Spiegel betrachte, täusche ich mich darüber weg, so jung fühle ich mich noch. Doch seit langem habe ich mich daran gewöhnt, jeden Tag an den Himmel zu denken. Dadurch verblassen alle Lockungen der Welt. Wer ist im kirchlichen Leben glücklicher und geehrter als ich gegen alles Verdienst meinerseits? Indes, diese Ehren und diese meine hohen Funktionen, die mich mit den vornehmsten Persönlichkeiten der Welt in Kontakt bringen, begeistern mich nicht, noch beunruhigen sie mich. Hier in der Nuntiatur empfange ich Könige und Fürsten, Staatsmänner und Wissenschaftler, Kirchenmänner und Laien. Ich muß mich mit den wichtigsten Fragen der heiligen Kirche und für alle befassen. Nichts mehr bringt mich außer Fassung. Ich denke an die Einfachheit unseres Lebens in der Colombera, und nichts begeistert mich wie der Gedanke, milde und demütig meinen Dienst zu leisten als Beauftragter und Mitarbeiter des Heiligen Vaters. Ich sehe, daß der Herr seinen Segen und seine Hilfe dazu gibt.

Diese Dinge sage ich Dir, liebe Anna, ein für allemal, damit Du daraus Mut schöpfst, mit Deinem Onkel im Gebet inniger vereint bleibst und froh Deinen Weg weitergehst. Unter dem Gold, das glänzt, sind furchtbare Risse. Wir geraten wieder in schwierige Zeiten, und zwar sowohl in Frankreich wie auch in Italien und ein wenig überall. Es könnte sogar unser Leben in Gefahr kommen, wenn sich die heftigen Spannungen entladen. In Frankreich sind solche Dinge schon geschehen. Welch eine große Ehre wäre es, meinen Dienst für den Herrn und die heilige Kirche mit dem Opfer des Blutes zu krönen!

Du solltest den Herrn bitten, daß er mich einer so großen Gnade würdig mache. Und auch Du wirst Dich freuen und froher fühlen, wenn dieses Verlangen, alles, selbst das Leben hinzugeben, Dich vollkommen in Besitz nähme, gleichsam ein Triumph des heiligen Willens des Herrn über Dich. Dieses Gefühl wäre indessen schon das Unterpfand eines großen Friedens. Denn — der heilige Gregor von Nazianz sagte es, und ich wiederhole es gern: Der Wille des Herrn ist unser Friede: voluntas dei pax nostra. Mit diesen Worten schließe ich meinen Brief, der die Weihnachtswünsche enthält, die Du Deinen wohlerwürdigen Oberinnen übermitteln sollst, angefangen bei der wohlehrwürdigen Mutter Generaloberin, und allen Deinen Mitschwestern. Segenerfüllte Wünsche! Welch süße Freude bei der Feier der Geburt des Herrn: In diesem Betrachten des Jesuskindes im Schoß seiner Mutter, die zugleich unsere Mutter ist!

Dieses Jahr wirst Du an Weihnachten das Heimweh nach Deiner geliebten Familie stärker spüren. Ich verstehe es. Dies ist ein Opferblümchen, das überdies die Freude von Bethlehem heiligt und verschönt.

Jetzt werde ich den Deinen schreiben, um sie zu trösten, sie aufzuheitern. In diesen Tagen werden sie in ihr Haus in den Gerole umgezogen sein. Am Anfang werden sie sich etwas einsam fühlen. Doch wieviel Friede und wieviel heitere Freude alsdann. Ich habe ihnen nach besten Kräften geholfen und werde ihnen weiterhelfen, damit das Haus vergrößert wird und damit sie in jeder Not spüren, daß ihr Verwandter mit seinem Herzen bei ihnen ist.

Ich liebe alle meine Angehörigen mit gleicher Liebe. Doch die Liebe zu Giuseppino hat ihren besonderen Glanz, weil er der jüngste von uns ist — weil er von Herzen gut ist —, weil er so viele Kinder hat; und mit ihm liebe ich im Herrn Deine gute Mutter. Auch sie verdient hohe Achtung und Wohlwollen. Zusammen mit ihnen, meine liebe Anna, segne ich Dich und bewahre Dir einen besonderen Platz in meinen Gebeten an Weihnachten.

Schreib mir von Zeit zu Zeit. Das ist das Mittel, mich zum Antworten zu bringen. Vielleicht werde ich Dir das Opfer auferlegen, etwas warten zu müssen, denn meine Arbeit ist groß. Ich werde aber sehr, sehr gern antworten.

In inniger Zuneigung Dein Onkel
† Angelo Gius. Roncalli, Ap. Nuntius

465. An den Neffen Battista Roncalli

Paris (XVI), 10 Avenue Président Wilson,
16. Januar 1947

Mein lieber Battista,
Deinen letzten Brief aus dem Seminar vom 9. des Monats habe ich erhalten wie auch Deinen anderen, der vielleicht schon der zweite in diesem Schuljahr war. Du weißt, daß mir Deine Briefe stets willkommen sind, auch wenn ich nicht jeden sofort beantworten kann. Aus Deinen Worten spüre ich einen Anlauf Deines Willens heraus, der Deine leibliche Schwäche zu beherrschen sucht, indem er die Sorge für das Geistige über die Bedürfnisse der persönlichen Bequemlichkeit stellt. Was Du mir über Deine Fortschritte sowohl im Studium wie auch in Deinem religiösen Leben schreibst, freut mich wirklich. Vielleicht hatte ich schon Gelegenheit, es Dir zu schreiben: „Fra l'incudine e il martello si fa lo bel vasello — Zwischen Amboß und Hammer entsteht das schöne Gefäß.“ Es ist ein alter Vers vom seligen Jacopone da Todi[18]. Wichtig ist, daß Du unter diesem täglichen Hammer nicht die heilige Poesie der Berufung verlierst, die die große Gnade ist, für

die Du dem Herrn danken mußt. Es eilt mir nicht mit Deinen Erfolgen. Es genügt mir, daß sie zur rechten Zeit sich zuverlässig einstellen. Du wirst dahin kommen, wohin Du mit den Studien kommen kannst. Du wirst aber schon sehr weit kommen, wenn Du beständig und unermüdlich nach Heiligkeit strebst. Zwischen Deinen Zeilen entdecke ich so etwas wie einen Anflug oder zumindest eine Neigung für Bilder und Poesie. Auch das ist gut. Es trägt zur inneren Freude bei. Ich habe zwar sehr wenig Gedichte gemacht, aber ich liebe die Poesie aufrichtig. Sie gibt dem Leben Heiterkeit, mildert die inneren Bedrängnisse und flößt Mut ein. Selbstverständlich gilt das von der guten Poesie, nicht von jener verschwommenen und verschrobenen mancher Dichter unserer Zeit und auch nicht von jener pessimistischen à la Leopardi. Je mehr Du im Studium vorankommst, desto mehr wirst Du von der Poesie der Psalmen betroffen und hingerissen sein.

So wünsche ich Dir wiederum rechte Kraft. Wenn Du keinen Erfolg hast, beunruhige Dich nicht über Dich, sondern verdemütige Dich in Dir und nimm Deine Anstrengungen mutig von neuem auf. Machen wir Priester es nicht auch so mit der heiligen Messe? Sie ist ein Gedicht, die Messe, aus verschiedenen Teilen aufgebaut. Doch trotz guter Absicht schweift oft die Phantasie ab, und wir sind zerstreut. Das tut nichts. Man sammelt sich wieder, beschämt über die eigene Schwäche und beseelt von neuem Eifer. Schließlich kommt es so, daß alles zusammen, Zerstreuung und Sammlung, zu einem einzigen Opfer werden, das der Herr „in odorem suavitatis — als lieblichen Wohlgeruch“ annimmt. Du berichtest mir von den Eindrücken, die Du daheim gesammelt hast nach meinen letzten Briefen an die vier Familien. Was Du berichtest, freut mich. Wie Du siehst, gehört der Friede unserer in der Gottesfurcht erzogenen und aufgewachsenen Familien zu den köstlichsten Freuden auch für uns Geistliche, die wir unsere Angehörigen lieben sollen, aber mit jenem Maßhalten, das der Dienst der heiligen Kirche und der Seelen uns auferlegt. Dies ist auch für mich ein großter Trost. Ich wünsche tatsächlich nicht, daß die Unsrigen reich würden, sondern daß sie ihr Auskommen haben für ein bescheidenes und ordentliches Leben als gute Arbeiter und darin immer den Antrieb finden, Gott zu lieben und die Menschen zu lieben, wie es Manzoni vom Kardinal Borromeo sagt, und daß sie so, am Ende der Pilgerfahrt eines jeden, der Freuden der ewigen Wiedervereinigung im Himmel sicher sein dürfen.

Mein Leben hier im Dienst des Heiligen Stuhles verschafft mir täglich den Kontakt mit den sogenannten Großen dieser Welt: mit Männern der Regierung, der Diplomatie, der Wissenschaft, mitunter sind es die sogenannten Mächtigen der Erde von gestern und von heute. Wenn ich mit ihnen verhandle, denke ich immer an die Einfachheit unserer Felder, unserer Familien, und davon lasse ich mir die Art und Weise eingeben, mit den Menschen umzugehen, mit ungekünstelter Ungezwungenheit, mit bescheidener und überzeugender Liebenswürdigkeit, die dann der Herr mit seinem Licht und seiner Liebe durchdringt und die den Erfolg rascher herbeiführt und dauerhafter macht. All dies kommt vom gesunden Menschenverstand, der die leichtesten und zutreffendsten Lösungen findet und den man für gewöhnlich der heiteren Natur verdankt, in der wir geboren sind; das kommt ferner von dem einfachen Verstehen dessen, was gerecht, ehrbar und wirklich dem Evangelium gemäß ist. Die Vollkommenheit des guten Priesters muß sich auch in den Beziehungen zu seinen Familienangehörigen „secundum sanguinem — dem Blute nach“ zeigen. Er muß frühzeitig lernen, sie im Herrn zu lieben, das heißt mit Zärtlichkeit und zugleich mit Maß und Einsicht.

Ich füge nichts weiter hinzu, weil Mitternacht schon vorüber ist nach einem Tag intensiver, wenn auch nicht zermürbender Arbeit. Heute war ich in dem wunderbaren Versailler Schloß, um als Doyen des Diplomatischen Korps der Wahl des neuen Präsidenten der Französischen Republik Vincent Auriol, eines ehrenwerten Sozialisten, mit dem ich gut bekannt bin, beizuwohnen. Unter dem bezaubernden Eindruck dieses herrlichen, unvergleichlichen Königsschlosses und in der Erinnerung an die Herrscher Frankreichs, die es erbaut und ausgeschmückt haben, wie feierlich ertönen da die Worte des Weisen: „Nichtigkeit, nur Nichtigkeit, alles ist Nichtigkeit[19].“ Ich wünsche Dir von Herzen ein gutes Jahr und daß Du den Segen Gottes und der Menschen habest, denn das ist das Ideal.

† a. g. r.

484. An die Familie

Paris, 19. Oktober 1947

Meine lieben Schwestern und mit Euch alle von den drei oder vier oder fünf Familien, die der Herr segne,

Ihr werdet sicher mein Telegramm vom Dienstagabend erhalten haben mit der Mitteilung, daß ich meine Reise gut beendet habe. Sie verlief wirklich gut. Denkt, nach unserer Abfahrt von Camaitino um 8.30 Uhr — Ihr kennt die Straßen bis Brivio, die wir benutzten — waren wir um 12.30 Uhr auf der Höhe des St. Gotthard, wo wir uns Euren Proviant und das Hähnchen der Schwägerin Ida schmecken ließen. Um 17.30 Uhr erreichten wir Olten, die Heimatstadt meines neuen Sekretärs Bruno Heim, dessen Mutter es gut, sogar sehr gut geht. Vorerst zeigen sich keine Gefahren, und wenn sie sich vor hohem Blutdruck in acht nimmt, wird sie noch lange leben können.

Am Dienstagmorgen fuhren wir weiter nach Basel, und von dort waren wir sofort auf französischem Boden. Wir wären um 19.30 Uhr in Paris angekommen, wenn wir am Stadtrand nicht in den Autostau geraten wären, wegen des Streiks der Untergrundbahn und der Autobusse, der immer noch andauert. Stellt Euch die Lage vor in einer 6-Millionen-Stadt.

In der Nuntiatur war jedoch alles in Ordnung, und allen geht es gut. Sie erinnern sich an Euch und grüßen Euch. Von Olten nahm ich Bruno Heim mit nach Paris. Enrico war als Chauffeur wieder einmal vollkommen und unvergleichlich. Nicht der geringste Zwischenfall. Am Abend, nach dem vielen Geplauder mit meinen Mitarbeitern, denen ein erstes Gläschen des neuen Weins von Sotto il Monte — alle kosteten ihn — die Zunge löste, fand ich mein kleines Bett in dem Zimmer wieder, das Maria und Enrica kennen. Nun, es erschien mir viel weicher als jenes harte von Camaitino mit diesen Kissen der ersten Tage, die ihr mir dann ausgewechselt habt, und ich schlief gut. Am nächsten Tag war ich sofort bei meinen Geschäften. Mittagessen mit sechs Kardinälen und zehn Erzbischöfen. Stellt Euch vor, wieviel Umtrieb. Ich spürte eine Magenstörung und hielt sofort Diät mit dem gewohnten Salz. Und jetzt, da ich schreibe, bin ich wieder auf dem Damm. Ich fühle mich wohl und bin recht froh und der Vorsehung dankbar, die mir erlaubt hat, auch die Kosten dieser Feiern zu überwinden, indem ich mich ihr für die Zukunft anvertraue. Man muß mit dem Notwendigsten zufrieden sein, die Pläne in Grenzen halten und sorglos von einem Tag zum andern leben. Der Herr sieht und sorgt vor.

Am Donnerstag, dem 16., hatte ich den Comm. Sommariva hier zum Essen und ließ auch ihn das Weinchen von Canne versuchen. O welche Erinnerungen für ihn. Wie reut es ihn, verkauft zu haben. Aber es war für ihn das einzig Richtige. Für einen Mann wie ihn wäre das Einsiedlerleben in Predazzi nichts gewesen. Er ist 74 oder 76 Jahre alt, hält sich aber noch sehr gut und erledigt die Geschäfte wie ein Junger.

Gestern, Samstag, kam die Gräfin Agliardi mit ihrer Tochter Laura — es ist die, von der es hieß, daß sie in meinem Wagen kommen sollte, die aber dann doch nicht kam und gut daran tat. Ich habe ihnen einen bescheidenen Tee angeboten, schlichter, als wenn ich in Camaitino gewesen wäre, mit den bulgarischen Servietten, die Maria kennt und bei großen Anlässen hervorzuholen versteht.

Heute ist der Tag der Gemeindewahlen in Paris. Die guten Franzosen kamen mir alle vor wie Mönche, ruhig und still. So konnte ich zur Kirche Sacré-Cœur hinaufgehen, um bei der 100-Jahr-Feier der heiligen Margareta Maria Alacoque die Vesper zu halten. Mit der Verehrung dieser Heiligen und des Heiligsten Herzens begann ich meine Ferien in Paray-le-Monial am 30. August. Jetzt beende ich sie und beginne das neue Arbeitsjahr wiederum vor dem Heiligsten Herzen in seinem größten Tempel, den es auf der Welt hat — jenem vom Montmartre — und wiederum mit der Verehrung der heiligen Margareta Maria.

Mit lebhafter Freude denke ich an die diesjährigen Ferien zurück. Sie waren vielleicht die ruhigsten, die ich seit langem verbracht habe. Unsere große Familie zufrieden und wohl verteilt zu sehen — jeder unter seinem Dach und im ganzen ohne große Dornen —, vor allem festzustellen, wie der Geist des Glaubens, der Liebe und des Gottvertrauens, der christliche Sinn in allen tief verwurzelt bleibt — auch in den Jungen, die, Gott sei Dank, in guter Gesundheit, großer Einfachheit und mit rechten und ernsten Zielen aufwachsen, all das war mir ein großer Trost. Den Ausflug nach Varallo und San Carlone mit vier Buben, dann die Begegnung in San Girolamo, sodann das Zusammenkommen in Camaitino und auf den Feldern werde ich nie vergessen. In allen lebt auch der Sinn für Takt und Maß. Wie preise ich den Herrn, der uns in so bescheidenen Verhältnissen zur Welt kommen und leben ließ, um uns die wahren Werte des Lebens besser schätzen und frischer kosten zu lassen; und die sind ja nicht die materiellen Reichtümer, sondern Einfachheit, Ehrenhaftigkeit des Lebens und dazu auch ein gewisser materieller Wohlstand.

Und unsere beiden Nichten im Kloster, sind uns die nicht ein besonderer Anlaß zur Freude? Teresina sodann, ihre Heirat mit Nino Lozza, welche Gnade auch sie, dort vor der Madonna von Brusicco, der Madonna unserer Kindheit! Der Herr möge diese beiden Eheleute erfreuen und beschützen. Hat sich Nino wieder gut erholt? Ich würde es gern erfahren.

Genug für heute. Im Schlafzimmer hängt an der Wand bei dem Fenster gegenüber der Tür ein schönes goldgerahmtes Bild von der Mutter der Barmherzigkeit, die in der Kirche der Bergamasker in Rom verehrt wird. Es ist ein auf Seide abgezogener Stich, die Mutter Gottes ist schön und anmutend dargestellt. Ohne viel Umstände zu machen, nehmt es von der Wand und überreicht es den beiden Eheleuten Teresa und Nino zur Erinnerung an ihre Hochzeit und zum Zeichen meines Segens, der ihr ganzes Leben begleitet. Es wird gut sein, daß sie es in ihrem Schlafzimmer aufhängen, oft davor beten und, wenn der Herr ihnen Kinder aufzuziehen gibt, es ihnen mit Andacht zeigen und dabei an ihren Onkel Bischof erinnern, der für sie beten wird.

Kehren wir alle miteinander — Ihr beiden Schwestern und die Nichte Enrica in besonderer Weisc — zur alltäglichen guten Arbeit zurück, die von der Gottes- und Nächstenliebe beseelt ist.

Wir werden alle miteinander viel Trost erfahren. Grüßt mir alle Unsrigen. Ich nenne keine Namen, schließe aber alle ein von Severo bis Bertramino und segne alle.

Letzte Woche befand ich mich zu dieser Stunde in liebem Gespräch vereint mit allen in Camaitino versammelten Unsrigen. Nun schreibe ich Euch, während ich die Ergebnisse der Gemeinderatswahlen in Frankreich höre. Der erste Eindruck ist gut. Die Geister sind zwar noch geschieden, verlieren aber an Bitterkeit. Ich glaube, daß es in Italien auch so kommen wird.

† a. g. r.

488. An den Bruder Alfredo

Paris, 6. Januar 1948

Mein lieber Alfredo,
ein besonderes Wort auch an Dich, der Du mein Bruder bist wie die anderen und der Du mehr als die anderen zusammen mit den Schwestern Ancilla und Maria mir lieb bist, denn wie ich Dir schon einmal sagte, sind wir immer bei derselben Partei geblieben; wir haben keine andere Gesellschaft gesucht, sondern uns mit jener des Herrn begnügt, der sicher mit besonderem Wohlwollen auf uns blickt. Dies sage ich, ohne die anderen zu beleidigen. Denn wenn sie alle unserem Beispiel gefolgt wären, dann wäre ja die Colombera ein Kloster von Mönchen. Ich wünsche Dir also ein gutes neues Jahr mit viel innerer Ruhe. Aus den Zahlen meines Notizbuches ersehe ich, daß auch Du, der Du acht Jahre nach mir geboren bist, Dich den sechzig näherst, dem Alter, in dem das Urteil reifer wird. Du, Du solltest Deine Urteilskraft benützen, um Deine gute Arbeit fortzusetzen, aber mit größerer Ruhe. Ein Bissen Brot wird Dir nie fehlen, und Du hast ein gutes Brot und ein Gläschen Wein verdient durch soviel Arbeit, die Du bis jetzt geleistet hast. Du wirst in der Liebe Deiner Brüder und Neffen, vor allem aber in der Hilfe Deiner Schwestern Ancilla und Maria einen großen Trost finden, nicht ausgeschlossen die guten Worte „der Großmutter des Volkes“[31]. Ich habe hier endlich einen Entschluß gefaßt über die Zeit des Zubettgehens am Abend: nicht mehr nach Mitternacht, sondern gegen 10 Uhr. Und ich stehe früh auf am Morgen, der günstigsten Stunde zum Singen und Beten. Singen wir ein wenig, mein lieber Alfredo, und beten wir miteinander. Im übrigen befolgen wir das Sprichwort: Fröhlich sein, Gutes tun und die Spatzen pfeifen lassen. Ich segne Dich aus brüderlichem Herzen.

In inniger Zuneigung
† Angelo Giuseppe Erzbisch. n. a.

500. An den Bruder Saverio

Paris, 1. März 1948

Mein lieber Severo,
Dank für Deine Grüße, die Giovanni mir übermittelt hat. Ich dispensiere Dich davon, mir Antwortbriefe zu schreiben. Nun habe ich daran gedacht, der ganzen Colombera eine Freude zu machen, wenn ich Dir das Geschenk schicke, das unser guter Freund Enrico Sartori Euch überbringt, nämlich ein einfaches, aber gutes Radio. Es ist ein Geschenk, das ich den *drei Brüdern* zusammen mache: Severo, Alfredo, Giovanni. Sprecht also untereinander ab, wo es am besten aufzustellen ist. Man muß es anmelden und alle entsprechenden Gebühren bezahlen; ich möchte nämlich nicht, daß man die Gebühren umgeht, wenn sie rechtmäßig sind. Falls die Gebühr hoch ist, werde ich sie erstatten: aber es muß alles ordnungsgemäß geregelt sein. Das gilt auch für Giuseppino, dem ich ebenfalls ein solches Radio wie das Eure, das für die Colombera bestimmt ist, schicke. Wenn ich Euch etwas empfehlen darf: laßt nicht leichtfertig Leute ins Haus zum Radiohören kommen. Ihr wißt warum. Man muß zwar wirklich freundlich und liebenswürdig zu allen sein, aber jeder an seinem Platz und bei sich zu Hause.

Der gute Enrico wird Euch meine Nachrichten überbringen, die Gott sei Dank gut sind. Freilich gibt es auch eine Menge Arbeit im Dienst der heiligen Kirche und im Dienst am Nächsten.

Giovanni hat mir seinerzeit über die Abdankung des Bürgermeisters geschrieben. Ich weiß nicht, was ich dazu sagen soll. Aber man tut doch gut daran, in dem Maße, wie man kann, an der sozialen Ordnung mitzuwirken.

Jetzt rücken die Wahlen näher. Jeder sieht klar seinen Weg und wo die richtigen Ideen sind. Man halte sich daran: aus Intrigen und Kompetenzkämpfen sich fernhalten. Ich grüße und segne Dich von Herzen zusammen mit Deiner lieben Maria und mit Rita. Wir haben traurige Zeiten durchgemacht, und die, die sich ankündigen, sind es nicht minder. Es ist aber besser, Optimist als Pessimist zu sein. Wer Gott fürchtet, dem hilft Gott.

In inniger Zuneigung Dein Bruder
† Angelo Giuseppe Erzb.

512. An die Familie

Paris, 26. September 1948

Meine lieben Schwestern und alle Familienangehörigen,
wie ich Euch telegrafierte, ist alles gut gegangen. In Mailand werde ich immer von den Töchtern des Heiligsten Herzens aufgenommen. Mutter Foletto ist ebenso ausgezeichnet wie Mutter Radici. Um 13.25 traf ich auf dem Bahnhof den neuen französischen Botschafter beim Vatikan, Graf Vladimier D'Ormesson, und unterhielt mich mit ihm fast eine Stunde. Um zwei Uhr fuhren wir mit Oddi in die Schweiz ab, und abends um 9 Uhr waren wir, nach einer Fahrt über den Gotthard, in dem großartigen Kloster und der Wallfahrtskirche von Einsiedeln. An diesen Ort möchte ich später einmal die ganze Familie Roncalli hinführen, aber per Eisenbahn. Ich kannte diesen wunderschönen Ort schon seit August 1911, das heißt seit 36 Jahren. Am nächsten Morgen konnten wir unsere Gebete verrichten und waren dann von 9 Uhr früh bis 9 Uhr abends nach Paris unterwegs, mit einem kurzen Aufenthalt zum Mittagessen in Belfort.

Hier habe ich alles und alle wohl angetroffen. Ich hatte wenige Audienzen in diesen Tagen. Heute morgen feierliche Messe in Notre-Dame, um den Geist des Friedens für die UNO-Konferenz zu erbitten. Auch der Kardinal von Paris war dabei. Am Ende des Gottesdienstes kamen alle Persönlichkeiten, um dem Kardinal und dem Nuntius die Hand zu geben. Als ich mit diesen hohen Persönlichkeiten zusammen war — hoch übrigens als Redewendung —, dachte ich an die Meinen in Sotto il Monte und an unsere Felder. Es genügt, daß der Herr allen die heilige Gottesfurcht und seinen Frieden gibt. Das ist die wirkliche Größe und das einzige Glück.

Wenn ich jetzt meinen guten Dienst für den Heiligen Stuhl wieder aufnehme, wohlgestärkt durch die ermutigenden Segensworte des Heiligen Vaters[44], kann ich die schönen Eindrücke nicht vergessen, die ich während der vergangenen Ferien bei meinen lieben Verwandten unserer vier Heimstätten gewonnen habe, wobei ich mich vom Geist des Friedens und guten Willen aller überzeugen konnte. Unsere Familien üben sich immer in Armut. Darunter leide auch ich manchmal: doch wir dürfen uns nicht beklagen. Diese demütige und ergebene Antwort zieht die kostbarsten Gnaden des Herrn an. Das soll nicht heißen, daß man nicht darauf achten soll, die materiellen Verhältnisse zu verbessern. Gleichwohl darf man sich nicht vom Geiz treiben lassen, der das Herz verhärtet, sondern jeden Tag sich über das wenige freuen, das der Herr uns schenkt. Wir müssen uns um das Morgen kümmern wie die fleißige Ameise, aber nicht heute an Hunger sterben, um uns das Morgen zu sichern, das ungewiß ist.

Euch allen danke ich für die Güte, die Verehrung, die Höflichkeit, die Ihr mir auch während dieser Ferien erwiesen habt. Sie waren immer bewegt, wie all die anderen früher, aber sie ließen mir auch manchen ruhigen und stillen Tag in meiner Einsamkeit, die mir so sehr gefällt. Im nächsten Jahr werden wir es noch besser machen, so es Gott gefällt.

Nochmals einen besonderen Segen für Teresa, für Rita und auch für . . . Teresina. Ihr wißt, daß ich niemanden vergesse. Wenn ich nicht immer an alle schreibe, so denke ich doch durchaus jeden Tag an alle am Altar.

P.S. Hier habe ich alle wohl angetroffen, und die Euch kennen, grüßen Euch alle. Dino ist immer begeistert und dankbar. Ancilla und Servero bestätige ich mein Versprechen, sie im nächsten Jahr nach Paris einzuladen, wie ich in diesem Jahr den Herrn Pfarrer und Battista zu Besuch hatte.

519. An den Bruder Giovanni

Paris, Weihnachten 1948

Lieber Giovanni,
einen besonderen Gruß und Glückwunsch Dir, Deiner guten Caterina und Deiner ganzen Kinderschar, angefangen vom Theologiestudenten, von dessen Seminaroberen ich gute Nachrichten über ihn erhalten habe, bis zu Maria Grazia[55].

Das Leben geht weiter mit seinem täglichen Einerlei. Dein Leben ist ein wenig bewegter, da Du Dich um viele Dinge kümmerst, die Geist, Herz und auch die Beine und Arme in Anspruch nehmen. Ihr seid nunmehr alle in einem Alter, in dem alles mit Ernst bedacht wird: Gedanken, Worte und Werke. Das ist der richtige Weg. Unsere vornehmliche Pflicht: große Ehrfurcht und große Liebe allen, besonders unseren engsten Verwandten gegenüber.

Glücklicherweise ahmt Ihr, meine Brüder, nicht unsere alten Großvater und Großonkel nach, die nie miteinander sprachen, es sei denn im Streit. Wie schön ist es, wenn man in der Familie und unter den Verwandten in heiliger Eintracht und in etwas Freude lebt. Ich erinnere mich, daß ich, als ich klein war, den Herrn in der Kirche inbrünstig darum bat, daß die „*Roncai vecc i se parlesse ü poc fra de lür* – alten Roncalli ein wenig miteinander sprächen". Und ich fragte mich immer: wie werden sie es machen, das Heil zu erlangen, da doch der Herr will, daß alle sich lieben und einander als Brüder behandeln?

Vor einigen Tagen kam jener Marco Biffi zu Besuch, der Junge von Villa d'Adda, den ich mit Zaverio Flaviano am Abend des 12. September in Rom bei den Schwestern traf.

Er kam hierher und suchte Arbeit, hatte aber seine Papiere nicht in Ordnung und keine Arbeitsgenehmigung. Ich habe ihm helfen können, indem ich ihn in gute Hände gab. Meinen Brüdern und Neffen aber wünsche ich, daß sie nie das Vaterland verlassen müssen, außer um Städte und Länder zu besuchen. Besser ein bißchen trocken Brot in der Heimat als ein Huhn in der Fremde.

Ich hoffe, daß ich Euch nach und nach dazu verhelfen kann, Paris zu sehen, sofern der Herr mich noch ein wenig hier beläßt. Und auch danach ist noch Zeit dafür.

Im Jahre 1949 möchte ich, daß Onkel Severo an die Reihe kommt. Wenn Alfredo etwas besser sehen könnte, wäre es eine Freude für mich, wenn auch er kommen könnte.

Treten wir also in das neue Jahr mit Vertrauen ein. Wem Verstand gegeben ist, dem fehlt es nie an Segen. Und mein Segenswunsch beschützt Euch und begleitet alle.

Weißt Du, lieber Giovanni, wen ich zum Weihnachtsfest hier bei mir hatte? Den Comm. Sommariva mit seiner Gisa. Sie fühlten sich geradezu wie im Paradies. Der alte Herr ist spindeldürr geworden, hat aber noch eine erstaunliche Redegabe. Am Weihnachtstag selbst war ich mit Oddi allein im Haus, der auch Euch alle grüßt und sich an die „bregi"[56] vom August in Camaitino erinnert. Du kannst Dir die Unterhaltungen und Gespräche vorstellen. Man sieht, daß jemand von den Predazzi ihn immer informiert. Er hat mich beauftragt, Dir seine Grüße zu bestellen. Wenn er seine Sünden bereut hat, wie er seine Villa abgetreten hat, hat er gewiß das Heil erlangt.

Mein besonderer Gruß gilt der Signorina Enrica. Ich werde ihr ein persönliches Brieflein schreiben, sobald ich den größten Teil meiner Arbeit dieser Woche erledigt habe. Freitag abend werde ich die Glückwunschansprache des diplomatischen Corps an Präsident Auriol halten. Es ist schon das sechste Mal. Wenn ich im Glanz dieses Palastes bin und unter diesen Persönlichkeiten, die im Grunde genommen verlegen sind, denke ich an die Colombera, an unsere Felder und an alle unsere braven Leute. Hier bei diesen Großen der Welt ist alles Eitelkeit.

Und mit diesem Geschwätz komme ich nun zum Schluß meiner Glückwünsche.

Ich erneuere sie von ganzem Herzen für Euch Eltern, für den Oheim Alfredo, sodann für Enrica, Teresina, Flaviano, Aurelia, Zaverio und Maria Grazia[57]. An Battista und Giuseppina werde ich noch eigens schreiben. Aber ich freue mich, daß sie an Leib und Seele gesund sind. Das wünsche ich Euch allen, die Ihr zu Hause seid und die ich alle zusammen und jeden einzeln segne.

P. S. Wir haben noch Zeit, um über die Straße nach Camaitino zu sprechen. Falls es sich um beträchtliche Kosten handelt, bin ich dafür, es nach wie vor beim alten zu lassen, was bisher noch niemandem geschadet hat.

525. An die Nichte Enrica Roncalli

Paris, 2. März 1949

Meine liebe Nichte Enrica,
hier einige Worte eigens für Dich. Ich nehme sicher an, daß Du meine Nachrichten in gebührender Weise allen zukommen läßt. Wegen des Vierzigstundengebets habe ich an den Herrn Propst und an den Kuraten geschrieben. Der Herr Propst hat mich über den recht erfreulichen Erfolg unterrichtet. Unsere guten Leute halten noch an der christlichen Tradition fest. Die, welche sich nicht daran halten, vermehren den Eifer der Gläubigen um so mehr. Diesen Eifer muß man unterstützen, und Du darfst nicht müde werden, auch wenn manchmal Müdigkeit und Entmutigung überwiegen. Wenn man zu weit in die Zukunft schaut, läuft man Gefahr, den Mut zu verlieren. Leben wir also bewußt jeden Tag und halten

wir uns immer zum Sterben bereit. Enrica, halten wir uns treu an das Wort des Herrn: er betrügt uns nicht. Gewiß kommt es darauf an, die Lage der Arbeiter zu verbessern, doch ohne Gottesfurcht und ohne den Geist der Liebe und des rechten Maßes erreicht man nichts. Vergangene Woche fand hier in Paris im Élysée-Palast, in dem der Präsident der Republik Auriol wohnt, ein großes Festessen und ein Empfang statt. Der arme Sohn eines Bauern von der Colombera erhielt den Ehrenplatz, den ersten rechts neben der Gattin des Präsidenten. Dann folgte der Empfang. Aus den zweihundert zum Festessen geladenen Gästen wurden fast zweitausend: alle Diplomaten und alle Mitglieder der Regierung mit ihren Frauen. Du kannst Dir vorstellen, wie sie gekleidet waren. Mir fällt es leicht, bescheiden zu bleiben. Es wurden davon viele Fotos gemacht. Ich schicke Dir eins. Ich bitte Dich, es für mich aufzuheben. Links steht der Präsident Auriol, dann zwei Minister: der mit der Brille ist Jules Moch, ein Jude, Innenminister wie Scelba in Italien. Der Präsident sagte mir gerade, daß wenn jene Freunde kämen, Moch der erste wäre, den man verschwinden lassen würde. „Dann kommen Sie dran, Monsignore." Und ich: „Und Sie glauben, Herr Präsident, daß Sie uns nicht vorangehen werden, den Weg zu bahnen?"

Du siehst, Enrica, jetzt scherzen alle miteinander. Morgen könnte das Unheil alle mit sich fortreißen. Was würde es mir nützen, eine so hohe Ehrenstellung genossen zu haben, wenn mir dann der Mut fehlte, bis zum Ende treu zu sein? Deshalb ist alles gut, was der Eigenliebe nicht gefallen mag, aber man muß in großer Demut und in großer Hingabe an den Herrn leben können.

Jetzt stehen wir im Monat des heiligen Josef. Ich empfehle allen im Hause sehr, ihn zu verehren. Man muß sich voller Hingabe an ihm festhalten wie das Jesuskind an der Brust seines Nährvaters.

Meine Gesundheit ist immer gut, sogar ausgezeichnet. Meine Leute in der Nuntiatur sagen, man müsse jeden Tag spazieren gehen, damit es einem gut gehen kann. Ich dagegen gehe nie aus, und mir geht es ausgezeichnet, dabei bin ich 30 Jahre älter als sie.

Der Tod unserer Kusine Enrica Mazzola hat mich sehr getroffen, und ich habe für sie viele Fürbitten gehalten. Wie geht es Elisa? Gelingt es Teresina, ihre Zimmer zu belegen oder, besser gesagt, die Zimmer der Tanten aus Boarolo? Vorgestern habe ich an Battista im Seminar geschrieben. Ich ließ ihn wirklich lange Zeit warten. Man muß ihm für das Studium Mut machen, darf ihn aber nicht demütigen. Im übrigen hatte mir der Rektor vor Weihnachten ausgezeichnete Auskünfte gegeben. Ich vertraue immer darauf, daß er zur gegebenen Zeit auch sein Ziel erreichen wird. An Schwester Angiola Maria und an Schwester Anna schrieb ich gleichfalls. Meine Gedanken sind in besonderem Maße bei ihnen. Ich kann jedoch beim besten Willen nicht öfter schreiben. Ihr seht ja, daß ich auch nicht zu oft nach Hause kommen kann.

Ich werde auch Signor Villa schreiben, von dem ich seit Monaten keine Nachricht erhielt, nicht einmal zu Weihnachten. Ist er krank? Ich möchte mich mit ihm verständigen, um das Konto etwas aufzufrischen, von dem die Tanten leben müssen. Ach, wie arm ist unsere Zeit: arme Menschen und vor allem arme leichtsinnige junge Leute, die sich täuschen lassen. Wir sind den wertvolleren Reichtümern des Geistes verbunden. Du weißt, Enrica, welche das sind: Jesus, Maria und Josef und das heilige Evangelium, die heilige Kirche sowie die unermüdliche Liebe, ja vor allem die Liebe. Ich segne Dich mit den Tanten und mit allen drei Familien.

† a. g. r.

538. An den Bruder Saverio

Paris, 1. Januar 1950

Lieber Severo,
ich habe an die Schwestern von Camaitino gute Wünsche für alle gesandt. Doch möchte ich Dir und Deiner Maria sowie Rita noch eigens ein paar Zeilen schreiben. So sollte es sein: Ärger klein, Leben voll Sonnenschein. Aber kleine Kreuze finden sich überall: unten wie oben, selbst unterm Dach, im Keller, im Stall, auf den Feldern, auf der Straße. Nun gut, man hebt sie alle auf, eines nach dem anderen, und trägt sie dann in Frieden; und im Tragen unserer kleinen Kreuze findet man sogar Freude und Zufriedenheit. Ja, mein lieber Severo, wir sind an die 70 und noch bei guter Gesundheit. Müssen wir da nicht dem Herrn dankbar sein? Unsere Alten lebten mit unseren Jahren bestimmt beschwerlicher als wir. Du erinnerst Dich sicherlich noch mit einem Lächeln, wie sie stöhnten: der Pì, der Lisandro, der Nono und der Barba

Zaverio. Gestern abend, da war ich im strahlendsten Glanz von Paris, im Élysée-Palast, der Residenz des Präsidenten der Republik. Ich dachte an die Colombera. Mir war, als ob unsere Mama aus einer Ecke hervorkäme und in ihrer Einfachheit fassungslos sagte: „Madonna, der Angelo, was ist denn aus dem geworden! Soll's sein, beten wir für ihn, lassen wir's dabei." Lieber Severo, bleiben wir treu beim Vaterunser: geheiligt werde dein Name, dein Wille geschehe, es komme dein Reich, das mehr wert ist als alle Reiche der Erde. Du verstehst mich. Ich wünsche Dir nochmals alles Gute zum neuen Jahr. Ach, wenn ich Dich für ein paar Tage in Paris haben könnte! Wer weiß? Gott bestimmt, und zwar immer gut. Besondere Grüße an Maria und Rita. Auch für sie: immer Geduld, immer Sanftmut, keine Angst und nichts übertreiben. Graf Pippo, der Bruder von Bischof Radini, schien mit 46 Jahren dem Ende nahe, und jetzt erst ist der Tod gekommen, mit 91. Welch schönes Leben, welch schöner Tod; 91 Jahre und im vollen Besitz der Geisteskräfte! So möge es mit Dir und mit uns allen sein. Es ist der größte Segen für ein Haus, Alte bei sich zu haben.

In inniger Zuneigung Dein Bruder
† Angelo Giuseppe Erzb.

546. An die Familie

Paris, 29. April 1950

Meine lieben Schwestern und alle Familienangehörigen,
seit vergangenem Samstag, dem 22. April, bin ich nach einer glücklichen und wunderbaren Reise wieder in Paris. Enrica wird auf einem Atlas meine ganze Reise verfolgen können: Paris — Ars — Lyon — Valence — Marseille — Überfahrt per Schiff — Algier — Tunis — Constantine — nochmals Algier — Oran. Am Josefstag in Algier, am Passionssonntag in Tunis, Palmsonntag in Constantine, Ostern in Oran. Ich kann sagen — nicht für mich als Sohn des Battista Roncalli, sondern für den Stellvertreter des Papstes, der sich zum erstenmal nach Französisch-Afrika begab — ein wahrer Triumph der Verehrung des Heiligen Vaters und der Kirche von seiten so vieler Menschen. Vom 19. März bis zum 10. April eine Aufeinanderfolge unerwarteter und unvergleichlicher kirchli-

cher und staatlicher Kundgebungen. Am 10. April habe ich dann privat Marokko betreten, das ich für ein trockenes und ausgedorrtes Land hielt. Im Frühjahr ist es jedoch ein wirkliches Paradies auf Erden. Ich habe dort alle heiligen Städte des Islam besucht, die Orte, wo die Mauren einst die Christen als Sklaven hielten: Fès, Marrakesch, Meknès, Casablanca, Rabat usw. Dann Tanger, Tetuán, Ceuta. Von dort Schiffsfahrt nach Gibraltar und dann quer durch Spanien von Sevilla bis Granada, Córdoba, Toledo, Madrid mit dem Escorial, dann Burgos, S. Sebastián; nach Überschreiten der französischen Grenze Biarritz, Bayonne, Lourdes, wo ich übernachtete und am Morgen der Madonna dankte, dann Bordeaux, Poitiers und Paris.

Stellt Euch vor: 10000 Kilometer mit Dino am Steuer meines großen Wagens und ohne die geringste Unannehmlichkeit. Immer bei ausgezeichneter Gesundheit, da alles in Ruhe vor sich ging.

Über meine Reise wurde schon viel gedruckt: aber Ihr lest nicht Französisch, und deshalb Geduld. Dankt mit mir dem Herrn. Wenn ich mich inmitten solch großartiger Dinge und zugleich solchen Elends befinde — denn die Welt ist groß, ist schön, aber ist mannigfaltig —, denke ich immer an das einfache Leben von Sotto il Monte. Und dieser Gedanke hilft mir immer, macht mich demütig und mutig zugleich.

Stellt Euch vor, daß ich wohl an 40 Stellen — in Städten, Dörfern und Pfarreien — mit großer Ehre, mit Festschmuck, Ansprachen und Trinksprüchen, die ich gehört und gehalten habe, empfangen wurde. Eine Festlichkeit, eine Freude zur Begrüßung des päpstlichen Nuntius! Häufig war der, welcher die Begrüßungsworte sprach, ein Jude; die Araber, die den Großteil der Bewohner Afrikas bilden, sind auch ehrerbietig, und viele von ihnen unterstehen der französischen Regierung. In Tunis wohnte ich im Palast des Präsidenten bzw. des französischen Gouverneurs. Aber auch der Bey bzw. Kalif von Tunis empfing mich mit großen Ehren und verlieh mir die höchste Auszeichnung. Alles Dinge, an denen mir wenig liegt, wie Ihr wißt, die aber etwas zum Ausdruck bringen sollen.

Wie Ihr seht, gibt es in Europa wie in Afrika nur eine Wahrheit: und die ist im Evangelium des Herrn.

Wenn ich in der zweiten Maihälfte, um den 20., wie ich mir vornehme, für ein par Stunden nach Camaitino komme, werde ich viele interessante Dinge berichten können, von denen ich zum Teil schon wußte, die aber, an ihrem Standort betrachtet, noch größeren Eindruck erwecken. So gab es unter anderem in Bône einen wirklichen Triumphzug; es ist die Stadt des heiligen Augustinus, in der ich neben einem glanzvollen Empfang im Rathaus am Abend zu einer Menge von 20000 Personen sprach. Dabei sagte ich natürlich die gleichen Dinge, die man in Sotto il Monte sagt. Doch das ist das Schöne unserer heiligen Religion.

Genug davon. Danken wir dem Herrn immer und jeden Tag. Aus dem letzten Brief von Enrico, von Giovanni, von Giuseppino und von allen ersehe ich, daß es auch Euch gut geht. Machen wir weiter so. Solange wir durchhalten können.

Schon bald werde ich Euch schreiben, um Euch Näheres über meinen Besuch mitzuteilen. Aber ich wiederhole nochmals, daß man nicht zuviel darüber reden soll, da es sich um eine Angelegenheit handelt, die fast unbemerkt vonstatten gehen muß. Indessen segne ich Euch und gehe zu Bett, denn es ist Mitternacht. Heute war Propst Lazzari aus Gazzanica hier bei mir mit einem seiner Neffen, der Priester ist. Es war ein sehr lieber Besuch. Ich möchte mich an Signor Maffeis wenden, um mich seines Autos bedienen zu können: denn ich habe vor, mit dem Zug zu kommen, wobei mich Mons. Giacomo Testa begleiten wird. Mit ihm segne ich Euch alle zusammen aus den verschiedenen Familien. Wir stehen jetzt in der Oktav des Schutzfestes des heiligen Josef. Beten wir weiterhin zusammen zu dem großen Heiligen.

557. An die Familie

[Paris] 25. Februar 1951

Meine lieben Schwestern, liebe Nichte Enrica und alle Familienangehörigen,

ich danke Enrica für die ausführlichen Briefe und denke vor allem an den letzten vom 4. Februar. Es ist tatsächlich so, daß die Arbeit mich sehr in Anspruch nimmt, aber jetzt hoffe ich, allen, die mir zu Weihnachten schrieben, mit guten Osterwünschen zu antworten. Daß ich mich nicht allen meinen Verwandten widmen kann, wie ich möchte und wie sie mir Gelegenheit dazu geben, tut mir ein wenig leid. Aber ich glaube auch, daß alle Verständnis dafür haben. Dies ist ein überaus wichtiger und ehrenvoller Posten, aber er bringt auch das Opfer mit sich, daß ich von allen meinen privaten oder familiären Bindungen Abstand nehmen muß. Es wird die Zeit kommen, da ich mich ausruhen werde. Augenblicklich geht es mir gesundheitlich so gut, daß es mir wie eine schwere Sünde vorkäme, wenn ich meine Bequemlichkeit den Verpflichtungen meines Dienstes vorziehen würde.

Seid also froh und zufrieden. Vor allen Dingen sorgt Euch nicht um meine Zukunft. Wenn jemand mit Euch ein dummes Gerede beginnen will, antwortet, daß Ihr nichts wißt, daß Euer Bruder nichts in Aussicht hat, daß es ihm dort, wo er ist, sehr gut geht, und solange der Heilige Vater ihm sein Vertrauen bewahrt und ihn in Paris beläßt, ist dies die größte Ehre, die man ihm erweisen kann; und im übrigen — wiederhole ich — wünscht und denkt er an gar nichts anderes. Ich habe für dieses Jahr schon eine ganze Reihe Einladungen zu feierlichen Veranstaltungen in Frankreich angenommen: ein offensichtliches Zeichen dafür, daß man, soweit es die Nuntiatur in Paris betrifft, an keine Veränderung denken muß.

Seit einiger Zeit habe ich mich, was das Essen anbelangt, auf Diätkost umgestellt. Ich muß etwas abnehmen, um widerstandsfähiger zu werden, jetzt, da es mit den Jahren abwärts geht. Hört einmal: morgens ein Milchkaffee mit wenig Brot und außerhalb der Fastenzeit etwas Obst. Um 13 Uhr eine angemessene Mahlzeit, aber mit wenig Brot und wenig Wein; abends eine Suppe, ein wenig Gemüse, das heißt Salat oder gekochtes oder rohes Gemüse, etwas Brot, etwas Obst, keinen Wein. Glaubt nicht, daß ich mit dieser Diät viel abnehme. Aber ich nehme in der Art ab, wie es für mich am besten ist: nämlich immer ein bißchen, und ich glaube, daß ich Euch in zwei oder drei Monaten die gute Nachricht bestätigen kann, daß ich mich nicht nur weiterhin gesund und munter fühle, sondern daß ich sogar bei der Gewichtsabnahme an Beweglichkeit und Energie gewinne.

Wie Ihr wißt, gehört es zu meiner Art, in allem maßvoll und vernünftig zu bleiben ohne Medizin und ohne Mittel. Alles natürlich mit der Hilfe des Herrn im Bemühen, in allem seinen Willen zu sehen, zu suchen und zu tun; und mich um nichts zu kümmern, aber auch um gar nichts, was Ehren, Beförderung und anderes betrifft. Ich habe diese Einstellung immer vertreten, mit Übung der Einfachheit, des Gehorsams, der Demut, und ich habe mich in meinem schon recht langen und bewegten Priesterleben immer viel weiter kommen sehen, als ich es je hätte träumen können.

Obwohl ich Euch nicht allzuoft schreiben kann, denke ich doch täglich an Euch. Von Zeit zu Zeit schließe ich die Namen eines jeden von Euch — Brüder, Schwestern, Schwägerinnen, Neffen, Nichten und Kinder von Neffen und Nichten in Sotto il Monte und außerhalb — in meinen Rosenkranz ein: eine Perle für jeden. So seid Ihr in Gedanken bei mir, und ich bete und erflehe für jeden von Euch, was am besten Euren Bedürfnissen und Euren rechten Wünschen entspricht. Vor meinen Augen habe ich dann den Hügel von S. Giovanni mit dem Turm und meine, alle Glocken von da oben und von S. Maria zu hören. Läuten sie denn wirklich gut? Ich hoffe es und werde mich sehr freuen, sie in den nächsten Ferien zu hören und zu genießen.

Glaubt nicht, daß mein Leben das eines Einsiedlers ist. Ich gehe nicht spazieren, aber der Nuntius empfängt immer jemanden, und meistens hohe Persönlichkeiten, um schwerwiegende und wichtige Fragen zu besprechen. Auch zu Feierlichkeiten oder zu Empfängen gehe ich aus.

In der vergangenen Woche lud ich den italienischen Botschafter Quaroni mit allen seinen Mitarbeitern zum Essen ein. Das mache ich jedes Jahr am Jahrestag des Abschlusses der Lateranverträge. Heute hatte ich den italienischen Minister Spataro mit zwei seiner Sekretäre hier. Nachdem ich am Nachmittag der Fastenpredigt in Notre-Dame beigewohnt hatte, taufte ich den ersten Sohn des Grafen Attolico, Sohn des verstorbenen Botschafters Italiens beim Vatikan und in Berlin. Die Mutter des Kindes ist 22 Jahre alt, eine Prinzessin Trivulzio aus Mailand, die einzige Erbin einer großen lombardischen Familie. Es waren dort Prinzen, Grafen, Herzöge mit ihren Frauen: alle um diesen Kleinen zu feiern, der als Siebenmonatskind zur Welt kam. Der Herr möge ihn bewahren.

Vor einigen Tagen besuchte mich der Architekt Muzio aus Mailand, der die Bauarbeiten an der Fassade unserer Kirche leitete: einer der bedeutendsten Architekten Italiens. Anfang des Jahres kam der Architekt Angelini mit seiner ganzen Familie und seinem Neffen Pinetti Alessandro, den wir im Pensionat S. Salvatore hatten und der Maler ist.

Dienstag abend werde ich den Minister Bidault mit Frau hier

haben und am Mittwoch alle Kardinäle und Erzbischöfe Frankreichs. Dann muß ich für einen Tag nach Le Havre fahren zur Taufe eines neuen französischen Schiffes. Am 12. großer Empfang von wenigstens 300 Personen in der Nuntiatur: alle höchsten Persönlichkeiten der Regierung, des diplomatischen und akademischen Lebens von Paris, um dem Heiligen Vater aus Anlaß des Jahrestages seiner Krönung am 12. März Ehre zu erweisen.

Natürlich bedeutet das alles Arbeit und die Augen offen halten. Aber ich habe nichts anderes zu tun, als Anordnungen zu erteilen und sie zu überwachen. Meine Mitarbeiter Testa, Lambertini, Heim, die Schwestern wie auch die Hausangestellten Giulio, Enrico, Domenico, die Pförtner, sie sind alle zufrieden und froh und arbeiten ausgezeichnet jeder an seinem Platz.

Wie ich Euch sagte, habe ich ein schönes Programm für die nächsten Monate. Im Juni rechne ich damit, nach Korsika zu fahren, das auch zu meinem Zuständigkeitsbereich gehört. Dann erwartet man mich im Juni und Juli in Südfrankreich, in Rodez, in Nîmes und Montpellier, in Bayonne. Der Herr möge mir gute Gesundheit geben, Ruhe und Zeit, um überall hinzukommen. Der Nuntius des Papstes ist in Frankreich angesehen und wird mit großem Respekt und großer Feierlichkeit empfangen, und ich nehme das wahr, um den Heiligen Vater immer noch besser bekannt und beliebt zu machen. Das ist meine Hauptaufgabe.

Gibt es Kreuz und Leid? Was wäre mein Dienst für die heilige Kirche und die Seelen, wenn es das nicht gäbe? Soll also auch das willkommen und gesegnet sein. Und betet Ihr weiterhin, damit ich mich dadurch heilige.

Das Leben eines Menschen müßte mit 70 Jahren ein Ende haben. Wer stark ist, dem schenkt der Herr weitere 10 Jahre, wie es in einem Psalm im Brevier heißt[83]. Wenn der Herr mir noch weitere 10 Jahre schenkt, wäre es dann nicht schön, sie ganz und gar dazu zu nutzen, mich zu heiligen und der heiligen Kirche zu dienen?

Ich komme zum Ende, nachdem ich schon mehr, als ich vorhatte, geschrieben habe. Ich versichere Euch also meine ausgezeichnete Gesundheit und die Gnade des Herrn, der mir beisteht. Meine Sorgen sind bedeutend geringer als meine Freude. Jetzt schreibe ich an alle, an die Nichten im Kloster, an Battista, an Zaverio, an alle, die mir zu Weihnachten geschrieben haben. Ich grüße Euch im Namen aller meiner hiesigen Angehörigen, Testa, Lambertini,

Heim, Schwestern und Hausangestellten. Sie machen alles gut. Mons. Testa ist auch bei guter Gesundheit. Ich habe die Nachrichten von Sotto il Monte verfolgt und habe für die verstorbene Maria Radaelli gebetet, die jetzt für uns beten wird, denn sie war so gut und fromm. Mein Segensgruß gilt allen Euren vier Heimstätten, und ich führe die Namen nicht auf außer Alfredo, da ich Euch die Litanei ersparen will. Mut und Geduld.

In inniger Zuneigung
† a. g. r.

582. An die Nichte Ancilla Roncalli

[Paris] 27. Januar 1952

Meine liebe Nichte Ancilla,
ich denke stets an Deinen kleinen Weihnachtsbrief, den Du dem Deines Vaters beigefügt hast. Seit Deine gute Mama Euch verlassen hat, denke ich um so lebhafter an alle ihre Kinder. Ich schrieb bereits an Schwester Anna in Eritrea; vorgestern habe ich an Bertramino geschrieben. Aber Du, liebe Ancilla, bist diejenige, die ich geistig am häufigsten vor Augen habe.

Du könntest einem tüchtigen jungen Mann eine gute Braut sein und Deinem Leben die natürliche Richtung geben. Man verläßt die eigene Familie, und man gründet eine neue. Doch nein, der Herr hat Dir eine besondere Aufgabe zugedacht, die es Dir auferlegt, wenigstens für ein paar Jahre wie eine Mutter für Deine kleinen Brüder und Schwestern und der kostbarste Trost für Deinen lieben Papa zu sein.

Deshalb gebührt Dir besondere Aufmerksamkeit seitens Deines bischöflichen Onkels. Denke daran, daß Du, ohne den Gedanken an eine Heirat völlig aufzugeben, sondern dadurch, daß Du die Dinge annimmst, wie die göttliche Vorsehung es verfügt, eine Heilige werden kannst, der wertvollste Segen Deiner Familie. Der Herr erwartet etwas von Dir, und er wird Dir dafür seine Gnaden erweisen. Er wird Dir entgegenkommen und Dir über all Deine Erwartungen hinaus beistehen. Aber man muß ihn gewähren lassen.

Mir war es immer eine große Freude, wenn ich von den Tanten und von Deiner Kusine Enrica erfuhr, daß Ancilla ein tüchtiges, gewissenhaftes, frommes und arbeitsames Mädchen sei. Eure

Mama hat Euch alle gut erzogen, fast schien sie manchmal ein wenig zu streng dabei. Eine Strenge, die nicht schadet und die einmal Früchte bringt. Jetzt schaut ihre Seele vom Himmel auf Euch herab, und auch um ihrer Erinnerung willen müßt Ihr Euch anstrengen.

Die große Gnade, die ich vom Herrn für Dich, liebe Ancilla, und für alle Deine Brüder und Schwestern erbitte, ist die Geduld, die heilige, gegenseitige Nachsicht. Wenn wir jung sind, sind wir alle ein wenig ungeduldig. Es ist keine Schuld, sondern eine Neigung der Jugend, die laufen und das Ziel erreichen möchte, auch wenn dabei alle Stränge reißen. Deinen Brüdern lege ich ans Herz, daß sie ihre Schwestern mit Respekt und Anstand behandeln; den Schwestern möchte ich sagen, sie mögen stets liebenswürdig, gütig und geduldig mit ihnen sein. Du, Ancilla, sollst immer in der Ausübung dieser Tugenden ein Vorbild sein. Denk daran, wenn Dein bischöflicher Onkel an so vielen verschiedenen Orten, mit vielen wechselnden Aufgaben und Menschen, friedlich und glücklich hat leben können, dann nur deshalb, weil der Herr ihm großzügig geholfen hat, in Ruhe, Sanftmut und Geduld zu wirken. Allein wäre er nicht sehr weit gekommen.

Euch allen empfehle ich das abendliche Rosenkranzgebet. Indem Ihr so zusammenkommt, wenige Schritte vom Friedhof entfernt, wo die sterblichen Überreste Eurer seligen Mutter und aller unserer Großeltern in Frieden ruhen, hat jeder die Möglichkeit, ein wenig nachzudenken, die Fehler des Tages zu korrigieren und sich in Demut und Vertrauen dem Herrn, der Madonna und dem heiligen Josef anzuempfehlen und jene schöne Vertrautheit der christlichen Familien zu entdecken und zu kosten, denen der Herr manchmal Heimsuchungen und Schmerzen schickt, aber immer mit der Erwartung größerer Tröstungen für die Zukunft.

Das ist es, liebe Ancilla, was mein Herz mir als Onkel und Priester zu Deinem Wohlergehen eingibt, und ich will es Dir zur besonderen Ermutigung sagen. Ich segne Dich und wünsche Dir für Gegenwart und Zukunft das kostbare Geschenk der Zufriedenheit.

Wenn Du mir wieder schreibst, werde ich mein Bestes tun, um Dir zu antworten. Was mich jetzt besonders bedrückt, ist die Gesundheit Deines Vaters. Es wird gut sein, wenn Du mich auf dem laufenden hältst. Sollte seine Krankheit noch die gleiche wie 1945, nämlich pernitiöse Anämie sein, so wird es richtig sein, sofort das zu tun, was der Arzt anordnet. Ich bin kein Arzt, aber ich weiß, daß in solchen Fällen Ruhe, gute Luft und hochwertige Nahrung nottun. Ich schreibe auch an ihn und segne nochmals die ganze Familie.

In inniger Zuneigung Dein Onkel
† Angelo Giuseppe Erzb.

586. An die Neffen Angelo und Battista Roncalli

Paris, 27. Januar 1952

Meine lieben Neffen Angelino und Battista[96],
auch an Euch ein besonderes Wort. Ihr seid zu Hause und seid vereint in der Liebe zum Landleben. Glaubt mir, daß das Leben auf dem Land und die Arbeit in der Sonne, dem Wechsel der Natur in den verschiedenen Jahreszeiten folgend, noch immer das schönste Leben ist. Haltet Euch gut. Vor allem lege ich Euch ans Herz, Euren Vater zu ehren und zu lieben. Ihr könnt glücklich sein, daß Ihr ihn habt, und Ihr könnt mehr als alle anderen ermessen, wie gut, gerecht und fromm er ist. Euch muß es in besonderer Weise ein Herzensanliegen sein, ihn zu trösten, ihm in allem zu helfen, wie zwei gute Schutzengel, die ihm beistehen, ihm die Mühe erleichtern, ihn in seinem Leiden aufrichten und ihm ein Grund zu aufrichtiger Freude sind. Und dann die Schwestern, ja, die Schwestern: ihnen gelte Eure besondere Zuneigung. Der Herr segne Euch und beschütze Euch vor allem Bösen. Ihr befindet Euch jetzt in dem merkwürdigsten und gefährlichsten Alter Eures Lebens. Macht Eurem schönen Namen Ehre, Angelo und Battista. Möget Ihr gute Freunde sein und mehr als alle anderen die Freuden der Heiligen Familie genießen. Ich segne und ermuntere Euch.

603. An die Familie

Paris, 30. November 1952

Meine lieben Schwestern, Brüder, Neffen und Verwandte,
wie Ihr seht, verbreiten sich gewisse Nachrichten so schnell,

daß den Betroffenen nicht einmal die Zeit bleibt, sie anzukündigen. Es ist also wahr: mein armseliger Name reiht sich ein unter die 24 Kirchenmänner, die der Heilige Vater am 12. Januar zu Kardinälen der heiligen Kirche ernennen wird. Ich verstehe, daß Ihr Euch darüber freut; auch ich freue mich, mehr noch für Euch als für mich selbst.

Nehmt das alles schlicht und demütig hin, so wie ich es auch tue. Nicht einmal das Kardinalwerden zählt etwas, wenn es nicht auf unser ewiges Leben und auf unsere Heiligung hingeordnet ist. Diesen Weg sind schon der Heilige Vater Pius X., der nun seliggesprochen ist, und Kardinal Ferrari gegangen, der in Kürze vielleicht auch seliggesprochen wird. Diesen Spuren im Leben zu folgen, darauf kommt es an; das übrige, nämlich der Purpur, die Ehre der Menschen und die Freuden der Erde, ist wirklich nichts wert.

Es fällt mir nicht schwer, zuzugeben, daß ich mich über diese Ernennung für Euch freuen darf, für Euch als einfache Leute des christlichen Volkes, für unser kleines Dorf, in dem wir geboren sind, für alle, die unseren Namen tragen und die mit uns verwandt und verschwägert sind. Es ist kein Reichtum, in diesen Zeiten einen Kardinal in der Familie zu haben. Soweit ich sehe, ändert sich nichts an meiner wirtschaftlichen Lage, bei der es mir am Nötigen nicht fehlt, jedoch wird die Familie weiterhin bescheiden bleiben; und auch ich werde immer arm sein, aber arm mit Ehre und Würde. Wir werden auf diese Dinge noch zurückkommen. Indessen dankt mit mir dem Herrn, und bittet ihn, damit auch ich ein guter Kardinal werde: ein friedfertiger und sanftmütiger Kardinal, der vor allem der heiligen Kirche und den Seelen dient. Und sorgt Euch um nichts.

Wie froh bin ich, daß Ihr, meine lieben Brüder, im letzten August nach Frankreich kommen konntet, um mich zu besuchen. Ich kann Euch jetzt nicht sagen, wo die Vorsehung, oder besser der Heilige Vater im Namen des Herrn, mich meine Arbeit verrichten lassen möchte in diesen Jahren, die die letzten meines und unseres Lebens sein werden. Ich bemühe mich auch nicht, nach einer Wohnung in Rom oder anderswo Ausschau zu halten. In den nächsten Monaten wird sich alles klären, und ich kann Euch versichern, daß alles zu meiner und zu Eurer Zufriedenheit ausgehen wird.

Inzwischen habe ich bereits meinen Sommeraufenthalt in Camaitino bis zum Martinstag 1953 festgelegt. Natürlich werde ich in Kürze die hiesige Nuntiatur meinem Nachfolger überlassen müsssen, denn es ist klar, daß ich Abschied nehmen muß. Mehr kann ich Euch im Moment nicht sagen.

Euch allen empfehle ich unbedingte Einfachheit und Zurückhaltung. Hütet Euch vor allem vor den Journalisten: auch die besten sind indiskret, wenngleich in guter Absicht. Was mich anbetrifft, so ist schon mehr als genug bekannt, auch ohne daß Ihr Euch hergebt, mehr zu erzählen.

Auch die Dinge, die mit meiner Ernennung zum Kardinal zusammenhängen, nämlich ob ich am 12. Januar nach Rom kommen muß, um das Birett vom Papst entgegenzunehmen, oder ob es mir hierher geschickt wird und der Präsident der Republik es mir überreicht, sind noch nicht geklärt. Ich werde Euch von Mal zu Mal darüber unterrichten.

Inzwischen bleibt ruhig, seid gut und zurückhaltend den Leuten gegenüber: ich segne Euch alle miteinander.

Ancilla, meine liebe Ancilla, die Du mir am nächsten stehst, fasse Mut, schau, daß Du wieder auf die Höhe kommst, indem Du viel ausruhst, gut ißt, ohne zu sparen, auf den Herrn vertraust, gute Worte für alle hast, zum Trost und zur Freude der ganzen Familie.

Ich kann nicht an jeden ein Wort richten. Die Litanei würde zu lang werden, und Ihr habt sicherlich Verständnis. Ein besonderer Gedanke gilt jedoch den beiden, die zuletzt in unser Haus kamen: Gianna und Cesarina, die ich in den letzten Ferien[101] mit großer Rührung getraut habe; ebenso den beiden Klosterschwestern und den beiden Seminaristen. Ein weiterer Gedanke gilt unseren lieben Toten, die im Jenseits gewiß glücklicher sind als wir, die uns beschützen und für uns beten.

Hier in der Nuntiatur herrscht bei allen große Freude: bei Mons. Testa usw. usw., bei den Schwestern, den Bediensteten. Aber wie alle Dinge auf der Welt ist es eine Freude, über der Traurigkeit liegt wegen der bevorstehenden Trennung.

Das ist der Grund, weswegen wir vor allem gut zusammenstehen müssen im Gebet zum Herrn, der die Seinen nicht verläßt.

Ich füge diesem Brief einige Fotografien der Reisenden [Brüder] vom vergangenen Sommer bei. Sie sind gut geworden, aber es sind noch nicht die, die mir Signor Sanguinetti vergrößern zu lassen versprach, sobald ich ihm die Negative gebe. Gestern abend erhielt ich die Telegramme des Herrn Bürgermeisters und der Herren Tagliabue, der Barone Scotti Guffanti usw. Ich werde allen antworten.

In inniger Zuneigung
† Ang. Gius. Erzb.

610. An die Schwester Ancilla

[Paris] 11. Januar 1953
Fest der Heiligen Familie

Meine liebe Ancilla,
unsere gute Enrica teilte mir die Neuigkeiten von Dir vom Anfang dieses Monats mit. Im großen und ganzen waren sie erfreulich. Für morgen erwarte ich unseren Kuraten Don Mario Minola, der mich noch ausführlicher unterrichten wird. Es freut mich, daß Du darauf bestanden hast, daß er herkommt, um unsere Familie zu vertreten. Auch wenn von den Kardinälen Ceretti und Maglione, meinen beiden Amtsvorgängern, niemand kommen wird. Ich werde sie hier bestens aufnehmen. Du kannst Dir vorstellen, wie ich in diesen Tagen beschäftigt bin. Ich habe sehr viel zu tun, bin aber immer und immer wieder in Gedanken bei meiner lieben Ancilla. An sie denke ich Tag und Nacht. Für sie bete ich, so als ob ich und sie zwei Pilger wären, die miteinander zur Mutter Gottes beten und sich dabei gegenseitig abwechseln. Manchmal übermannt mich auch die Ergriffenheit, und wenn mich niemand sieht, vergieße ich auch manche Träne. Das gibt mir die Gewißheit, daß der Herr uns alle beide sieht und uns erhört und uns eines Tages eine besondere Tröstung zuteil werden läßt; darum heißt es auch für Dich und für mich, die Heimsuchung anzunehmen, während unsere Familie von der Fülle so vieler Gnaden überhäuft wird.

Morgen also werde ich Kardinal der Heiligen Römischen Kirche sein, und am Donnerstag, dem 15. d. M., wenn der Präsident der Französischen Republik mir im Namen des Heiligen Vaters das Kardinalsbirett aufsetzen wird, werde ich in Rom im Vatikan offiziell zum Patriarchen von Venedig ernannt. Heute abend erhielt ich ein Telegramm mit der Einladung, meinen Einzug in die Lagunenstadt zu beschleunigen.

Wir sind vom Geheimnis des heiligen Willens des Herrn umgeben. Du, Maria und Enrica, Ihr seid wieder einmal wichtig für mein neues Leben, das ich nun beginnen werde. Sieh, Deine Krankheit soll uns erschüttern und all der Freude, die in unserer Umgebung bei all denen herrscht, die uns gern haben, einen Beiklang von Traurigkeit verleihen. Auch Mons. Valeri, mein unmittelbarer Vorgänger in Paris, der 8 Jahre lang darauf gewartet hat, Kardinal zu werden, was ihm im Grunde schon längst zugestanden hätte, schreibt mir jetzt, da er es wird, daß auch er über die schwere Krankheit einer seiner beiden Schwestern, die bei ihm lebten, betrübt sei.

Nun denn, Ancilla, ich leide mit Dir, aber ich beklage mich nicht über den Herrn. Wenn ich dem Herrn mein Leid anvertraue und weiß, daß Du leidest, dann scheint mir, er antwortet mir so: „Sei wegen Ancilla beruhigt: ich werde sie trösten. Sie ist mir fast 73 Jahre lang in ihrem Stand treu geblieben, sie ist eine vollkommene und beispielhafte Christin geblieben, so daß ihr Name von allen, die sie kennen, gepriesen wird. Sie leidet ein wenig, aber in vollkommener Vereinigung mit meinen Schmerzen, und ich bin dabei, ihr einen schönen Kranz zu winden, schöner und wertvoller noch als dein Purpur. Ich will ihr Opfer verwandeln, damit es Anlaß zu neuen und noch größeren Gnaden für dich und für alle Angehörigen der Familie Roncalli wird." So höre ich den Herrn zu mir sprechen.

Und nun, meine liebe Ancilla, wollen wir fest dabei bleiben: den Herrn bitten, er möge Dir Dein Leben noch lange erhalten und, wenn es den Naturgesetzen entsprechend möglich ist, Dich wieder völlig heilen, aber nur, wenn dies seinem heiligen göttlichen Willen entspricht, denn dieser bringt uns Heil und Segen. Er hilft uns, alle Opfer aus Liebe zu Jesus auf uns zu nehmen, und läßt uns Ruhe, Frieden und Freude des Herzens finden.

Bis morgen also, dem ersten Tag meines Kardinalats, an dem sich alle Hoffnungen auf Dich, meine liebe Ancilla, und auf den Beginn eines neuen Lebens im Dienst der heiligen Kirche und der Seelen richten!

Diese Gedanken mögen Dich stärken, Dir helfen, weiterhin geduldig, sanftmütig und vertrauensvoll davon überzeugt zu sein, daß der Herr seine Verheißungen erfüllt. Im Namen Jesu, der gepriesen sei, erteile ich Dir den ersten Segen als Kardinal.

Du sollst Dich nicht durch lange Gebete ermüden. Ein einziges, das schönste, das je aus Menschenmund gekommen ist, brauchst Du nur immer wieder zu sagen: „Ecce Ancilla Domini: fiat mihi secundum verbum tuum — Sieh, ich bin die Magd des Herrn: mir geschehe nach deinem Wort." Wenn ich so an Dich schreibe, ist es, als schriebe ich an alle daheim. Ihr alle möget mir verzeihen und mich verstehen, wenn ich nichts anderes tun kann. Ich segne nochmals alle und immer.

† a. g. r.

P.S. 12. Januar, 11 Uhr. In diesem Augenblick hat mich der Heilige Vater in Rom zum Kardinal ernannt, und ich empfange unseren Kuraten in gebührender Weise nach einer glücklichen Fahrt. Er überbringt mir die schönen roten Wollstrümpfe, die Briefe und die mündlichen Nachrichten, die mir ebenso teuer sind. Welche Freude, meine liebe Ancilla, Deine Schrift wiederzusehen und an Deinen Hoffnungen auf Genesung teilnehmen zu dürfen! Wenn Du wüßtest, wie sie mich trösten, zugleich mit der Schlichtheit Deiner Hingabe an den Herrn. Recht so, so muß man es tun: alle Anstrengungen unternehmen, um mit Vertrauen, Sorgfalt und Geduld zu genesen. Und das alles immer zusammen mit dem Herrn. Welche Freude, Ihm ganz anzugehören! Am Donnerstag wird die Berufung nach Venedig folgen. Ein herrlicher Auftrag: keinem geringeren als dem seligen Piux X. folgen zu dürfen. In eine so schöne Stadt, wie Du Dich erinnern wirst. Aber welche Verantwortung für meine Schultern, die jetzt die Last der Jahre zu spüren beginnen. Aber wenn meine Ancilla weiterhin lebt und betet, dann wird auch in Venedig alles gut gehen. Ich danke auch unserer lieben Enrica für ihren Brief und für den ebenfalls sehr schönen Brief von Giovanni, ihrem lieben Papa. Schon meine ich zu sehen, wie er und seine Caterina in Venedig einen Besuch machen. Ja, Venedig, das ist etwas anderes als Mailand und Paris! Ich segne alle, und damit meine ich alle Verwandten in der Colombera: Alfredo, das junge Paar und auch Saverio und seine kleine Familie. Alle, alle!

V

Kardinal und Patriarch von Venedig (1953–1958)

617. An die Schwestern Ancilla und Maria

[Venedig] 11. April 1953

Meine lieben Schwestern,
die Festtage sind vorüber, und ich habe mich inzwischen hier überall gut eingelebt und fühle mich wohl unter so vielen tüchtigen und liebenswürdigen Menschen. Auch die Luft bekommt mir: nachts schlafe ich gut. Die einzige Sorge, die mich bedrückt, ist der Gedanke an Ancilla, die, wie man mir berichtet, wegen der Wirkung der Bestrahlungen ein wenig niedergeschlagen sein soll. Ich glaube, sie übertreibt. War die erste Wirkung nicht viel schlimmer? Jetzt geht es ihr gewiß wieder besser, und ich wünsche und hoffe, es möge ihr immer besser gehen. Natürlich wirken sich die Jahre bei ihr ebenso wie bei mir aus, und jünger wird keiner von uns. Wir sind auf dem Weg in den Himmel und stehen schon weit vorne. Ich meine sogar, das Opfer, das meine Schwestern gebracht haben, indem sie nicht an den Feierlichkeiten ihres Bruders, der Kardinal und Patriarch geworden ist, teilnehmen konnten, habe ihm besondere Gnaden eingebracht. Seht, solches Leiden läßt meiner Arbeit einen um so größeren Segen des Herrn zuteil werden.

Liebe Ancilla, werde wieder fröhlich, und vertraue Dich stets ganz dem Herrn an, der alle Seufzer des Herzens erhört. Ich bin zuversichtlich, daß sich Deine Gesundheit allmählich wieder kräftigen wird. Doktor Bernardi schrieb mir, daß er Dich persönlich nach Venedig begleiten wird. Welch eine Freude wäre das für mich! Und auch Du, Maria, hab keine Eile, Dich von Deinen Verbänden zu befreien. Auch Du bringst ein Opfer und erlangst dafür Verdienste: auch Du arbeitest für Deinen Bruder, indem Du leidest und betest. Rica möchte ich sagen, *daß sie, wenn sie hierherkommt, von allen hier im Haus, von Don Gino und von den Schwestern, mit offenen Armen aufgenommen wird.*

Ich grüße alle unsere lieben Verwandten. Die Möbel sind eingetroffen und machen sich sehr gut. Ich grüße und segne alle.

† A. G. Kard. und Patriarch

634. An die Familie

Venedig, 17. Dezember 1953

Meine liebe Schwester Maria und alle Verwandten,
vielen Dank für den Brief von Enrica vom 12. d. M. Sie schrieb mir einiges von dem, was auch ich fühle und denke.

Als unsere liebe Ancilla uns verlassen hat, hat sie uns Friede und Gnade zurückgelassen. Vor allem auch die Genugtuung, alles, was die brüderliche und schwesterliche Liebe uns zu ihrer Erleichterung und zu ihrem Trost eingab, getan zu haben. Außerdem den Glanz und die Süße des heiligen Glaubens, der uns das Verdienst ihrer Güte, ihrer Weisheit und ihrer Geduld hat schätzen lassen. Ich stelle sie mir gern zufrieden und glücklich vor, wie sie uns vom Himmel aus beschützt, uns alle und alle Familien unserer Brüder und Schwestern.

Es stimmt mich etwas traurig, daß niemand an Weihnachten hier sein kann. Im Gästezimmer ist es hier jedoch sehr kalt. Haben wir Geduld! Ich bitte Maria, Mut zu fassen. Wie man sieht, muß jeder sein Kreuz tragen. Das ihre, die schmerzhafte Stelle am Bein, ist im Vergleich mit der Krankheit von Ancilla gering.

Begnügen wir uns also mit wenig, verstärken wir unseren religiösen Eifer, das Gebet, die heilige Kommunion, das Beispiel der Sanftmut und der Liebenswürdigkeit mit allen, das ist genug. Die göttliche Vorsehung wird nicht ausbleiben. Wir sind nicht reich, im Gegenteil, wir sind arm, aber was fehlt uns?

Soeben erhalte ich aus Rom die Bestätigung, daß der Betrag, den ich Euch überweisen ließ, abgeschickt wurde. Laßt uns weiterhin von einem Tag zum anderen leben, in Armut, aber mit frohem Herzen. Und all das Elend, das in der Welt herrscht? Laßt uns mit den Ärmsten Mitleid haben, und laßt uns auch manche Opfer auf uns nehmen, um ihnen zu helfen: ja, das heißt wirklich wie ein Christ zu leben. Ich weiß nicht, ob ich zu Weihnachten nochmals schreiben kann. In Paris war viel zu tun, aber das hier, meine

Kinder, steht in keinem Vergleich dazu. Ja, wieviel Arbeit, wieviel zu tun! Es heißt, daß in Venedig alle den Patriarchen gern haben, alle. Ich brüste mich nicht, im Gegenteil, ich strenge mich an, noch demütiger und einfacher denn je zu sein, aber ich komme mir vor wie eine Mutter in einer armen und kinderreichen Familie. Betet zum Herrn, daß er mir weiterhin gute Gesundheit und die Gnade erhalten möge, stets in Liebe seinen heiligen Willen zu erfüllen.

Und unser lieber Pfarrer! Ach, der Ärmste, ich denke stets an ihn, der sich auf einen Himmel voller Freuden vorbereitet, aber um welchen Preis! Du, Enrica, informiere Dich gut, ob er etwas nötig hat, ob ich ihm helfen kann, und sag mir auch den Betrag, der ungefähr seinen Bedürfnissen entsprechen würde. Ich lebe von der Barmherzigkeit, und ich bin gerne bereit, gerade ihm Barmherzigkeit zu erweisen. Schreib mir sofort zu diesem Punkt. Informiere Dich beim lieben Don Mario, dem ich ebenfalls mit Achtung und Liebe zugetan bin. Ich weiß nicht, ob ich allen Brüdern zu Weihnachten schreiben kann, aber ich trage sie alle im Herzen. Ich bitte Dich, daß Du Dich besonders um Alfredo kümmerst. Er hat Trost und Erleichterungen am nötigsten. Was für ein Jahr war das für mich und meine Verwandten: viele Tröstungen, aber gleichzeitig der Stachel der Schmerzen. Laßt uns alles segnen.

Dich, Enrica, erinnere ich an das, um was ich Dich bat, nämlich die letzten Worte und an was Du dich noch am besten von unserer lieben Ancilla in ihren letzten Wochen und vor ihrem Tode erinnerst, schriftlich festzuhalten. Ich nehme an, daß Signor Tiraboschi das Bild, das ich von Paris brachte, gerahmt hat. Dort seht ihr, wie Ancilla in den besten Jahren aussah, und so sollt ihr sie in Erinnerung behalten, nicht mit den Spuren der Krankheit.

Leider habe ich die Gedenkbildchen noch nicht machen lassen können. Meine Arbeit hier läßt mich nicht zur Ruhe kommen. Aber ich werde es bald tun. Jetzt warte ich auf Privato. Ich bin mit dem jungen Guido, der sehr tüchtig ist, hierher zurückgekehrt.

Ich grüße nochmals Euch alle in Camaitino, in der Colombera und in den Gerole usw. usw. Liebe zu Gott und gegenseitige Liebe zwischen uns. Alles andere zählt nicht.

In inniger Zuneigung
† A. G. Kardinal Patr.

642. An die Familie

Venedig, 3. März 1954

Alle meine lieben Verwandten,
ich erwartete Neuigkeiten von Aurelia und Maria Letizia, die hoffentlich immer besser sein werden. Arbeit habe ich immer so viel, daß ich Euch nicht öfter schreiben kann. Ihr wißt das, und Ihr könnt mir etwas öfter schreiben. Trotz der anstrengenden Arbeit geht es mir gesundheitlich stets ausgezeichnet.

Unsere große Sorge ist zur Zeit die Gesundheit des Heiligen Vaters. Wie es scheint, handelt es sich um die gleiche Krankheit wie bei unserer Ancilla, nämlich Magenverengung oder Tumor, wie man es nennt. Das erklärt Euch, warum er sich nur mittels Injektionen ernähren kann; vielleicht verbleiben ihm wie unserer Verstorbenen noch einige Monate zum Leben, aber letzten Endes wird er wie jeder Sterbliche dahingehen müssen.

Ich schulde dem Heiligen Vater grenzenlose Dankbarkeit dafür, daß er mich zum Patriarchen von Venedig ernannt hat, mehr noch als für meine Ernennung zum Kardinal. Betet auch Ihr zusammen mit mir, daß der Herr uns diesen großen Papst noch lange erhalte.

Um die Wahrheit zu sagen, sein Tod würde mir große Mühen verursachen: ich müßte fast für einen ganzen Monat meine eben begonnene schöne Arbeit der Pastoralvisitation unterbrechen. Aber ich werde mein Programm für dieses ganze Jahr nicht ändern. Inzwischen kann ich Euch bereits versichern, daß ich am 28. Juni mittags kurz in Camaitino hereinschauen werde. Ich komme von Como, um dort, wie ich versprochen habe, am 27. dieses Monats an einem Fest in der Wallfahrtskirche des heiligen Kreuzes teilzunehmen. Ich glaube, in diesem Jahr werde ich einige Ferientage im Monat August in Sotto il Monte verbringen können. Es wird ein wenig warm sein, aber sehen wir zu. Jetzt ist mein ganzes Leben dem Dienst an den Seelen hier im Patriarchat von Venedig gewidmet, wohin mich der Herr in seiner Güte hat stellen wollen, um die letzten Jahre meines Lebens zu heiligen. Ihr möget weiterhin für mich beten, und ich werde vereint mit allen unseren lieben Verstorbenen für Euch beten. Ich segne Euch alle

in inniger Zuneigung
Bruder und Onkel
† Angelo Gius. Kardinal
Patriarch von Venedig

655. An die Schwester Maria

Venedig, 8. Januar 1955

Meine liebe Maria,
ich sehe wohl, daß die Nachrichten, die ich über Deine Gesundheit erhalte, nicht besser geworden sind, und das ist auch für mich ein Anlaß zu großer Betrübnis. Meine liebe Schwester Maria, mit der ich dachte meine letzten Lebensjahre zu verbringen, wenn nicht völlig und immer zusammen, so doch mit häufigen Besuchen in Camaitino und hier in Venedig, und nun, kaum hat uns unsere Ancilla verlassen und ist im Himmel, da erkrankt auch sie an einem Leiden, das gleicher Art ist wie die Beschwerden der Magenverengung, die gleiche Krankheit übrigens wie die des Heiligen Vaters, der einmal zu sterben scheint und sich dann wieder erholt, um abermals einen Rückfall zu erleiden. Ja, ich habe wenig Vertrauen, daß der Heilige Vater wieder genesen wird, trotz der vielen Ärzte, Medikamente und Kosten. Sein Leben ist ein Wunder, aber wie Du weißt, dauern die Wunder nur kurze Zeit. Und vielleicht haben wir alle zusammen unrecht, meine liebe Maria, wenn wir uns beklagen. Einmal unser Alter erreicht, wird alles, was noch kommt, zu einer Dreingabe.

Auch Du hast die 70 überschritten, und wenn man bedenkt, daß Dein Leben stets von einigen körperlichen Beschwerden begleitet war, dann kann man jetzt, da man Dich ernstlich erkrankt weiß, nur den Kopf neigen und sagen: „Du hast mir 70 Lebensjahre geschenkt, Herr, ich danke Dir. Wenn Du mich noch weiter am Leben erhalten willst, so nehme ich es gerne an: Dein Wille, o Herr, geschehe und nicht der meinige, wie im Himmel so auf Erden.“ Das sagte übrigens auch unsere Ancilla, die jetzt glücklicher ist als wir. Und das sage auch ich, weißt Du, Maria. Bei meinen Exerzitien in diesem Jahr habe ich mich nur damit beschäftigt, mein Testament hinsichtlich der wenigen Dinge, die von mir in Sotto il Monte bleiben werden, in Ordnung zu bringen. Gesundheitlich geht es mir gut: da und dort ein bißchen Rheuma, aber insgesamt fühle ich mich gesund und werde mit allem in Ruhe fertig; unter den alten Leuten hier ist der Patriarch der Rüstigste, und ich werde von dem guten Volk mit Bewunderung betrachtet. Drüben in Frankreich gibt es sogar mehr als einen, der mir insgeheim Vorhersagen macht: ein paar verrückte Franzosen, die Offenbarungen und das zweite Gesicht haben, haben mir gar den Namen genannt, den ich annehmen würde, wenn man mich zum Papst wählen sollte[17]. Sie sind verrückt, verrückt, alle miteinander! Ich hingegen denke ans Sterben. Ich habe hier ein volles Arbeitsprogramm für dieses und auch für das nächste Jahr, denn es findet jetzt die 500–Jahrfeier für den hl. Lorenzo Giustiniani statt, der der erste Patriarch von Venedig war. Aber ich bin alle Tage bereit und vorbereitet zu sterben, und gut zu sterben, und ich wünsche nichts anderes, als den Willen des Herrn zu erfüllen. Weißt Du, Maria, so ein Weiterleben in täglicher Bereitschaft und Vorbereitung auf einen guten Tod hat zum Ergebnis, daß ich mir im Herzen einen noch lebendigeren und sanfteren Frieden erhalte und vermehre wie nie zuvor und der fast schon ein Vorgeschmack des Himmels ist, wo unsere Lieben uns erwarten.

Ich weiß wohl, daß man diese Dinge sagen und schreiben kann, wenn man keine körperlichen Schmerzen hat, und auch ich habe etwas Sorge wegen meines Widerstandes gegen den Schmerz. Aber in der Furcht davor und in dem Gedanken an Deine Schmerzen, meine liebe Maria, wiederhole ich: „fiat voluntas tua — dein Wille geschehe", und ich füge hier das Gebet hinzu: Herr, heilige Gottesmutter, ich bin schwach, gebt mir die Kraft, diesen Schmerz zu ertragen als Zeichen meiner Liebe für Dich, der Du für mich gekreuzigt worden bist.

Sieh: seit ich Dich am 17. November in Camaitino verlassen habe, habe ich Dich stets vor Augen, im Herzen und im Gebet. O Herr, was wird meine liebe Maria jetzt machen? Hilf ihr, denn sie ist gut und anspruchslos; auch sie hat manchen kleinen Fehler, aber ihre Absichten sind gut; sie glaubt an Dich und an den Himmel.

Ich hatte die Absicht, Dich nach den Festtagen zu besuchen, obwohl hier jede Minute festgelegt und verfügt ist. Aber gerade jetzt muß ich mich zu einer Zusammenkunft von Kardinälen und Erzbischöfen nach Pompeji begeben. Ich nehme mir daher vor, nach dem 15. Januar auf meiner Rückreise von Pompeji nach Camaitino zu kommen, falls nichts Schwerwiegendes in der Zwischenzeit eintreten sollte, was mich daran hindert, meinen guten Vorsatz auszuführen. Sei gewiß, daß Dein Bruder, Don Angelo, in dieser Zeit bei Dir ist, um Dich zu trösten und um gemeinsam mit Dir und für Dich zu beten. Ich bin davon überzeugt, daß der Herr mir wohlgesonnen ist, weil er verfügt, daß die schönsten Ereignisse meines Lebens durch seine Gnade erhellt werden, aber stets mit einem Dorn in meiner Krone. Ich dachte an die Freude meiner lieben Schwestern und meiner guten Familie anläßlich meiner Ernennung zum Kardinal und Patriarchen von Venedig. Es war kein zu großer Anspruch. Doch nein. Gerade bei diesen Ereignissen mußten meine Schwestern ihr Opfer bringen. Das überzeugt mich davon, daß Euer Opfer innig mit meiner Arbeit verbunden ist, und da Ihr mir nicht in anderer Weise helfen könnt, vermehrt Ihr mein und Euer Verdienst, und so sind wir zusammen eins vor Gott. Scheint Euch das gering? Im Himmel werden wir die ganze Schönheit dessen schauen, was die Vorsehung zu unserem wahren Heil verfügt hat.

Ich füge nichts hinzu, liebe Maria, denn in Deiner Einfachheit verstehst Du diese Dinge. Und auch die Nichte Enrica und die anderen, die Brüder, die Schwägerinnen usw., die Dir in Deinem Leiden beistehen, werden sie verstehen. Welch große Gnade hat der Herr mir gewährt, indem er mir eine bescheidene und demütige, aber auch eine so gut erzogene und christliche Familie gegeben hat. Der Herr möge uns alle segnen.

Um dazu zu kommen, Dir so ausführlich zu schreiben, wie ich es eben getan habe und wie ich es öfters tue, mache ich es so: Wenn ich abends von der Arbeit müde bin, gehe ich früh zu Bett. Gestern abend um 9. Mir reichen 6 Stunden guten Schlafes. Ich bin also pünktlich um 3 Uhr heute nacht aufgestanden. Eine Stunde des Gebetes und dann schrieb ich an meine liebe Maria. Heute wird Enrica das bekommen haben, was Ihr für Eure Ausgaben benötigt. Ich bin ein armer Kardinal, der den Armen hilft. Es fehlt mir nie an dem, was auch den Vögeln in der Luft Tag für Tag nicht fehlt. Nun, wo ich den Brief beende — und ich habe noch andere geschrieben —, ist es Viertel vor 7 morgens. Weil heute das Fest des hl. Lorenzo Giustiniani ist, habe ich meine lieben Seminaristen zur Messe in die Kirche S. Pietro di Castello eingeladen, die vor S. Marco die Kathedrale von Venedig war und wo die Gebeine des Heiligen ruhen. Dort werde ich besonders für Dich beten, Maria, und für alle unsere Lebenden und Verstorbenen. Diese schauen auf uns herab und ermutigen uns vom Himmel aus. Die Lebenden kosten im Opfer des Kreuzes die Gnade des Herrn. Ich segne Euch alle. Mons. Loris vereint sich mit mir im Gebet und im Segenswunsch.

In inniger Zuneigung Dein Bruder
Angelo Giuseppe Kardinal

679. An den Neffen Bertramino Roncalli

Venedig, 26. Dezember 1955[29]

Lieber Bertramino,
ich erwidere Deinen Weihnachtsgruß und danke Dir für Deine Mitteilungen. Deinen ersten Brief hatte ich schon, und ich ermutige Dich, weil ich alle meine zahlreichen Neffen ohne Unterschied gern habe.

Gerade auf Dich habe ich mit besonderem Vertrauen geschaut, aber solange ich, auch hinsichtlich Deiner schulischen Fortschritte, keine entscheidend beruhigenden Nachrichten habe, werde ich Dir nur mit dem Gebet und Segen helfen können.

Tu Dein Bestes, und tu es mit allen Kräften und unter Einsatz beharrlichen Willens. Wenn Du beim Lernen nicht vorankommst, dann bete zum Herrn, und sieh Dich nach etwas anderem um.

Man könnte sagen — es paßt nicht recht: der Onkel ist mühelos Kardinal und Patriarch von Venedig geworden; der Neffe ist immer durch die Examen gefallen.

Das tut weder Dir noch mir gut. Es betrübt mich, Dir das sagen zu müssen, aber es zu tun, ist meine Pflicht. Eines Tages wirst Du mir dankbar sein, daß ich so aufrichtig war.

Inzwischen verliere nicht den Mut. Verdopple Deine Anstrengungen, vertraue auf Gott und seine Hilfe, und bete für mich, der ich Dich stets in Liebe segne.

P. S. In diesen Tagen hat mir Deine Schwester Anna aus den Missionen geschrieben. Welch eine prächtige Seele! Welch herrliche Ordensberufung! Und warum sollte ihr Bruder Bertramino ihrem Vorbild nicht folgen?

702. An den Neffen Angelo Roncalli

[Venedig] 3. April 1957

Mein lieber Neffe Angelino,
vielen Dank für Deinen Brief. Ich stelle fest, daß Du genau am 19. März — Fest des heiligen Josef —, dem Jahrestag meiner Bischofsweihe, zum Militärdienst einberufen worden bist. Deshalb schicke ich Dir ein schönes Bild des heiligen Josef, das Dich immer an Deinen Vater und an Deinen Onkel Kardinal erinnern soll. Es wird hier in Venedig sehr verehrt, und wenn Du mich

besuchen kommst, kannst Du es besichtigen, wohl zufrieden, Deinen Militärdienst unter seinem Schutz geleistet zu haben. Auch ich heiße Angelino, und in meiner Jugend nannten sie mich immer so. Aber unser [Oheim] Barba Zaverio, den Du nicht gekannt hast, fügte bei der Taufe zum Namen Angelo auch noch den Namen Giuseppe hinzu. Und nun trage ich beide Namen zusammen, Deinen und meinen. Ich füge Dir ein kleines Geschenk (Lire 20 Tausend) bei, die zu meiner Zeit ein Vermögen darstellten. Als ich zwanzig war, leistete ich meinen Militärdienst als Freiwilliger für ein Jahr ab. Nach 6 Monaten wurde ich Gefreiter und nach 11 Monaten Unteroffizier (1901–1902). Während des Ersten Weltkrieges, 1915, war ich 11 Monate Unteroffizier und dann 4 Jahre Oberleutnant und Militärkaplan. Wie Du siehst, habe auch ich meine Ehrenzeichen und Dienstjahre. Welch ein Unterschied im Militärdienst von damals und dem von heute! Aber es ist immer Dienst und bedeutet immer gehorchen, und wer die Dinge ernst nimmt, macht sich verdient vor Gott und um das Vaterland. Immer pflichtbewußt und vorwärts schauen können, guten Gewissens und allen wohlgesinnt.

Mir hat der Militärdienst vieles beigebracht, und man kann bei allem etwas lernen.

Du, Angelino, bist immer ein braver Junge gewesen, kannst denken und Ehre einlegen. Mach weiter so, und Du wirst immer frohen Mutes sein. Vergiß nicht Dein Gebet. Kurz, wenn Du magst und wenn Du es nicht lang machen willst, aber immer. Man betet auch mit einem Seufzer. Dein Vater Giuseppino könnte Dir viele Dinge aus seinem Soldatenleben beibringen. Gewisse Dinge, die er mir im Vertrauen nach der Rückkehr aus seiner Gefangenschaft mitteilte, erschütterten mich und erschüttern mich noch, wenn ich daran denke. Klein von Gestalt, aber die Seele eines Heiligen. Deshalb hat ihn dann der Herr mit einer guten Frau gesegnet und mit den zehn Kindern, die sie ihm geboren hat.

Nimm Dich vor allem vor den Frauen in acht. Nähere Dich ihnen auf gar keinen Fall und laß nicht zu, daß sie Dir nahekommen. Ein einziges Mal genügt, um einen guten jungen Mann zugrunde zu richten. Und laß Dich auch nicht von verrückten Ideen, die in Umlauf sind, beirren. Überleg mit Deinem eigenen Kopf und nicht mit dem der anderen.

Und schreib mir ab und zu. Es freut mich immer, auch wenn

ich nicht immer werde antworten können. Denk daran, daß Dein Onkel Kardinalpatriarch nur 6 Stunden zum Schlaf in der Nacht braucht: er geht um 10 ins Bett und steht immer um 4 morgens auf, und alle seine Tagesstunden sind immer Gebet, pastorale Tätigkeit, Übung der Geduld und Liebe mit allen. Ich bin 76 Jahre alt geworden und spüre sie noch nicht. Ich bin zu allem bereit: zu leben und auch zu sterben. Verstehst Du mich?

Ich bin einen ganzen Monat lang in Sizilien gewesen — im Mai 1923 — und kenne Palermo und alle Städte Siziliens mit Bischofssitz.

Schöne Insel und gute Sizilianer! Ich segne Dich von Herzen und segne mit Dir alle, die Dir wohlwollen.

719. An die Nichte Enrica Roncalli

Rom, 20. Oktober 1958

Liebe Enrica,
ein paar Zeilen, um Dir und allen Verwandten mitzuteilen, daß es mir gesundheitlich und seelisch gut geht und daß sie nicht an den Zeitungsklatsch glauben sollen. Geheimnisvolle Tage nähern sich für mich und für manche andere, ja für alle Kardinäle. Einer von ihnen, mein lieber Freund Kardinal Celso Costantini, ist in diesen Tagen hier in der Klinik gestorben. Er war freilich 82 Jahre alt: es schien, als würde er sich nach einer schweren Operation wieder erholen. Morgen findet ein feierliches Requiem statt, dem — stell Dir vor! — über 50 Kardinäle beiwohnen werden. Der Herr ist es, der ruft, weiter aber auch nichts! Man muß auf ihn schauen und nicht auf andere, auch nicht auf Ehren oder auf Pläne für den Rest des uns noch verbleibenden Lebens. Bleibt also zufrieden. Empfehlt mich unseren lieben Toten auf dem Friedhof. Ich feiere die heilige Messe für sie, und sie werden vom Herrn erwirken, was meiner Seele zum Besten ist. Also Mut! Ich habe mehr denn je Vertrauen, nahezu die Gewißheit, nach Venedig und nach Camaitino zurückzukehren. Das einzige, woran mir liegt, ist immer das „Vater unser". Der Rest zählt nichts im Leben. Ich grüße alle und segne sie von Herzen.

In inniger Zuneigung Euer
† Ang. Gius. Kardinal

VI
Papst
(1958–1962)

724. *An die Nichte Enrica Roncalli*

Castelgandolfo, 15. August 1959

Liebe Enrica,
ich schreibe an Dich, damit Du allen Verwandten Bericht erstatten kannst, die sich für meine Nachrichten interessieren. Wie Du siehst, nimmt mich meine tägliche Arbeit hier ganz in Anspruch. Es ist viel, aber da sie geordnet ist, ermüdet und beansprucht sie mich weniger als in Venedig. Hier in Castelgandolfo kann ich mir, da die großen Audienzen abnehmen, etwas geistliche Entspannung gönnen; und das kommt mir sehr zu Nutzen.

Um ehrlich zu sein, erwartete ich seit einiger Zeit Nachricht von Dir, und ich vermag Dein Schweigen nicht zu verstehen. Ist es vielleicht Deine neue Arbeit, die Dich von Schreiben abhält? Von den Vettern von der Cornalida habe ich einen Gruß erhalten; ebenfalls von Gianni Mazzola, der mir seinen Besuch mit dem Sohn Carlo im August ankündigte. Nichts ist mir lieber, als die zu sehen, die unsere wirklichen Verwandten sind. Ich bin auch bereit, Ihnen alles zu zahlen, Reise und Unterkunft, aber ich kann sie hier im Hause weder beherbergen noch mich des langen und breiten mit ihnen unterhalten. Ein Besuch von wenigen Minuten, eine Darlegung ihrer Bedürfnisse durch sie. Das sehr gern. Ich möchte, liebe Enrica, daß Du mir *als eine gute Beauftragte gegenüber allen diesen unseren lieben Verwandten* dienst.

Ich vergebe allen von Herzen, daß sie sich in diesen langen Jahren nie oder fast nie haben sehen lassen. Nun bin ich sozusagen kein Niemand mehr, sondern gehöre der ganzen Welt. Der Herr hat sich in seiner großen Güte so meiner demütigen Person für große Dinge bedienen wollen. Ich muß ihm nach besten Kräften dienen.

Während ich schreibe, denke ich an die Prozession von Mariä Himmelfahrt in Sotto il Monte und bete zusammen mit allen unseren Pfarrkindern und besonders mit allen unseren Familien. Ich denke, daß mein Brief, den ich an den Herrn Pfarrer für alle Gläubigen von Sotto il Monte geschickt habe, dort eingetroffen ist und Freude bereitet hat.

Eine Kleinigkeit betrübt mich. Ich höre, daß verschiedene Leute nach Sotto il Monte kommen, um das Haus des Papstes zu sehen. Sie besichtigen die Colombera und Brusicco, aber gehen nicht nach Camaitino hinauf, während das Haus des Papstes doch in Camaitino ist. Gerade diesbezüglich wünsche und brauche ich Rat, damit Abhilfe geschaffen wird. Sehen wir zu, etwas zustande zu bringen, das allen zur Ehre gereicht und zur Erbauung dient.

Gegen S. Alessandro wird Mons. Loris nach Bergamo kommen und auch nach Sotto il Monte. Man kann dann verschiedene Dinge in Ordnung bringen.

Vorgestern kamen Virginio von Medolago, seine Schwester Michelina Carissimi, die Nichte . . . des Uboldo mit den Söhnen Carlos von dort hier vorbei. Ich bin so in Anspruch genommen, daß man mich nicht erreichen kann. Ich möchte freundlich und entgegenkommend zu allen sein, und wer unvorhergesehen kommt, ohne mich vorher zu benachrichtigen, kommt ungelegen, und das bedrückt mich. Inzwischen Mut und herzliche Segensgrüße an alle.

Euer Onkel

Johannes XXIII Papst

Einen besonderen Gruß an Maria Letizia.
Achtung, niemandem diesen meinen Brief überlassen[3].

Hier fasse ich meine Grüße und Segenswünsche an alle Mitglieder der einzelnen Familien Roncalli, Ghisleni und Mazzola zusammen, mit einem besonderen Gedenken für Maria und ihre kranke Nichte Rita; so auch für die Familien Roncalli, unsere Verwandten von Carvico, von Calusco und anderen Orten und Familien, die ich nicht auseinanderzuhalten vermag. Den Papst als Bluts- und Anverwandten zu haben, bedeutet nicht, reich und mächtig zu werden, sondern in Ehren als guter Christ und Katholik zu leben. Der Papst nennt sich Heiliger Vater gerade deshalb, weil er immer darauf bedacht sein muß, sich selbst und die anderen zu heiligen, zunächst seine Verwandten. Mit diesem Wunsch segne ich alle, alt und jung, und besonders die Kleinen, die Kranken, die Kinder.

Johannes Pp. XXIII[4]

726. An den Bruder Saverio[6]

Vatikan, 3. Dezember 1961

Mein lieber Bruder Severo,
heute ist das Fest Deines großen Patrons, Deines eigentlichen und wahren Namenspatrons, des heiligen Franz Xaver. So hieß auch unser lieber Barba und jetzt glücklicherweise unser Neffe Zaverio.

Ich glaube, es sind nun drei Jahre vergangen, seitdem ich aufgehört habe, auf der Maschine zu schreiben, wie ich es so gern getan hatte. Wenn ich mich heute entschlossen habe, diese Gewohnheit wiederaufzunehmen und eine neue Maschine ganz für mich zu benutzen, so habe ich es getan, um Dir zu sagen, daß ich weiß, daß ich alt werde, bei all dem Trubel, den man um meinen 80. Geburtstag gemacht hat, daß es mir aber weiterhin gut geht und daß ich den Weg bei guter Gesundheit wieder aufnehme, auch wenn mir dieses oder jenes kleine Leiden andeutet, daß achtzig Jahre keine sechzig und keine fünfzig sind. Aber für den Augenblick zumindest kann ich den guten Dienst für den Herrn und für die heilige Kirche fortsetzen.

Es ist für mich eine Freude, zu wissen, daß Ihr, da ich nicht mehr in persönlicher Verbindung mit Euch stehen kann wie früher, alles Msgr. Capovilla anvertrauen könnt, der Euch sehr gut gesonnen ist und dem Ihr alles sagen könnt, wie Ihr es mir sagen würdet.

Bedenkt, daß dies einer der höchst seltenen privaten Briefe ist, die ich während der vergangenen drei Jahre meines Pontifikates an Angehörige meiner Familie geschrieben habe. Habt Verständnis, wenn ich selbst für meine Blutsverwandten nicht mehr tun kann. Auch dieses Opfer, das ich mir in meinem Verkehr mit Euch auferlege, gereicht Euch und mir zur Ehre und bringt mehr Achtung und Sympathie ein, als Ihr glauben und Euch vorstellen könnt.

Die großen Kundgebungen der Ehrerbietung und Zuneigung für den Papst aus Anlaß des 80. Geburtstages gehen nun zu Ende, und ich bin froh darüber, weil ich dem Lob und den Glückwünschen der Menschen die Barmherzigkeit des Herrn vorziehe, durch die ich für eine so große Aufgabe auserwählt wurde und von der ich mir wünsche, sie möge bis zu meinem Lebensende meine Stütze sein.

Meine persönliche Ruhe, die in der Welt soviel Eindruck macht, liegt nur in diesem Vertrauen. Immer bereit sein zu gehorchen, wie ich es immer getan habe, und nicht wünschen oder bitten, länger leben zu dürfen, auch nicht einen Tag länger, als bis der Todesengel kommen wird, mich zu rufen und mich — wie ich hoffe — in das Paradies heimzuholen.

Das hindert mich nicht, dem Herrn zu danken, daß er sich gerade in Brusicco und in der Colombera den aussuchen wollte, der der wirkliche Nachfolger so vieler Päpste während zwanzig Jahrhunderten werden und den Namen des Stellvertreters Christi auf Erden erhalten sollte.

Dieser Brief, den ich gerade an Dich, lieber Severo, schreiben wollte als eine Stimme, die alle erreichen soll, Alfredo, Giuseppino, Assunta, die Schwägerin Katharina, Deine liebe Maria, Virgilio und Angelo Ghisleni und alle, die zu unserer großen Verwandtschaft gehören, soll für alle ein Ausdruck meiner immer lebendigen und immer neuen Zuneigung sein. Obwohl ich, wie Ihr wißt, in einem so wichtigen Dienst beschäftigt bin, auf den die Augen der ganzen Welt gerichtet sind, kann ich meine lieben Angehörigen, an die ich Tag für Tag von neuem denke, nicht vergessen.

Durch diese Berufung wurde der Name Roncalli in der ganzen Welt bekannt und überall mit Sympathie und Achtung umgeben. Und Ihr tut gut daran, in der Demut zu verharren, wie auch ich es zu tun versuche, und Euch nicht von den Einflüsterungen und dem Gerede der Welt beeindrucken zu lassen. Die Welt will nichts anderes als Geschäfte machen, das Leben genießen und sich um jeden Preis aufdrängen, wenn nötig leider auch ohne jede Rücksicht.

Die vergangenen achtzig Jahre beweisen mir wie Dir, lieber Severo, und all den Unsrigen, daß am meisten zählt: gut und immer auf den plötzlichen Abruf vorbereitet zu sein. Das wichtigste ist: uns das ewige Leben zu sichern im Vertrauen auf die Güte des Herrn, der alles sieht und für alles vorsorgt.

Diese Gefühle möchte ich Dir anvertrauen, mein lieber Severo, damit Du sie an alle unsere nächsten Verwandten in der Colombera, in den Gerole, Bonate und in Medolago und wo immer die wohnen, deren Wohnort ich nicht einmal genau kenne, weiterleitest. Wie Du das machst, überlasse ich Deinem Fingerspitzengefühl. Enrica und auch Don Battista könnten Dir dabei vielleicht helfen.

Seid weiterhin gut zueinander, Ihr alle aus den neuen Familien der Roncalli, und versucht zu verstehen, daß ich nicht jeder einzelnen Familie schreiben kann. Unser Giuseppino hat recht, wenn er zu seinem päpstlichen Bruder sagt: „Du bist ein Gefangener in einem goldenen Käfig, der nicht alles tun kann, was er möchte."

Ich möchte besonders an die von Euch denken, die am meisten leiden, an die liebe Maria, Deine gute Frau, und an die gute Rita, die durch ihre Leiden sich selbst und Euch, die Ihr sie mit soviel Liebe gepflegt habt, dem Himmel nähergebracht hat, und an die Schwägerin Katherina, die mich immer an ihren und unseren Giovanni erinnert, der vom Himmel aus auf uns sieht, zusammen mit unseren Verwandten Roncalli und den nächsten Verwandten, wie an jene Verwandten, die zu den Mailänder Auswanderern gehören.

Ich weiß wohl, daß Ihr einiges zu erleiden haben werdet von jenen, die recht unvernünftig daherreden: Was ist das: einen Papst in der Familie haben, auf den sich voll Ehrfurcht die Blicke der ganzen Welt richten, und seine Angehörigen müssen so bescheiden weiterleben, und man beläßt sie in ihren einfachen sozialen Verhältnissen! Indessen wissen viele, daß der Papst als Kind einfacher, aber ehrenwerter Leute niemanden vergißt, daß er ein gutes Herz hat und es auch zeigt, für alle seine nächsten Verwandten, daß im übrigen seine Haltung dieselbe ist wie die fast aller seiner unmittelbaren Vorgänger und daß die Ehre eines Papstes nicht darin besteht, seine Verwandten zu bereichern, sondern ihnen je nach den Bedürfnissen und der Lage eines jeden einzelnen in Liebe beizustehen.

Das ist und soll einer der schönsten und geachtesten Ehrentitel des Papstes Johannes und seiner Familie Roncalli bleiben. Bei meinem Tode wird mir nicht das Lob fehlen, das dem heiligen Pius X. soviel Ehre machte: arm geboren und arm gestorben.

Da ich nun achtzig Jahre alt geworden bin, werden mir natürlich auch alle anderen auf diesem Wege folgen. Mut! Mut! Wir befinden uns in guter Gesellschaft. Ich habe immer in der Nähe meines Bettes die Photographie der Marmortafel mit den Namen aller unserer Toten: Großvater Angelo, Barba Zaverio, unsere verehrten Eltern, den Bruder Giovanni, die Schwestern Teresa, Ancilla, Maria und Enrica. Was für ein schöner Chor von Seelen, die auf uns warten und für uns beten! Ich denke immer an sie. Wenn ich ihrer im Gebet gedenke, so gibt mir das Mut und flößt mir Freude ein, und ich habe die vertrauensvolle Erwartung, daß wir uns mit ihnen allen in der himmlischen und ewigen Herrlichkeit vereinigen werden.

Ich segne Euch alle zusammen und denke dabei auch an die jungen Frauen, die zur Freude der Familie Roncalli zu ihr hinzugekommen sind oder die von ihr weg zu deren Freude in andere Familien mit anderen Namen, aber von gleicher Denkart, eingeheiratet haben. Und die Kinder alle: welcher Reichtum und welcher Segen!

Johannes XXIII., Papst

Anmerkungen des Herausgebers

Die Manuskriptvorlagen der hier gesammelten Briefe an die Familienangehörigen Angelo Roncallis setzen sich zusammen aus eigenhändig geschriebenen Originalen, eigenhändig geschriebenen Entwürfen, maschinengeschriebenen und eigenhändig unterschriebenen Originalen, maschinengeschriebenen Sekretariatsdurchschriften, Fotokopien maschinengeschriebener Durchschriften und Fotokopien maschinengeschriebener Originale. Die Originale der maschinengeschriebenen Sekretariatsdurchschläge (mittels Kohlepapier) sind unterschrieben mit † a.g. r. oder † A. G. R., eigenhändig geschriebenen Siglen, die der Verfasser entweder beim Absenden des Originals oder später bei der Durchsicht der Briefe hinzufügte. Bei einigen Schreibmaschinendurchschriften fehlen jedoch Unterschrift und Siglen.

Im Hinblick auf die Originalausgabe sei vermerkt, daß wir heute im Italienischen nicht mehr gebräuchliche Ausdrucksweisen oder lombardische Dialektwendungen* beibehalten haben. Dagegen wurden stillschweigend einige wenige sachliche Irrtümer verbessert. Das Absendedatum der einzelnen Briefe wird einheitlich ausgeschrieben; es wurde an den Briefkopf gesetzt, auch wenn es gelegentlich im Original am Briefende steht. Der Absendeort ist in eckigen Klammern hinzugefügt worden, wenn er im Original fehlt, wir ihn aber aus dem Text oder der Datumsangabe des Verfassers entnehmen konnten. Ebenso in eckige Klammern setzten wir die Absenderdaten, die nicht im Original stehen, aber aus dem Brieftext, aus dem Poststempel oder dem Meßstipendienbuch hervorgehen, worauf in einer entsprechenden Anmerkung hingewiesen wird. Die Anschrift des Absenders wird nur dann angegeben, wenn sie nach der deutlichen Absicht des Verfassers hand- oder maschinengeschrieben hinzugefügt worden ist.

Als Postscriptum haben wir alle Zusätze angeordnet, auch dann, wenn es sich um eine Hinzufügung handelt, die eigentlich am oberen Rand eines Briefes steht.– Die in Klammern gesetzten Punkte stehen für im Original unleserliche Wörter oder für schadhafte Stellen in den Fotokopien oder Schreibmaschinendurchschriften. Gelegentliche, in eckige Klammern gesetzte kurze Ergänzungen wurden gemacht, wenn das fehlende Wort ohne weiteres und eindeutig aus dem Zusammenhang des Textes hervorging. Sternchen weisen auf Lücken im Original hin, seien sie auf zerstörte Briefteile oder verlorengegangene Blätter zurückzuführen.

---

* Sie sind freilich unübersetzbar. Es wurde jedoch versucht, solche Stellen nach Möglichkeit durch die Wahl entsprechender Wendungen der Umgangssprache im Deutschen anzudeuten (Anm. d. Red.).

Kursivdruck innerhalb eines Briefes wurde nur dort gebraucht, wo der Verfasser einen Satz oder ein Wort hervorheben wollte; meist auch bei lateinischen Zitaten.

Der Herausgeber forscht bei den Verwandten Johannes' XXIII. weiter nach vielleicht noch anderen vorhandenen Briefen und beabsichtigt, diese gegebenenfalls der Sammlung bei Neuauflagen beizufügen. Die jetzige durchgehende Zählung soll dabei freilich nicht verändert werden.

Der hier vorliegenden Briefsammlung, die von der Sache her ein besonderes Interesse finden dürfte, sollen weitere Briefbände folgen. Die im „Fondo Roncalli" gesammelten Briefe werden vollständig und in chronologischer Folge veröffentlicht werden, jedoch nur dann, wenn durch die Veröffentlichung eines Briefes bestimmte Personen oder Institutionen nicht nachteilig betroffen würden.

Der Herausgeber wäre allen dankbar, die zur Vervollständigung der Briefsammlung beitragen würden.

VORWORT

S. 9: [1] Deutsche Ausgabe: Geistliches Tagebuch (Verlag Herder, Freiburg i. Br., 1. Auflage, September 1964; 11. Auflage, März 1966); als Taschenbuch erschienen in der Herder-Bücherei, Band 280–83 (Freiburg, 1. Auflage 1967, 2. Auflage, Herbst 1968).

S. 10: [2] „Ja, seht, der humilis episcopus ecclesiae Dei — der demütige Bischof der Kirche Gottes nimmt auch dankend und segnend den Wunsch für weitere Lebensjahre entgegen, doch nur unter der Bedingung, die in den Worten des heiligen Leo des Großen ausgesprochen ist: ut proficiat devotioni quod fuerit largitum aetati (P. L. 54, 144)" (vgl. Discorsi Messaggi Colloqui del Santo Padre Giovanni XXIII., Band 4 [Rom 1963] S. 22).

S. 11: [3] Ebd., S. 23.

S. 11: [4] „Was meinen Leichnam betrifft, so bitte ich den Heiligen Vater ergebenst, er möge verfügen, daß er an meinen Geburtsort Sotto il Monte überführt und dort in der Pfarrkirche neben den in den Chor führenden Stufen bestattet wird, an der Stelle, wo man den Katafalk für das Begräbnis und das Totenamt der armen Verstorbenen aufstellt, um von dort meine Seele dem Gebet dieser guten und einfachen Gläubigen, meiner Verwandten und Landsleute, besser zu empfehlen und zugleich immerfort sie und ihre Nachkommen zu segnen" (aus dem zwischen 1939 und 1944 verfaßten Testament, das im „Geistlichen Tagebuch" veröffentlicht ist [Freiburg i. Br. 1964] S. 377 f.).

S. 14: [5] Die italienische Originalausgabe erschien bei den „Edizioni di Storia e Letteratura" in Rom; im selben Verlag erschienen bereits im Original das „Geistliche Tagebuch" (deutsche Ausgabe: Verlag Herder, Freiburg i. Br., vgl. Anm. 1) sowie die Bücher über „Baronius" (deutsche Ausgabe: Sammlung „Sigillum" 22 [Einsiedeln 1963] und „Bischof Maria Radini Tedeschi" ([3]1963), die „Erinnerungen eines Nuntius" (deutsche Ausgabe: Freiburg i. Br. 1966).

S. 14: [6] Diese Bezeichnung stammt von Madeleine Delbrêl und findet sich in ihrem Buch „Nous autres, gens des rues" (Paris 1966) S. 328.

S. 16: [7] In diesem Licht sind somit die Urteile und Äußerungen zu verstehen, die heute bei einer ersten, flüchtigen Lektüre verständlicherweise überraschen könnten, sofern sie von einem bestimmten historischen Zusammenhang losgelöst werden und die beiden verschiedenen Standpunkte außer acht lassen: den des Diplomaten des Heiligen Stuhles und den einer Bauernfamilie, die sprachlos oder verblüfft vor damals unbegreiflichen oder unvorstellbaren Ereignissen stand. Das ist zum Beispiel der Fall bei der Beurteilung des Papstbesuches im Quirinal am 28. Dezember 1939 im Weihnachtsbrief an die Familienangehörigen.

1901–1925
KLERIKER UND PRIESTER

S. 21: [1] Im handgeschriebenen Original steht „1–12–1901" statt „12–1–1901". Es ist dies sicher der erste Brief, den der Kleriker Roncalli nach seinem Eintreffen im Seminar in Rom an seine Familie schrieb. Im Dezember 1901 leistete er in Bergamo seit einem Monat Militärdienst.
S. 22: [2] Leo XIII. (1810–1903).
S. 22: [3] Die Schwester Teresa hatte sich am 24. April 1899 mit Michele Ghisleni von Sotto il Monte verheiratet.
S. 23: [4] Am 12. bis 13. September 1899 wohnte er in Como der ersten Aufführung dieses Oratoriums bei.
S. 23: [5] Wörtlich: der Bart, Spitzname für Junggeselle; vgl. Brief 338, S. 141 u. ö.
S. 23: [6] „Das wahre Rom", Politisch-Religiöses Wochenblatt, Organ der intransigenten römischen Katholiken, erschienen von 1891 bis 1916 unter der Leitung von Henrico Feliciani, von 1904 bis 1906 war es eine Tageszeitung.
S. 24: [7] Dieser im „Geistlichen Tagebuch" Johannes' XXIII. unterm 16. 1. 1901 statt dem 16. 2. 1901 veröffentlichte Brief trug folgende Anmerkung: „Es handelt sich hier um den ersten Brief, der handschriftlich erhalten ist" (S. 353 ff.). Bei einer späteren Durchsicht der Originale wurde die Datierung der ersten Briefe geprüft und verbessert.
S. 25: [8] Aus dem „Geistlichen Tagebuch" entnehmen wir die folgende Anmerkung: „Die Armut war das hervorstechendste und leuchtende Kennzeichen der Kindheit des Papstes. Die große Familie lebte als Pächter vom Ertrag von 5 ha Land! ‚Wir waren arm — pflegte Johannes XXIII. zu erzählen — aber zufrieden mit unserer Lage und voll Vertrauen auf die Hilfe der Vorsehung. Auf unserem Tisch gab es nie Brot, nur Polenta; keinen Wein für Kinder und Jugendliche; selten Fleisch, höchstens zu Weihnachten und Ostern ein Stücklein hausgemachten Kuchen. Die Kleidung und das Schuhwerk für den Kirchgang mußten für viele Jahre herhalten . . . Und doch gab es, wenn ein Bettler sich an der Tür unserer Küche zeigte, wo die Kinder, an die zwanzig, ungeduldig auf ihren Teller Suppe warteten, immer noch einen Platz, und meine Mutter beeilte sich, jenen Unbekannten neben uns zum Sitzen einzuladen!'"

Während der ersten Lebensjahre Angelo Roncallis wohnte die Familie in einem Teil eines größeren Gebäudes, das „Palazzo" genannt wurde, in der Ortschaft Brusicco. Sie bebaute in Pacht 5 ha Land, davon einen als Weinberg, das den Grafen Ottavio, Guido, Maria und Don Giovanni Morlani von Bergamo gehörte. Im Stall wurden sechs Kühe gehalten, die Airoldi di Medolago gekauft hatte; deshalb teilte man auch die Milch und die Kälbchen zur Hälfte untereinander.

Am 21. November 1893, dem Fest der „Madonna delle Caneve" (Weinkeller), siedelte die Familie des Großonkels Zaverio mit dem Bruder Angelo, dem

Großvater von Papst Johannes, und Verwandten vom Palazzo in die angrenzende Colombera über, die einen Grund von 4 ha Land hatte, der gleichfalls den Morlani gehörte. Haus und Land wurden am 9. Mai 1919 für 55000 Lire mit Urkunde des Notars Locatelli gekauft. Die Kaufsumme wurde bar bezahlt mit Hilfe eines Bankdarlehens und der Bürgschaft des Herrn Carlo Ambrosioni von Chignolo d'Isola. Aufgrund eines guten Ertrags der Seidenraupenzucht konnte die Schuld im selben Jahr um 11000 Lire vermindert werden.

Im Jahr 1946 teilte sich die Familie: in der Colombera blieben die Brüder Zaverio, Alfredo und Giovanni. Giuseppe ließ sich mit der Frau und zehn Kindern in einem neuen Bauernhof in der Ortschaft Le Geròle nieder. Die ledigen Schwestern Ancilla und Maria, die von 1921 bis 1925 bei ihrem Bruder Monsignore Angelo Giuseppe in Rom gewohnt hatten, übernahmen dann das Haus Camaitino, die alte Wohnung der Roncalli (15. Jahrhundert), die Eigentum der Barone Scotti von Bergamo geworden war. Monsignore Angelo Giuseppe mietete das Haus und wohnte von 1925 bis 1958 darin, wenn er sich in Sotto il Monte aufhielt.

S. 28: [15] Verwandte der Marianna Mazzola.

S. 29: [16] Besitzer der Spinnerei.

S. 29: [17] Caterina und Felice sind Schwestern der Marianna Mazzola.

S. 31: [23] Don Giovanni Morlani. Vgl. Brief Nr. 2, S. 23f.

S. 31: [27] Graf Morlani hatte Zaverio gebeten, in den sogenannten „Palazzo“ einzuziehen, der sich neben der Colombera befindet (vgl. S. 23f.).

S. 32: [32] Carola war die Tante von Michele Ghisleni väterlicherseits, der mit Teresa verheiratet war. Carol und ihr Mann Geremia wohnten mit den Ghisleni im selben Haus.

S. 33: [34] Wahrscheinlich in den ersten Julitagen 1916 geschriebener Brief. Don Angelo war am 29. Mai 1915 zum Militärdienst einberufen und dem Lazarettdienst zugeteilt worden.

S. 38: [42] Giuseppe Gaudenzi (1863–1941) aus Bergamo.

S. 39: [43] Absendeort und Datum des Absendepoststempels.

S. 40: [45] „5. Dezember 1917“, handschriftlicher Zusatz auf der Rückseite des Umschlags. Datum des Poststempels der Rücksendung: 5. Dezember 1917.

S. 41: [46] Der letzte Satz ist eine handschriftliche Anmerkung auf der Rückseite des Umschlags; die Absenderangabe „Priester Professor Angelo Roncalli, Militärkaplan“, ist aufgestempelt.

S. 41: [54] Das päpstliche Breve datiert vom 8. Mai 1921.

S. 43: [56] Isaia Berta, Pförtner des Studentenheims.

S. 44: [67] Pí wurde Giuseppino genannt, der Bruder des Großvaters Angelo. Petek ist ein unübersetzbarer Spitzname.

S. 44: [68] Anspielung auf die Parlamentswahlen vom 6. April 1924, die nach dem Mehrheitsgesetz Acerbo abgehalten wurden. Es sicherte der faschistischen Liste die Mehrheit im Parlament (375 Sitze). Die Volkspartei erhielt 40 Sitze, die Sozialisten 43 und die Kommunisten 17 Sitze. Der Wahlkampf wurde durch Gewalttaten und Unruhen von seiten faschistischer Stoßtrupps gestört.

S. 45: [69] Vgl. vorherige Anmerkung.

S. 46: [70] Virginia Gazzaroli, Die Frau des Giuseppe Bonamoni, gute Nachbarn der Familie Roncalli.

S. 46: [72] Don Carlo Marinella starb am 30. Mai 1924.

S. 47: [73] 21. November, Darstellung Mariens.

APOSTOLISCHER VISITATOR UND DELEGAT IN BULGARIEN

S. 54: [1] Text des Andenken-Bildchens, das für die Bischofsweihe gedruckt wurde: „Andenken / an die / Bischofsweihe / des Hochwürdigsten Herrn / Monsignore Angelo Giuseppe Roncalli / Titularerzbischof von Areopoli / Apostolischer Visitator in Bulgarien / geweiht durch Seine Eminenz Kardinal / Giovanni Tacci / Sekretär der Heiligen Kongregation / ‚Pro Ecclesia Orientali' / in der Kirche S. Carlo al Corso in Rom / am 19. März 1925 / dem Festtag des heiligen Joseph, Bräutigam Mariens / und Patron der Weltkirche."
S. 54: [2] Bürgermeister von Sotto il Monte war Battista Comi.
S. 55: [3] Schwester von Battista Roncalli, verheiratet mit Giuseppe Mazzola, Bruder von Marianna.
S. 55: [6] Dieser Brief, ohne Datum, ist offensichtlich das erste Schreiben aus Sofia, wo Mons. Roncalli am 25. April 1925 eintraf.
S. 55: [7] Sekretär Don Constantino Bosschaerts OSB, P. Josaphat Kozaroff und P. Stefano Kurteff.
S. 60: [10] Tochter der Schwester des Großvaters Angelo.
S. 64: [16] Häufig vorkommende spaßhafte Anspielung auf Einladungen zum Frühstück, die er gern besonders Geistlichen machte.
S. 64: [18] Pater Methodius Oustitchkov (1867–1932), Assumptionist.
S. 65: [19] Ehrendomherr seit 1921.
S. 66: [21] Kapuziner der Provinz Viterbo.
S. 68: [22] In dem Betrag sind außer den Unterhaltskosten für mehrere Geistliche die sogenannten „Repräsentationskosten" enthalten.
S. 69: [23] Gemeint sind die Zinsen auf den Schuldvertrag für den Kauf der Colombera.
S. 76: [33] Am 7. Januar starb Kardinal Eugenio Tosi, Erzbischof von Mailand.
S. 89: [46] Die Trauung fand am 25. Oktober 1930 in Assisi statt und wurde am 31. Oktober in Sofia nach orthodoxem Ritus wiederholt. Pius XI. protestierte in seiner Weihnachtsansprache am 24. Dezember gegen diese nochmalige Trauung: „Wir haben mit den königlichen Eheschließenden selbst verhandelt, die formell und schriftlich die Verpflichtung übernahmen — die ausdrücklich die einschlägigen Canones in Erinnerung bringt und in solchen Worten formuliert war, daß sie volles und absolutes Vertrauen einflößte, wie es schon dem Rang der erlauchten Personen gebührt —, daß sie die Tragweite der übernommenen Verpflichtung völlig verstanden und überschauten und mit der vollkommenen Loyalität, die Herrschern geziemt, auch die Verpflichtung übernahmen, sie zu halten."

Als Kommentar zum Protest des Papstes führen wir eine Stelle aus einem Brief Monsignore Roncallis an einen Bischof in Bulgarien an:

„. . . Schmerzlicher ist jedoch der Gedanke an mein vergebliches Bemühen, König und Regierung zu einer einfachen Erklärung zu bewegen über die Tragweite der Zeremonie vom 31. Oktober — einer Erklärung, die das feierliche Wort des Papstes verhindert hätte, an dem diese sich jetzt nicht freuen können. Ich bekenne: Ich bedauere aufrichtig den Schmerz, den S. M. hat erdulden müssen. Doch für alle anderen und vielleicht — hoffen wir es — auch für ihn wird das Vorgefallene eine providentielle Lehre sein, die ihnen begreiflich macht, daß man mit dem Papst nicht scherzen darf und um so weniger mit dem Herrn und mit den heiligen Dingen. Im übrigen wird sie sehen, daß der Heilige Vater auch in seinen Ausdrükken nicht maßvoller und gütiger sein konnte. Was mich angeht, bewahre ich meine Ruhe, ein wahres Geschenk Gottes unter diesen Umständen" (Brief Monsignore Roncallis an Monsignore Johannes Damianus Theelen, Bischof von Nikopolis, 27. Dezember 1930).

S. 90: [49] Vgl. Anm. 46.

S. 96: [55] Auf der Abschrift 31. August statt 31. Oktober, wie aus dem Tagebuch hervorgeht.

S. 96: [56] Die Spannung zwischen den Katholiken und Orthodoxen bereitete dem Vertreter des Papstes etwas Unbehagen. Die Orthodoxen fürchteten tatsächlich, er werde versuchen, Proselyten zu machen, was aber nicht der Fall war, woran Monsignore Roncalli auch nicht dachte.

S. 96: [58] Giacomo Testa (1909–1962), Nuntiatursekretär, war nacheinander Uditore in Sofia, Istanbul und Paris. Von 1953–1959 war er Apostolischer Delegat in der Türkei, Titularerzbischof von Heraklea; danach Präsident der Päpstlichen Diplomatenakademie.

S. 100: [63] Die Schwestern vom Heiligsten Herzen von Villa Peschiera, drei Kilometer von Sotto il Monte entfernt, Gemeinde Villa d'Adda.

S. 101: [64] Der Brief war nicht auffindbar.

1935–1944
APOSTOLISCHER DELEGAT IN DER TÜRKEI UND IN GRIECHENLAND

S. 112: [1] Monsignore Angelo Dell'Acqua, geboren 1903 in Mailand, wurde am 27. Dezember 1958 von Papst Johannes zum Titularerzbischof von Chalzedonien geweiht; Kardinal 1967.

S. 113: [2] Agnese Biffi, die nahe bei Camaitino wohnte, betreute den Hühnerstall der Barone Scotti.

S. 118: [4] „. . . fahren wir also fort, uns wohlzuwollen; und beim Zusammentreffen sehen wir auf das, was eint! Lassen wir beiseite, was uns ein wenig in Schwierigkeiten halten könnte . . ." (aus der Ansprache Johannes' XXIII. am Abend der Konzilseröffnung am 11. Oktober 1962; vgl. Discorsi Messaggi, Colloqui, Bd. 4, S. 592).

S. 119: [15] Wallfahrt auf den Berg Athos (17. bis 20. Mai 1936).

S. 123: [21] Antonio Gregorio Vuccino, Assumptionist (Galizza 1891 bis Paris 1968), von Monsignore Roncalli geweiht am 25. Juli 1937.

S. 131: [37] „. . . öfters erwähnte sie ihre Söhne, vor allem Dich, der Du so weit weg bist; und Du hättest sie sehen müssen, die Ärmste, als Dein Brief ankam, wie sie lebhaft wurde. Sie traute den anderen nicht und wollte den Brief selber in die Hand nehmen und lesen. Dann, als sie glaubte, sich geirrt zu haben, hat sie Enrica den Brief vorlesen lassen, und murmelnd sagte sie: „Ich verstehe, er kann wirklich nicht kommen; nun, hoffen wir, daß der Herr mich noch etwas hier bleiben läßt, und wenn nicht, werde ich seinem Willen gehorchen und wir werden uns im Himmel wiedersehen . . ." (in einem Brief der Schwestern vom 22. Februar 1939).

S. 139: [43] Kaum neun Jahre alt und nur mit der dritten Volksschulklasse, hatte er versucht, sich auf die dritte Gymnasiumklasse vorzubereiten. Ein Jahr später (1891/92) wurde er dort zur Probe aufgenommen, nachdem er für wenige Monate als Externer das Kolleg in Celana besucht hatte. Die normalen Studien begannen im Jahre 1892/93 im Seminar von Bergamo.

S. 141: [44] Im Urteil Msgr. Roncallis spiegelt sich die günstige Reaktion und die große Erleichterung der Italiener wider, nachdem Italien erklärt hatte, es werde keinen Krieg führen. Schon bei der Ministerratssitzung am 1. September 1939 hatte Mussolini angekündigt, daß Italien keine „Initiative für militärische Operationen" ergreifen würde. — Mit dem Bezug auf das „kleine Dorf" deutet Msgr. Roncalli lokale Auseinandersetzungen in der Verwaltung der Gemeinde Sotto il Monte an.
S. 141: [45] Am 28. Dezember 1939 traf sich Pius XII. mit König Viktor Emanuel III. im Quirinalspalast.
S. 142: [46] Im Jahre 1954 wird der damalige Kardinal Roncalli bei der Fünfundzwanzigjahrfeier zum Abschluß der Lateranverträge, in Venedig, sagen: „. . . jener Mann, den die göttliche Vorsehung mit dem Heiligen Vater Pius XI. zusammentreffen ließ und der aufgrund seiner Vorurteilslosigkeit gegenüber veralteten Systemen imstande war, das große Problem der Wiederversöhnung klarer und mit größerer Einsicht zu sehen, ist in der Folge für das italienische Volk Grund zu großer Traurigkeit geworden. Es ist jedoch menschlich und christlich, ihm wenigstens diesen Ehrentitel nicht abzustreiten, der ihm bei all dem unendlichen Unheil bleibt, nämlich, seine kräftige und entschiedene Mitarbeit bei der Vorbereitung und beim Abschluß der Lateranverträge; ebenso ist es christlich, seine gedemütigte Seele dem Geheimnis der göttlichen Vorsehung anzuvertrauen, die zur Verwirklichung ihrer Pläne die passendsten Gefäße auszuwählen pflegt und sie nach vollbrachter Tat zerbricht, als wären sie nur dafür bereitet gewesen. Achten wir auch die Scherben des zerbrochenen Gefäßes, und ziehen wir Nutzen aus den Lehren, die sich für uns daraus ergeben" (A. G. Roncalli, Scritti e discorsi [Rom 1959] Bd. I, S. 167).
S. 143: [51] Vgl. *A. Manzoni*, Die Verlobten, Kap. 8.
S. 147: [61] Mons. Giuseppe Mazzoli (geb. 1886 in Fabriano), Titularerzbischof von Germa am Hellespont, apostolischer Delegat in Bulgarien.
S. 150: [66] Er war 10 Jahre alt und seit Monaten externer Schüler des bischöflichen Kollegs in Celana.
S. 153: [67] Auf der Rückseite der Fotografie eine eigenhändige Widmung: „Meiner lieben Nichte Enrica als Erinnerung an ihre Großmutter, die sie sehr schätzte und liebte und sie nun vom Himmel aus ermutigt und segnet, wo sie eine andere Enrica fand, die die Schwestern vom Heiligsten Herzen der Villa Peschiera zur Liebe zu den himmlischen Dingen erzogen haben. a. g. Roncalli, Erzb. 3. 1. 42."
S. 154: [70] Amedeo di Savoia, Herzog von Aosta, verstorben in Nairobi (Kenia) am 3. März 1942.
S. 155: [71] Davide Re war Rektor des Seminars in Bergamo und geistlicher Leiter von Don Angelo.
S. 156: [72] Lapsus für Maria Letizia.
S. 164: [92] Am 25. Juli enthob Viktor Emanuel III. infolge eines Votums des Großen Faschistischen Rates Mussolini seines Amtes und beauftragte den Marschall Badoglio mit der Bildung einer neuen Regierung.

1945–1953
NUNTIUS IN PARIS

S. 173: [1] Diese Briefe konnten nicht gefunden werden.
S. 174: [2] Es handelt sich hier um die Nichte Enrica, die Tochter des Bruders Giovanni.
S. 174: [3] Gemeint ist hier Ancilla oder Maria.
S. 179: [10] Kardinal John Glennon (1862–1946), Erzbischof von St. Louis (USA).
S. 180: [11] Gemeint ist vielleicht Kardinal Bernhard Giffin, Erzbischof von Westminster, der damals 47 Jahre alt war.
S. 180: [12] Kardinal Jules Saliège (1870–1956).
S. 185: [18] Vgl. Jacopone da Tode, Lauden.
S. 187: [19] Prd. 1, 2.
S. 191: [31] Dieser Ausdruck bezieht sich auf die Schwester Teresa.
S. 193: [44] Castel Gandolfo, 15. September.
S. 194: [55] Vgl. S. 156, Anm. 72.
S. 195: [56] Pflanzen.
S. 196: [57] Vgl. S. 156, Anm. 72.
S. 207: [96] Handschriftlicher Zusatz auf der Fotokopie: [Sohn] *von Giuseppe.*
S. 209: [101] Martino Roncalli, der Sohn von Giuseppe, wurde am 22. September in Calusco mit Gianna Regazzi getraut; am 2. Oktober wurde Saverio Roncalli, der Sohn von Giovanni, mit Cesira Carissimi in Carvico getraut. Der Kardinal nannte Cesira gewöhnlich Cesarina.

1953–1958
KARDINAL UND PATRIARCH VON VENEDIG

S. 218: [17] Tatsächlich existiert ein Dokument über die erwähnten Voraussagen.
S. 220: [29] Handschriftlicher Zusatz: *Kopie.*

1958–1963
PAPST

S. *225:* [3] Zusatz am oberen Rand des ersten Blattes.
S. 225: [4] Dieses an die Familie gerichtete Briefchen war dem Brief an die Nichte beigefügt.

Henri Fesquet
Ich bin ja nur der Papst

Humor und Weisheit Johannes' XXIII.

Band 377 124 Seiten

Diese köstliche Sammlung von Anekdoten, witzigen Aussprüchen, Sprüchen voller Lebensweisheit, voll Humor und Geist sollte man heute jedem in einer Zeit, wo nur noch kritisiert wird und Probleme gesehen werden, in die Hand geben. Hier spricht einer mit reicher Lebenserfahrung, voll Glauben und Vertrauen, volksnah, seelenkundig, einfach und schlicht, ein Papst, der scherzt und Witze erzählt, der verstehend und gewinnend alles zu betrachten und zu beurteilen weiß. Ein Büchlein, das jeden Leser entzückt.

Anzeiger für die kath. Geistlichkeit